WISSEN FÜR DIE PRAXIS

Weiterführend empfehlen wir:

Begutachtungsverfahren NBA – Pflegegrad für Kinder und Jugendliche
ISBN 978-3-8029-7557-8

Beraterbrief Pflege digital
14-täglich Erscheinungsweise (Nr. 75546001)

NBA-Tool: Berechnungsprogramm zur Ermittlung der Pflegegrade
ISBN 978-3-8029-7558-5

Wegweiser Pflegefall – Schnelle Hilfe für Angehörige
ISBN 978-3-8029-4147-4

Wir freuen uns über Ihr Interesse an diesem Buch. Gerne stellen wir Ihnen zusätzliche Informationen zu diesem Programmsegment zur Verfügung.

Bitte sprechen Sie uns an:

E-Mail: WALHALLA@WALHALLA.de
http://www.WALHALLA.de

Walhalla Fachverlag · Haus an der Eisernen Brücke · 93042 Regensburg
Telefon (0941) 56 84-0 · Telefax (0941) 56 84-111

WALHALLA

Carmen P. Baake

Begutachtungsverfahren NBI – Pflegegrad bei Erwachsenen

So funktionieren Feststellungsverfahren und Einstufung nach dem neuen Recht

Mit Praxisbeispielen zur Berechnung

2., aktualisierte Auflage

Bibliografische Information der Deutschen Nationalbibliothek

Die Deutsche Nationalbibliothek verzeichnet diese Publikation in der Deutschen Nationalbibliografie; detaillierte bibliografische Daten sind im Internet über www.dnb.de abrufbar.

Zitiervorschlag:
Carmen P. Baake, Begutachtungsverfahren NBI – Pflegegrad für Erwachsene
Walhalla Fachverlag, Regensburg 2022

Produktion: Walhalla Fachverlag, 93042 Regensburg
Printed in Germany
ISBN 978-3-8029-7608-7

SBL-CPI-0222-23293-O

Schnellübersicht

Vorwort

Seit dem 01.01.2017 gilt in der sozialen Pflegeversicherung ein neuer Pflegebedürftigkeitsbegriff. Um festzustellen, ob Antragsteller im Sinne dieses neuen Pflegebedürftigkeitsbegriffes pflegebedürftig sind, wurde das Begutachtungsverfahren grundlegend verändert. Das Neue Begutachtungsinstrument (NBI) ist seitdem das Kernstück des Verfahrens. Durch das NBI soll gewährleistet werden, dass die Selbständigkeit und die Fähigkeiten aller Antragsteller nach denselben Kriterien beurteilt werden.

Die Praxis hat gezeigt, dass mit dem NBI mehr Menschen als pflegebedürftig im Sinne der sozialen Pflegeversicherung eingestuft werden als bei dem vorherigen Verfahren. Ich würde sogar sagen: Nie waren die Chancen auf einen Pflegegrad und damit auf Leistungen der sozialen Pflegeversicherung höher. Das bestätigt auch der Blick auf die sogenannte Bewilligungsquote, also das Verhältnis der bewilligten Anträge zur Zahl der insgesamt gestellten Anträge. Im Jahr 2016, dem letzten Jahr, in dem noch das alte Begutachtungsverfahren galt, lag sie bei 71,2 Prozent. Dagegen lag sie in den Jahren 2017, 2018, 2019 und 2020 bei 78,1 Prozent, 82,4 Prozent, 78,0 Prozent und 82,0 Prozent und damit immer höher als die früheren Bewilligungsquoten.

Wo so viel Gutes zu berichten ist, darf der Wermutstropfen leider nicht fehlen. Mit dem Zuschnitt der Leistungen für den Pflegegrad 1 hat der Gesetzgeber dafür gesorgt, dass Pflegebedürftige mit diesem Pflegegrad nur zu wenigen Leistungen der Pflegeversicherung Zugang erhalten. Erst ab dem Pflegegrad 2 bestehen Ansprüche auf regelmäßige Leistungen der Pflegeversicherung wie z. B. Pflegegeld. Wenn ich mit Blick auf das o. g. Verhältnis bewilligter Anträge zu den insgesamt gestellten Anträgen nur die Antragsteller in die Rechnung einbeziehe, die mindestens Pflegegrad 2 erhalten haben, sähe die Bewilligungsquote anders aus. Im Jahr 2020 würde sie dann statt der o. g. 82,0 Prozent knapp 60 Prozent betragen, da von etwas mehr als 1 Mio. bewilligten Anträgen bei 273.887 Antragstellern der Pflegegrad 1 festgestellt wurde. Da sind Enttäuschungen vorprogrammiert, vor allem bei Menschen, die zum ersten Mal Leistungen der Pflegeversicherung beantragen. Darum ist es wichtig, Antragsteller auf die Begutachtung vorzubereiten und sich mit dem NBI und seinen Stolpersteinen im Detail auseinanderzusetzen.

Als ich mich zum ersten Mal mit dem NBI befasste, fand ich es mit seinen insgesamt 65 Kriterien in sechs Modulen furchtbar theoretisch. Auch mit der Vergabe von Einzelpunkten und der zusätzlichen Ermittlung von gewichteten Punkten mochte ich mich nicht so recht anfreunden. Insgesamt erschien mir das Verfahren für die Praxis zu komplex und anspruchsvoll zu sein.

Inzwischen habe ich meine Meinung zum NBI grundlegend geändert und bin davon überzeugt, dass es in der Praxis besser dazu geeignet ist, Pflegebedürftigkeit in all ihren Facetten abzubilden, als das Verfahren, das bis 31.12.2016 galt. Zudem ist das NBI einfacher zu handhaben als das bisherige Verfahren – wenn Sie wissen, worauf es ankommt. Und da gibt es einiges, was insbesondere mit den im Mai 2021 vorgenommenen Änderungen der Begutachtungsrichtlinien zu beachten ist. Was das ist, erfahren Sie in diesem Buch.

Das NBI macht es Ihnen außerdem leicht, Antragsteller und Angehörige zu beraten und einen umfassenden Versorgungsplan aufzustellen. Die Erfahrungen aus der Praxis zeigen, dass Antragsteller und deren Angehörige im NBI sehr gut nachvollziehen können, weshalb sie in welchem Maße in der Selbständigkeit bei den in den Modulen enthaltenen Aktivitäten eingeschränkt sind. Hinzu kommt, dass mit dem NBI die Selbständigkeit und die Fähigkeiten in praktisch jedem Lebensbereich bewertet werden. Auch das trägt dazu bei, dass Antragsteller und deren Angehörige die Ergebnisse besser akzeptieren, als das im bisherigen Verfahren der Fall war.

Sie werden sehen, das Begutachtungsverfahren und dessen Kernstück NBI sind – wie wir in Hessen sagen – „ka Hexewersch". Auf jeden Fall ist es wesentlich einfacher, als der Blick auf die vielen Kriterien und Bewertungsmöglichkeiten auf den ersten Blick ahnen lassen. Versprochen.

Ich wünsche Ihnen viel Freude beim Lesen und viele neue Erkenntnisse.

Carmen P. Baake

Abkürzungen

Abs.	Absatz
AEDL	Aktivitäten und existenzielle Erfahrungen des Lebens
a. F.	alte Fassung
BGB	Bürgerliches Gesetzbuch
BRi	Begutachtungs-Richtlinien: Richtlinien des GKV-Spitzenverbandes zum Verfahren der Feststellung von Pflegebedürftigkeit sowie zur pflegefachlichen Konkretisierung der Inhalte des Begutachtungsinstruments nach dem Elften Buch des Sozialgesetzbuches
bzw.	beziehungsweise
ca.	circa
d. h.	das heißt
f. bzw. ff.	folgende
ggf.	gegebenenfalls
GKV	Gesetzliche Krankenversicherung
HVM	Hilfsmittelverzeichnis
MDK	Medizinischer Dienst der Krankenkassen
MD	Medizinischer Dienst (vormals MDK, s. o.)
NBA	Neues Begutachtungsassessment
NBI	Neues Begutachtungsinstrument
PEG	Perkutane endoskopische Gastronomie
PEJ	Perkutane endoskopische Jejunostomie
PG	Pflegegrad
SGB I	Sozialgesetzbuch (SGB) Erstes Buch (I) – Allgemeiner Teil –
SGB V	Sozialgesetzbuch (SGB) Fünftes Buch (V) – Gesetzliche Krankenversicherung –
SGB XI	Sozialgesetzbuch (SGB) Elftes Buch (XI) – Soziale Pflegeversicherung –
SGB XII	Sozialgesetzbuch (SGB) Zwölftes Buch (XII) – Sozialhilfe –

SIS	Strukturierte Informationssammlung
StGB	Strafgesetzbuch
usw.	und so weiter
u. a.	unter anderem
u. U.	unter Umständen
vgl.	vergleiche
z. B.	zum Beispiel

Antragstellung und Bearbeitung durch die Pflegekasse

1

Das Feststellungsverfahren im Überblick

Leistungen der Pflegeversicherung werden auf Antrag gewährt. Das bedeutet, ohne Antrag keine Leistung. Doch wer kann überhaupt Leistungen der Pflegeversicherung beantragen?

Leistungen der Pflegeversicherung kann jeder beantragen, der

- in den zehn Jahren vor Antragstellung mindestens 2 Jahre in der sozialen Pflegeversicherung versichert war (selbst als Mitglied oder im Rahmen einer Familienversicherung), und
- gesundheitlich bedingt in seiner Selbständigkeit oder seinen Fähigkeiten für voraussichtlich mindestens 6 Monate beeinträchtigt und deshalb auf die Hilfe anderer angewiesen ist.

Dabei ist die voraussichtliche Dauer von 6 Monaten nicht so zu verstehen, dass die gesundheitlich bedingten Beeinträchtigungen schon mindestens 6 Monate bestehen müssen, bevor Leistungen der Pflegeversicherung beantragt werden. Es geht hier tatsächlich um die voraussichtliche Dauer im Sinne einer für die Zukunft zu erwartenden Zeitspanne.

Wichtig: Sofern ab dem Zeitpunkt, an dem der Antrag gestellt wird, die Lebenserwartung des Antragstellers bereits weniger als 6 Monate beträgt, gelten die 6 Monate als Voraussetzung für Leistungen der Pflegeversicherung natürlich nicht.

Ob Anspruch auf die beantragten Leistungen der Pflegeversicherung besteht, wird in dem „Verfahren zur Feststellung der Pflegebedürftigkeit" oder kurz „Feststellungsverfahren" geklärt, dessen Ablauf in § 18 SGB XI gesetzlich geregelt ist.

Ablauf des Verfahrens zur Feststellung der Pflegebedürftigkeit

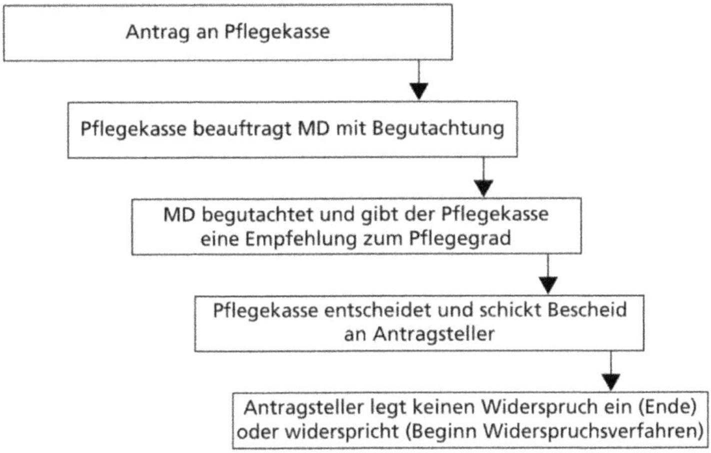

Antrag und Bearbeitungsfristen der Pflegekasse

Antragsteller, Antragsform, Antragsadressat

Leistungen der Pflegeversicherung können grundsätzlich formlos beantragt werden. Der Antrag ist

- vom Versicherten der Pflegekasse bzw. der Privaten-Pflegepflichtversicherung oder einer von ihm zur Antragstellung bevollmächtigten Person oder einem gerichtlich bestellten Betreuer
- schriftlich oder mündlich zur Niederschrift zu stellen.

In der Praxis genügt häufig ein Anruf bei der Pflegekasse bzw. der privaten Pflege-Pflichtversicherung, um den Antragsprozess anzustoßen. Der Sachbearbeiter nimmt den Anruf auf und versendet ein Antragsformular, auf dem bereits das Datum des Telefonates als Antragsdatum angegeben ist.

Praxis-Tipp:

Der Antrag kann auch beim Pflegestützpunkt gestellt werden. Er wird von dort an die Pflegekasse weitergeleitet. Rechtsgrundlage für Antragseingang bzw. Leistungsbeginn bei Antrag über den Pflegestützpunkt ist das „Gemeinsame Rundschreiben des GKV-Spitzenverbandes zu den leistungsrechtlichen Vorschriften", das für alle Pflegekassen verbindliche Ausführungsregeln enthält. Darin heißt es in Ziffer 2.1 Abs. 2 zu § 33 SGB XI:

„Wurde der Leistungsantrag bei einem unzuständigen Leistungsträger, **bei einer Gemeinde** oder bei einer amtlichen Vertretung der Bundesrepublik Deutschland im Ausland **gestellt, gilt der Antrag nach § 16 Abs. 2 SGB I als zu dem Zeitpunkt gestellt, in dem er bei der unzuständigen Stelle eingegangen ist.** Gleiches gilt für Leistungsanträge, die gegenüber dem **Pflegeberater nach § 7a SGB XI** gestellt wurden."

Bearbeitungsfristen der Pflegekasse nach § 18 SGB XI

Werden Leistungen der Pflegeversicherung beantragt, gelten je nach Antragsgrund unterschiedliche Bearbeitungsfristen für die Pflegekasse bzw. die private Pflege-Pflichtversicherung. Diese Fristen beziehen sich jeweils auf die Dauer ab Eingang des Antrags auf:

- erstmalige Feststellung der Pflegebedürftigkeit (Erstantrag)
- Höher- oder Herabstufung

In der Praxis wird es sich in der Regel um Erstanträge und Höherstufungsanträge handeln. Dass Versicherte von sich aus eine Herabstufung beantragen, wird nur in absoluten Ausnahmen vorkommen.

Frist nach § 18 Absatz 3 Satz 2 SGB XI – Entscheidungsfrist der Pflegekasse

Die Pflegekasse muss innerhalb von 25 Arbeitstagen nach Eingang des Antrags entscheiden.

Entscheidungsfrist für die Pflegekasse = 25 Arbeitstage (§ 18 Abs. 3 **Satz 2** SGB XI)

Fristen nach § 18 Abs. 3 Satz 3 bis 5 SGB XI – Begutachtungsfristen in besonderen Fällen

Liegen besondere Antragsgründe vor, muss eine Begutachtung innerhalb verkürzter Fristen durchgeführt werden. Es gelten dann folgende Fristen:

- **1 Woche** (§ 18 Abs. 3 **Satz 3** SGB XI)
  - Der Antragsteller ist im Krankenhaus oder einer vollstationären Rehabilitationseinrichtung und es gibt Hinweise, dass zur Sicherstellung der ambulanten oder stationären Weiterversorgung die Begutachtung dort erforderlich ist, oder
  - die Inanspruchnahme der Pflegezeit wurde dem Arbeitgeber der Pflegeperson angekündigt, oder
  - die Pflegeperson hat mit dem Arbeitgeber Familienpflegezeit vereinbart.
- **1 Woche** (§ 18 Abs. 3 **Satz 4** SGB XI)

  Antragsteller ist im Hospiz oder wird ambulant palliativ versorgt.
- **2 Wochen** (§ 18 Abs. 3 **Satz 5** SGB XI)

  Der Antragsteller wird zu Hause versorgt (nicht palliativ) und
  - die Inanspruchnahme der Pflegezeit wurde dem Arbeitgeber der Pflegeperson angekündigt, oder
  - die Pflegeperson hat mit dem Arbeitgeber Familienpflegezeit vereinbart.

Praxis-Tipp:

Bei einer Begutachtung innerhalb einer der o. g. verkürzten Fristen wird zunächst nur geprüft, ob der Antragsteller pflegebedürftig ist und, falls ja, ob mindestens Pflegegrad 2 vorliegt. Dieses Ergebnis ist vorläufig. Sobald der Antragsteller wieder zu Hause ist oder in eine vollstationäre Pflegeeinrichtung eingezogen ist, wird er dort noch einmal begutachtet und erhält danach den endgültigen Bescheid der Pflegekasse über den Pflegegrad.

70 Euro „Strafzahlung"

Nach § 18 Abs. 3b Satz 1 SGB XI hat die Pflegekasse dem Antragsteller für jede begonnene Woche der Fristüberschreitung 70 Euro zu zahlen, wenn aus von ihr zu verantwortenden Gründen die in § 18 Abs. 3 SGB XI genannten Fristen überschritten werden (25 Arbeitstage bzw. 1 oder 2 Wochen). Die von den Pflegekassen hierzu vorgelegte Statistik (Stand: 24.03.2021) zeigt, dass die Verantwortung für die Fristüberschreitung nur in 7,7 Prozent der Fälle, in denen eine der vorgenannten Fristen überschritten wurde, bei der Pflegekasse lag.

Hat der Antragsteller bereits mindestens Pflegegrad 2 und lebt in einer vollstationären Pflegeeinrichtung, greift die „Strafzahlung" nicht.

Von der Pflegekasse veranlasste Wiederholungsbegutachtungen

Die Pflegekassen sind gesetzlich dazu verpflichtet, nach Ablauf einer angemessenen Zeit den bei der vorherigen Begutachtung festgestellten Hilfebedarf zu prüfen. Bisher empfahl der Gutachter des MD in der Regel hierzu im Pflegegutachten einen konkreten Termin. Das hat sich nach der im Mai 2021 veröffentlichten Änderung der BRi geändert. Jetzt steht in den Pflegegutachten in der Regel der Satz: „Ein Höherstufungsantrag kann jederzeit gestellt werden" oder „Eine Höherstufung kann jederzeit beantragt werden". Wiederholungsbegutachtungen werden nun von den Pflegekassen nur noch dann veranlasst, wenn es Hinweise darauf gibt, dass sich der Grad der Selbständigkeit oder die Fähigkeiten so positiv entwickelt haben, dass im Ergebnis der Wiederholungsbegutachtung ein niedrigerer Pflegegrad wahrscheinlich ist oder sogar kein Anspruch auf Leistungen der Pflegeversicherung mehr besteht.

Praxis-Tipp:

Durch diese Änderung kommt es nun mehr als bisher darauf an, Pflegebedürftige und deren Angehörige zu ermutigen einen Höherstufungsantrag zu stellen, wenn sich die Selbständigkeit und die Fähigkeiten verschlechtern. Nur, wenn sie selbst aktiv werden, können sie mit einem höheren Pflegegrad rechnen.

Praxis-Tipp:

Pflegebedürftige, die am 01.01.2017 automatisch in die Pflegegrade 2 bis 5 übergeleitet wurden und deren Pflegestufe nicht von vornherein durch die Pflegekasse befristet wurde, haben einen lebenslangen Besitzstandsschutz auf den Pflegegrad, in den sie übergeleitet wurden. Dieser Besitzstandsschutz erlischt nur dann, wenn bei einer erneuten Begutachtung nach dem neuen Begutachtungsverfahren keine (!) Pflegebedürftigkeit mehr festgestellt wird. Vor diesem Hintergrund werden die Pflegekassen bei diesen Versicherten Wiederholungsbegutachtungen nur dann veranlassen, wenn die Pflegekasse mit keinem Pflegegrad rechnet.

Grundsätze des Neuen Begutachtungsinstruments

Mit dem Neuen Begutachtungsinstrument wird der Blick hin zu dem gelenkt, was der Antragsteller selbst kann. Es werden nicht nur die Aktivitäten berücksichtigt, die bei dem jeweiligen Antragsteller tatsächlich erforderlich sind. Es werden bei jedem Antragsteller die maßgeblichen Kriterien der im Folgenden beschriebenen Lebensbereiche geprüft, und zwar unabhängig davon, ob der Antragsteller diese tatsächlich zu bewältigen hat bzw. ob der Antragsteller jemals dazu in der Lage gewesen ist, diese selbständig zu bewältigen (z. B. bei Vorliegen einer Behinderung von Geburt an).

Mit diesen vom Gesetzgeber definierten sechs Lebensbereichen und den darin enthaltenen Kriterien erfolgt eine ganzheitliche Beurteilung der Selbständigkeit des Antragstellers mit dem Ziel, eine angemessene Versorgung und Teilhabe sicherzustellen.

Wichtig: Es kommt nicht darauf an, welche Krankheit oder Behinderung in welchem Schweregrad vorliegt. Ausschlaggebend ist lediglich, ob der Antragsteller aufgrund dieser Krankheit oder Behinderung an der selbständigen Durchführung von Aktivitäten im Alltagsleben beeinträchtigt oder gehindert ist.

So begründen z. B. Blindheit oder Lähmung der unteren Extremitäten für sich betrachtet keine Pflegebedürftigkeit im Sinne der Pflegeversicherung. Auch Entscheidungen anderer Sozialleistungsträger über das Vorliegen einer Behinderung oder den Anspruch auf Leistungen einer Rente sind kein Maßstab, um auf die Pflegebedürftigkeit im Sinne der Pflegeversicherung zu schließen. Ebenso sagt die Minderung der Erwerbsfähigkeit beim Bezug einer Rente oder der Grad der Behinderung nichts darüber aus, ob die Voraussetzungen für Pflegebedürftigkeit im Sinne der Pflegeversicherung vorliegen. Sie selbst kennen aus Ihrem Bekanntenkreis oder aus dem Kreis der von Ihnen betreuten Klienten sicher Fälle, in denen sich diese Menschen trotz ihrer Erkrankung bzw. ihrer Behinderung selbständig im Alltag versorgen.

> Erst dann, wenn diese Menschen ihre gesundheitlich bedingten Beeinträchtigungen der Selbständigkeit und der Fähigkeiten nicht mehr eigenständig ausgleichen können, kommt ein Antrag auf Leistungen der Pflegeversicherung in Betracht.

Besonders hervorheben möchte ich, dass für jeden Antragsteller **jedes** Kriterium geprüft wird. Das bedeutet, bei jedem Antragsteller wird hinterfragt, ob er die jeweilige Aktivität selbständig bewältigen kann und in welchem Umfang er gegebenenfalls die Unterstützung anderer Personen benötigt. Unter „Kompensieren" von Defiziten versteht das NBI eben nicht das Weglassen oder Einschränken der jeweiligen Aktivität, sondern tatsächlich die ausgleichende Unterstützung im Umfang der verloren gegangenen Selbständigkeit bzw. der Fähigkeiten durch eine andere Person.

Dabei gilt der Grundsatz, dass auch Leistungen der sozialen Pflegeversicherung nur im Rahmen des Wirtschaftlichen und Notwendigen erbracht und bezahlt werden. Was bedeutet das konkret? Sofern der Antragsteller bereits beim Begutachtungstermin personelle Unterstützung erhält, können sich aus dem Begutachtungsinstrument folgende Konstellationen bezüglich des Unterstützungsbedarfes ergeben:

- Geringerer Unterstützungsbedarf durch andere Personen

  Dieser wird sich wahrscheinlich dann ergeben, wenn die unterstützenden Personen (z. B. Pflegepersonen oder auch Pflegekräfte in Pflegeeinrichtungen) wohlmeinend oder um die Dauer der jeweiligen Aktivität zu verkürzen, mehr Handlungen übernehmen, als das zum Ausgleich der geringeren Selbständigkeit bzw. der Fähigkeiten des Antragstellers tatsächlich erforderlich wäre.

- Höherer Unterstützungsbedarf durch andere Personen

  Ein höherer Unterstützungsbedarf ergibt sich in der Regel allein daraus, dass bei jedem Antragsteller jedes Kriterium geprüft wird und so auch Aktivitäten gewertet werden, die der Antragsteller zum Zeitpunkt des Begutachtungstermins aufgrund seiner eingeschränkten Selbständigkeit oder seiner eingeschränkten Fähigkeiten bereits eingestellt hat bzw. die er noch nie in seinem Leben bewältigen konnte.

- Gleich hoher Unterstützungsbedarf durch andere Personen

  Bestätigt das Neue Begutachtungsinstrument den bereits bisher geleisteten Unterstützungsbedarf, heißt das für Pflegepersonen und Pflegekräfte in Pflegeeinrichtungen, dass sie bereits zum Zeitpunkt des Begutachtungstermins die Selbständigkeit des Antragstellers und seine Fähigkeiten angemessen berücksichtigen und fördern.

- Kein Unterstützungsbedarf durch andere Personen

  Kein Unterstützungsbedarf wird sich zunächst ergeben, wenn der Antragsteller bei der Aktivität keinerlei Einschränkungen hat. Er wird sich aber auch dann ergeben, wenn der Antragsteller die Defizite seiner Selbständigkeit und seiner Fähigkeiten mit anderen Mitteln als der Unterstützung durch andere Personen ausgleichen kann; gemeint ist hier der Ausgleich durch Hilfsmittel (z. B. Rollator zur Nutzung in der Wohnung) oder wohnumfeldverbessernde Maßnahmen (z. B. Badumbau).

Gesetzlich vorgegeben: Module und Kriterien

Der Gesetzgeber hat sich dazu entschlossen, den Spitzenverbänden der Pflegekassen die Entscheidung darüber abzunehmen, anhand welcher Lebensbereiche (Module) und den dazugehörigen Kritieren die Pflegebedürftigkeit festgestellt werden soll (siehe dazu § 14 Abs. 2 SGB XI).

§ 14 Abs. 2 SGB XI lautet:

(2) Maßgeblich für das Vorliegen von gesundheitlich bedingten Beeinträchtigungen der Selbständigkeit oder der Fähigkeiten sind die in den folgenden sechs Bereichen genannten pflegefachlich begründeten Kriterien:

1. Mobilität: Positionswechsel im Bett, Halten einer stabilen Sitzposition, Umsetzen, Fortbewegen innerhalb des Wohnbereichs, Treppensteigen;
2. kognitive und kommunikative Fähigkeiten: Erkennen von Personen aus dem näheren Umfeld, örtliche Orientierung, zeitliche Orientierung, Erinnern an wesentliche Ereignisse oder Beobachtungen, Steuern von mehrschrittigen Alltagshandlungen, Treffen von Entscheidungen im Alltagsleben, Verstehen von Sachverhalten und Informationen, Erkennen von Risiken und Gefahren, Mitteilen von elementaren Bedürfnissen, Verstehen von Aufforderungen, Beteiligen an einem Gespräch;
3. Verhaltensweisen und psychische Problemlagen: motorisch geprägte Verhaltensauffälligkeiten, nächtliche Unruhe, selbstschädigendes und autoaggressives Verhalten, Beschädigen von Gegenständen, physisch aggressives Verhalten gegenüber anderen Personen, verbale Aggression,

1

andere pflegerelevante vokale Auffälligkeiten, Abwehr pflegerischer und anderer unterstützender Maßnahmen, Wahnvorstellungen, Ängste, Antriebslosigkeit bei depressiver Stimmungslage, sozial inadäquate Verhaltensweisen, sonstige pflegerelevante inadäquate Handlungen;

4. Selbstversorgung: Waschen des vorderen Oberkörpers, Körperpflege im Bereich des Kopfes, Waschen des Intimbereichs, Duschen und Baden einschließlich Waschen der Haare, An- und Auskleiden des Oberkörpers, An- und Auskleiden des Unterkörpers, mundgerechtes Zubereiten der Nahrung und Eingießen von Getränken, Essen, Trinken, Benutzen einer Toilette oder eines Toilettenstuhls, Bewältigen der Folgen einer Harninkontinenz und Umgang mit Dauerkatheter und Urostoma, Bewältigen der Folgen einer Stuhlinkontinenz und Umgang mit Stoma, Ernährung parenteral oder über Sonde, Bestehen gravierender Probleme bei der Nahrungsaufnahme bei Kindern bis zu 18 Monaten, die einen außergewöhnlich pflegeintensiven Hilfebedarf auslösen;

5. Bewältigung von und selbständiger Umgang mit krankheits- oder therapiebedingten Anforderungen und Belastungen:

   a) in Bezug auf Medikation, Injektionen, Versorgung intravenöser Zugänge, Absaugen und Sauerstoffgabe, Einreibungen sowie Kälte- und Wärmeanwendungen, Messung und Deutung von Körperzuständen, körpernahe Hilfsmittel,

   b) in Bezug auf Verbandswechsel und Wundversorgung, Versorgung mit Stoma, regelmäßige Einmalkatheterisierung und Nutzung von Abführmethoden, Therapiemaßnahmen in häuslicher Umgebung,

   c) in Bezug auf zeit- und technikintensive Maßnahmen in häuslicher Umgebung, Arztbesuche, Besuche anderer medizinischer oder therapeutischer Einrichtungen, zeitlich ausgedehnte Besuche medizinischer oder therapeutischer Einrichtungen, Besuch von Einrichtungen zur Frühförderung bei Kindern sowie

   d) in Bezug auf das Einhalten einer Diät oder anderer krankheits- oder therapiebedingter Verhaltensvorschriften;

6. Gestaltung des Alltagslebens und sozialer Kontakte: Gestaltung des Tagesablaufs und Anpassung an Veränderungen, Ruhen und Schlafen, Sichbeschäftigen, Vornehmen von in die Zukunft gerichteten Planungen, Interaktion mit Personen im direkten Kontakt, Kontaktpflege zu Personen außerhalb des direkten Umfelds.

Das Begutachtungsinstrument ist in sechs Module gegliedert, die den sechs Bereichen in § 14 Abs. 2 SGB XI entsprechen. Diese festgelegten Module und Kriterien, die in § 15 SGB XI und den dazugehörigen Anlagen 1 und 2 niedergelegt sind, führen mit einer Punktbewertung zum Pflegegrad. In den Begutachtungs-Richtlinien (BRi) konnten vom Spitzenverband so nur noch die einzelnen Kriterien pflegefachlich konkretisiert werden.

Module für das Begutachtungsverfahren und deren prozentualer Einfluss auf den Pflegegrad

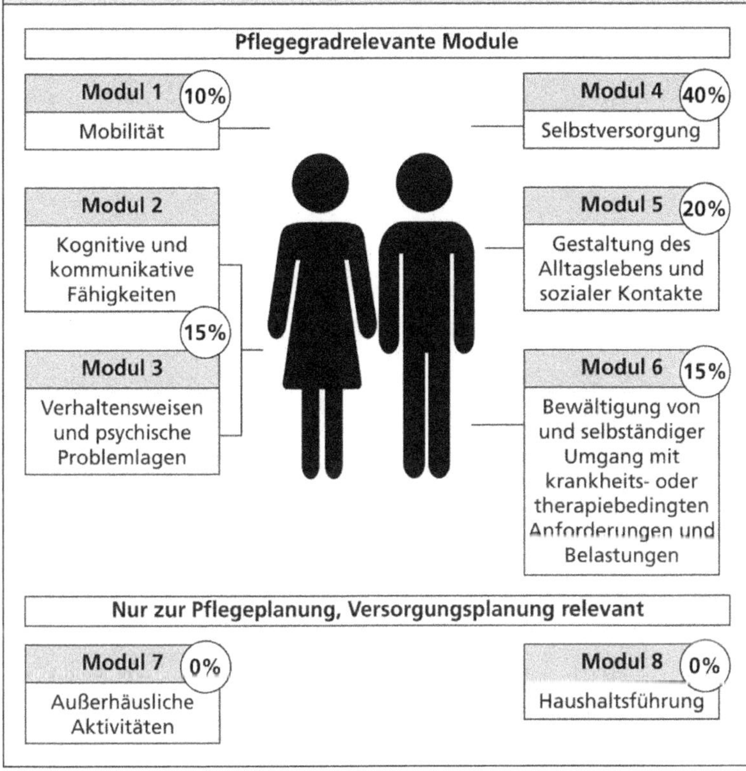

Wichtig: Nur die Module 1–6 fließen in die Berechnung des Pflegegrades und damit in die Feststellung der Pflegebedürftigkeit im Sinne der Pflegeversicherung ein. Die Informationen aus den Modulen 7 „Außerhäusliche Aktivitäten" und 8 „Haushaltsführung" werden durch den Gutachter beim Begutachtungstermin ebenfalls erhoben. Sie bilden u. a. die Grundlage für eine umfassende Versorgungsplanung.

Die einzelnen Module mit den jeweiligen Kriterien, der pflegefachlichen Konktretisierung durch die BRi sowie Hinweise zu Stolperfallen sind ausführlich in Kapitel 4 beschrieben.

1

Punktesystem zur Ermittlung des Pflegegrades

Die Zuordnung zu einem Pflegegrad erfolgt anhand eines Punktesystems. Dazu werden für jedes Kriterium in den 6 Modulen Einzelpunkte vergeben. Die Anzahl der Einzelpunkte orientiert sich daran, wie schwerwiegend die Beeinträchtigung ist bzw. im Modul 5, wie oft Medikamente/Anwendungen gegeben werden. Je schwerer die Beeinträchtigung ist, desto höher ist die Anzahl der Einzelpunkte im jeweiligen Kriterium.

Die innerhalb eines Moduls für die verschiedenen Kriterien vergebenen Einzelpunkte werden zunächst zusammengezählt. Dann erfolgt die sogenannte Gewichtung. Wie oben in der Abbildung zu sehen, hat der Gesetzgeber entsprechend ihrer Bedeutung für den Alltag festgelegt, zu wieviel Prozent die Einschränkungen in den jeweiligen Lebensbereichen zu berücksichtigen sind. Diese Gewichtung soll bewirken, dass die Schwere der Beeinträchtigungen der Selbständigkeit oder der Fähigkeiten von Personen mit körperlichen Defiziten einerseits und kognitiven oder psychischen Defiziten andererseits sachgerecht und angemessen bei der Ermittlung des Pflegegrades berücksichtigt werden.

Sind die Einzelpunkte ermittelt, so müssen Sie diese nicht selbst dieser Gewichtung anpassen! Vielmehr hat der Gesetzgeber dazu in Anlage 2 zu § 15 SGB XI bereits gewichtete Punkte vorgegeben.

Beispiel:

Im Modul 1 „Mobilität" wurden insgesamt 7 Einzelpunkte erreicht (Summe der für die Kriterien des Moduls 1 jeweils vergebenen Einzelpunkte). Schaut man in den gleich unten abgedruckten Auszug aus der o. g. Anlage 2 zu § 15 SGB XI zum Modul 1, so stellt man fest, dass damit 7,5 gewichtete Punkte erreicht wurden.

Punkte im Modul 1	**Schweregrad der Beeinträchtigungen der Selbständigkeit**				
	0 keine	**1 geringe**	**2 erhebliche**	**3 schwere**	**4 schwerste**
Summe der Einzelpunkte	0–1	2–3	4–5	6–9	10–15
Gewichtete Punkte	**0**	**2,5**	**5**	**7,5**	**10**

Die pro Modul erreichten gewichteten Punkte – ich nenne diese Pflegegrad-Punkte – werden für das Gesamtergebnis addiert. Diese Summe bestimmt dann den Pflegegrad. Pflegebedürftigkeit liegt vor, wenn der Gesamtpunktwert mindestens 12,5 Pflegegrad-Punkte beträgt.

Pflegegradberechnung im Detail

In Kapitel 5 werden die einzelnen Module sowie die daraus resultierende Berechnung mit Beispielen ausführlich dargestellt.

Gemäß § 15 SGB XI gibt es folgende Pflegegrade (PG):

Punktesystem der Pflegegrade

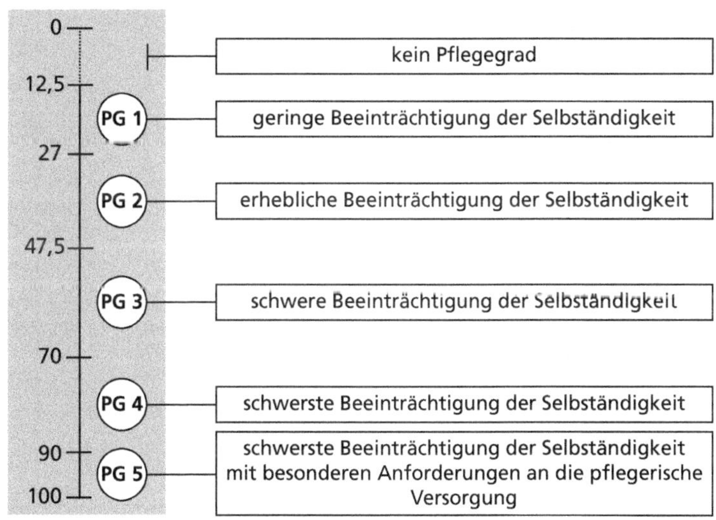

Wichtig: Liegt eine besondere Bedarfslage vor, kann der Pflegebedürftige aus pflegefachlichen Gründen dem Pflegegrad 5 zugeordnet werden, obwohl die dafür erforderliche Punktzahl nicht erreicht wurde. Ob eine solche besondere Bedarfslage, die BRi spricht hier von einer besonderen Bedarfskonstellation, vorliegt, wird bei der Begutachtung im Modul 1 geprüft.

Vorbereitung und Durchführung des Begutachtungstermins

Vorbereitung des Begutachtungstermins

Nachdem der Medizinische Dienst (MD) von der Pflegekasse bzw. bei privat versicherten Antragstellern Medicproof von der privaten Versicherung mit der Begutachtung beauftragt wurde, wird er in der Regel einen Begutachtungstermin beim Antragsteller zu Hause oder – sofern der Antragsteller in einer Pflegeeinrichtung lebt – in der Einrichtung durchführen.

Eine Begutachtung nach Aktenlage soll nur in Ausnahmen stattfinden. Solche Ausnahmen liegen vor, wenn

- der Antragsteller zum Zeitpunkt der Begutachtung bereits verstorben ist, oder
- die Begutachtung im Rahmen einer verkürzten Bearbeitungsfrist erforderlich ist (sog. Eilbegutachtung), weil z. B. ein Angehöriger Pflegezeit beim Arbeitgeber beantragt hat oder die Versorgung nach einem stationären Krankenhausaufenthalt sichergestellt werden muss (Hinweis: Hier erfolgt nur eine vorläufige Einschätzung, ob Pflegebedürftigkeit mit mindestens Pflegegrad 2 vorliegt), oder
- die Aktenlage so eindeutig ist, dass der Besuch zu Hause keine zusätzlichen Erkenntnisse bringen könnte.

Der MD bzw. Medicproof ist verpflichtet

- den Termin schriftlich anzukündigen,
- über die voraussichtliche Dauer zu informieren (Zeitfenster max. 2 Stunden, Mo-Fr 8.00 bis 18.00 Uhr),
- den Grund und die Art der Begutachtung mitzuteilen und
- den Namen des Gutachters sowie dessen berufliche Qualifikation anzugeben.

Darüber hinaus müssen bevollmächtigte Personen bzw. gerichtlich bestellte Betreuer **rechtzeitig** über den Begutachtungstermin informiert werden.

Auch dann, wenn der Antragsteller in einer vollstationären Pflegeeinrichtung lebt oder in einer Einrichtung der Eingliederungshilfe nach § 43a SGB XI, ist der MD dazu verpflichtet, den Termin schriftlich anzukündigen. Nur so ist gewährleistet, dass der Antragsteller sich auf den Termin vorbereiten und Personen seines Vertrauens hinzuziehen kann. Zudem ist nur so möglich, bevollmächtigte Personen oder gerichtlich bestellte Betreuer zu beteiligen. Lassen Sie sich deshalb nie auf Hoppla-Hopp-Begutachtungen ein wie, „Jetzt bin ich sowieso gerade in Ihrer Einrichtung, da kann ich doch Frau/Herrn … auch gleich begutachten" oder „Jetzt ist der Begutachtungstermin mit Herrn/Frau … geplatzt, weil er/sie im Krankenhaus ist, da kann ich doch stattdessen die Begutachtung bei Frau/Herrn … durchführen."

So bereitet sich der beauftragte Gutachter vor

Die Pflegekasse bzw. das private Versicherungsunternehmen übermittelt dem beauftragten Gutachter zusammen mit den Antragsdaten Informationen

- über Vorerkrankungen,
- über Klinikaufenthalte und Leistungen zur medizinischen Rehabilitation,
- zur Heilmittelversorgung,
- zur Hilfsmittel- und Pflegehilfsmittelversorgung,
- zur behandelnden Ärztin bzw. zum behandelnden Arzt,
- zur häuslichen Krankenpflege nach § 37 SGB V,
- hinsichtlich einer bevollmächtigten Person oder Betreuerin bzw. eines Betreuers mit entsprechendem Aufgabenkreis,
- den Grund für eine ggf. verkürzte Bearbeitungszeit (siehe dazu Kapitel 1 Fristen nach § 18 Abs. 3 SGB XI).

Sofern der Gutachter dazu zusätzliche Fragen hat, kann er die entsprechenden Auskünfte direkt bei den behandelnden Ärzten einholen.

So können Sie sich vorbereiten

Stellen Sie vor dem Begutachtungstermin folgende Unterlagen zusammen:

Medizinische Unterlagen

- Entlassungsberichte von Krankenhäusern und ggf. Rehabilitationseinrichtungen
- Arztberichte zu behandlungsbedürftigen Erkrankungen (z. B. Bluthochdruck, Diabetes)

- Arztberichte zu pflegerelevanten und pflegeerschwerenden Diagnosen, (z. B. Lähmungen, Kontrakturen, Arthrose, Demenz, Adipositas, COPD)
- Liste der ärztlich angeordneten/angeratenen krankheits- und therapiebedingten Maßnahmen (z. B. Medikamentengabe, Kompressionsstrümpfe, Insulinjektionen, Anlegen einer Sauerstoffmaske in der Nacht, Krankengymnastik), sofern sich diese aus den zuvor genannten Dokumenten nicht ergeben

Schriftliche Aufzeichnungen, Dokumentation durch Pflegeberater

Der Unterstützungsbedarf sollte spätestens ab dem Tag der Antragstellung erfasst werden, damit er beim Begutachtungstermin einfach den pflegegradrelevanten Modulen 1 bis 6 sowie den Modulen 7 und 8 zugeordnet werden kann.

Bei der Formulierung sollte man sich an den pflegefachlichen Konkretisierungen der einzelnen Module orientieren, die im Kapitel 4 nachgelesen werden können. Dabei sind immer die Selbständigkeit bzw. die noch vorhandenen Ressourcen des zu begutachtenden Antragstellers in den Vordergrund zu stellen.

Beispiel:

BRi-Formulierung zu Kriterium 1.5: „Treppensteigen ist nur mit Stützen oder Festhalten der Person möglich."

Die Formulierung für die Aufzeichnung sollte lauten: „Frau … / Herr … kann Treppen bewältigen, wenn sie/er von einer Pflegekraft/einem Mitarbeiter gestützt und/oder festgehalten wird."

So sprechen Sie von Anfang an die Sprache des Gutachters.

Denn: **Gleiche Sprache = Keine Verständigungsprobleme!**

Vorhandene Pflegedokumentation als Informationsquelle nutzen

Für jeden Heimbewohner muss eine Pflegedokumentation angelegt sein, die zur Vorbereitung auf den Begutachtungstermin genutzt werden kann.

In den folgenden Übersichten sehen Sie am Beispiel von „Aktivitäten und existenzielle Erfahrungen des Lebens (AEDL)" und der „Strukturierten Informationssammlung (SIS)“, aus welchen Dokumentationsgebieten der Pflegedokumentation Informationen zu einzelnen Modulen entnommen werden können:

So können Sie Informationen aus den AEDL für die Module des NBA nutzen:

AEDLs	Module NBA
Kommunizieren	Modul 2: Kognitive und kommunikative Fähigkeiten und Modul 3: Verhaltensweisen und psychische Problemlagen
Sich bewegen	Modul 1: Mobilität
Vitale Funktionen des Lebens aufrechterhalten	Modul 5: Umgang mit und selbständige Bewältigung von krankheits- und therapiebedingten Anforderungen und Belastungen
Sich pflegen	Modul 4: Selbstversorgung
Essen und trinken	Modul 4: Selbstversorgung
Ausscheiden	Modul 4: Selbstversorgung
Sich kleiden	Modul 4: Selbstversorgung
Ruhen und schlafen	Modul 6: Gestaltung des Alltagslebens und sozialer Kontakte
Sich beschäftigen	Modul 6: Gestaltung des Alltagslebens und sozialer Kontakte
Sich als Mann/Frau fühlen und verhalten	Modul 3: Verhaltensweisen und psychische Problemlagen
Für eine sichere Umgebung sorgen	Modul 2: Kognitive und kommunikative Fähigkeiten und Modul 3: Verhaltensweisen und psychische Problemlagen
Soziale Bereiche des Lebens sichern	Modul 6: Gestaltung des Alltagslebens und sozialer Kontakte sowie Modul 7: Außerhäusliche Aktivitäten
Mit existenziellen Erfahrungen des Lebens umgehen	Modul 3: Verhaltensweisen und psychische Problemlagen (z. B. Ängste und Problemlagen palliativ versorgter Antragsteller oder nach Verlust von nahestehenden Personen)

So können Sie Informationen aus der SIS für die Module des NBA nutzen:

Themenfelder SIS	Module NBA
Kognitive und kommunikative Fähigkeiten	Modul 2: Kognitive und kommunikative Fähigkeiten und Modul 3: Verhaltensweisen und psychische Problemlagen
Mobilität und Beweglichkeit	Modul 1: Mobilität und Modul 7: Außerhäusliche Aktivitäten
Krankheitsbezogene Anforderungen und Belastungen	Modul 5: Umgang mit und selbständige Bewältigung von krankheits- und therapiebedingten Anforderungen und Belastungen
Selbstversorgung	Modul 4: Selbstversorgung
Leben in sozialen Beziehungen	Modul 6: Gestaltung des Alltagslebens und sozialer Kontakte und Modul 7: Außerhäusliche Aktivitäten
Haushaltsführung bzw. Wohnen/ Häuslichkeit	Modul 8: Haushaltsführung

Informationen Dritter einholen

Antragsteller, die z. B. aufgrund einer geistigen Behinderung in einer Werkstatt für behinderte Menschen arbeiten, verbringen einen großen Teil ihres Tages dort. Versäumen Sie deshalb nicht, in Vorbereitung auf den Begutachtungstermin dort Informationen einzuholen über

- kognitive und kommunikative Fähigkeiten,
- auffällige Verhaltensweisen, die eine personelle Intervention erforderlich machen sowie
- psychische Problemlagen, auf die das betreuende Personal der Werkstatt eingehen muss.

Nur so ergibt sich beim Begutachtungstermin eine ganzheitliche Sichtweise auf alle Bedarfe, die diese Antragsteller haben.

Zudem vereinfachen diese Informationen den Nachweis darüber, wie häufig im Modul 3 „Verhaltensweisen und psychische Problemlagen“ eine personelle Unterstützung erforderlich und aufgrund welcher Verhaltensweisen und/oder psychischen Problemlagen diese notwendig ist.

Pflegetagebuch

Wird der Antragsteller zu Hause versorgt, empfehle ich zudem ein Pflegetagebuch. Obwohl für den Pflegegrad die Häufigkeit der Verrichtungen und deren Dauer in Minuten keine Rolle mehr spielt, sind diese Aufzeichnungen pflegender Angehöriger oder anderer ehrenamtlich tätiger Pflegepersonen aus diesen Gründen wichtig:

- Angaben zu Umfang und Intensität der Unterstützung können den Unterschied zwischen „überwiegend selbständig“ und „überwiegend unselbständig“ ausmachen.
- Angaben zu kognitiven und kommunikativen Fähigkeiten können schwankende Tagesform belegen.
- Die Häufigkeit der Unterstützung durch andere Personen ist beim Begutachtungstermin zu Modul 3 (Verhaltensweisen und psychische Problemlagen) und Modul 5 (Umgang mit und selbständige Bewältigung von krankheits- und therapiebedingten Anforderungen und Belastungen) anzugeben.
- Die Zeit der von Pflegepersonen geleisteten Pflege wird für die Prüfung der Sozialversicherung erfragt sowie ggf. deren Aufteilung auf mehrere Pflegepersonen.
- Antragsteller und Angehörige gehen sicherer in den Begutachtungstermin und lassen sich vom Gutachter nicht (so einfach) in Richtung eines niedrigeren Pflegegrades lenken.

Damit das Pflegetagebuch entsprechend aussagefähig ist, müssen Antragsteller und pflegende Angehörige wissen, was erfasst werden soll und warum. Zudem sollten die Aufzeichnungen für mindestens 2 Wochen geführt werden, jedoch spätestens ab dem Tag der Antragstellung. So kann beim Begutachtungstermin z. B. bei schwankendem Unterstützungsbedarf auf den durchschnittlich zu erwartenden Unterstützungsbedarf geschlossen werden.

Praxis-Tipp:

In der Anlage zu diesem Buch finden Sie ein Muster für ein Pflegetagebuch. Sie werden sehen, die Erfassung ist einfacher als Sie denken.

Praxis-Check vor der Begutachtung: „Praxis schlägt Theorie"

Wenn Sie Antragstellern und ihren pflegenden Angehörigen die Kriterien und Ausprägungen des neuen Begutachtungsinstruments nahe bringen, bitten Sie sie, zur Vorbereitung auf den Begutachtungstermin Folgendes zu tun:

- **Schritt 1:** Überlegen, welche einzelnen Handlungsschritte eine Aktivität umfassen

Beispiel:

Aktivitäten im Kriterium „Körperpflege im Bereich des Kopfes":

Zahnpflege

Dazu gehören folgende Handlungsschritte:

- die Vorbereitung (z. B. Zahnpastatube oder Mundwasserbehälter aufschrauben, Zahnpasta auf die Zahnbürste geben, Mundwasser in den Zahnputzbecher tropfen)
- das Putzen der Zähne
- das Ausspülen
- die eventuell zusätzliche notwendige Reinigung der Mundhöhle mit einer Bürste oder dem Zungenreiniger
- die Nachbereitung, z. B. Becher ausspülen, Zahnbürste reinigen
- die Reinigung und das passgenaue Einsetzen des Zahnersatzes

Kämmen

Hierzu gehört das Kämmen oder Bürsten der Haare entsprechend der individuellen Frisur. Wird ein Haarteil (z. B. Toupet) oder eine Perücke getragen, gehört auch das Aufsetzen und Kämmen dieses künstlichen Haarteils dazu.

Rasieren

Dazu gehören folgende Handlungsschritte:

- die Vorbereitung (z. B. bei der Nassrasur das Auftragen des Rasierschaumes)
- die Rasur selbst
- die Nachbereitung (z. B. Hautpflege mit Aftershave, Reinigen und Wegräumen des Rasiergerätes)

Zur Identifizierung von einzelnen Handlungsschritten können auch Unterlagen, die Pflegeeinrichtungen zur Verfügung stehen (z. B. Pflegestandards) genutzt werden. Auch die detaillierten Erläuterungen in den „alten" BRi können hierbei eine wertvolle Hilfe sein.

- **Schritt 2:** Prüfen Sie praktisch, welche personelle Unterstützung ausreicht, damit der Antragsteller die Aktivität von Anfang bis Ende bewältigt

Sie tragen dadurch zum einen zum besseren Verständnis der pflegenden Angehörigen und des Antragstellers hinsichtlich der bei der Begutachtung relevanten Fragestellungen bei. Zum anderen können Sie so bereits vor dem Begutachtungstermin auf mögliche Tendenzen für Über- oder Unterversorgung hinweisen.

Praxis-Tipp:

Sie haben vielleicht bemerkt, dass ich nicht von notwendiger Unterstützung ausgehe, sondern von ausreichender Unterstützung. Mir erleichtert dieser kleine Trick das Umdenken weg vom Hilfebedarf, der eine Unterstützung notwendig macht, hin zur selbständigen Bewältigung von Alltagshandlungen, für die eine Unterstützung in einem bestimmten Umfang ausreicht.

- **Schritt 3:** Ermitteln Sie die Gründe, weshalb die geringere personelle Unterstützung nicht ausreicht

Während Sie im Gespräch mit dem Antragsteller wahrscheinlich sehr schnell erkennen können, ob er eine Aktivität selbständig durchführen kann oder ob er als unselbständig zu werten ist, werden Sie in der Begutachtungspraxis häufig Situationen erleben, in denen zwischen „überwiegend selbständig" und „überwiegend unselbständig" zu entscheiden ist bzw. bei kognitiven Fähigkeiten zwischen „größtenteils vorhanden" und „in geringem Maße vorhanden". Im Zweifelsfall werden Sie eine Entscheidung in Richtung „überwiegend unselbständig" anstreben und der Gutachter des MD eher „überwiegend selbständig" wählen.

Natürlich können Sie sich dann mit dem MD-Gutachter anhand der von ihm erhobenen Befunde auf eine theoretische Diskussion im Sinne von „was wäre wenn" einlassen.

Nach meiner Erfahrung ist es aber wesentlich einfacher und zielführender, wenn Sie beim Begutachtungstermin nicht nur theoretisch argumentieren, sondern Ihre Auffassung mit praktischen Ergebnissen begründen.

Beispiel:

Bei ausschließlich körperlich beeinträchtigten Antragstellern können Sie im Modul 1 beim Kriterium „Umsetzen" zunächst testen, ob diese sich selbständig aus einem Sessel erheben können. Ist das nicht der Fall, probieren Sie, ob es genügt, dass Sie ihnen ein Hilfsmittel reichen oder die Hand hinhalten, so dass sich der Antragsteller daran aus eigener Kraft aus dem Sessel hochziehen kann. Reicht auch diese Hilfestellung nicht aus, wissen Sie, dass der Antragsteller sich weder selbständig umsetzen kann, noch bei diesem Kriterium „überwiegend selbständig" ist. Notieren Sie die Gründe, wegen derer die geringe personelle Unterstützung nicht ausreichend war.

So können Sie gemeinsam mit dem Antragsteller und den ihn versorgenden Pflegepersonen bzw. Pflegekräften den realistischen Grad der Selbständigkeit bei allen Kriterien ermitteln, bei denen es um die praktische Durchführung der Aktivität geht. Das sind bei ausschließlich körperlich beeinträchtigten Antragstellern grundsätzlich die Kriterien in den Modulen 1, 4, 5 und 6 sowie bei Antragstellern mit kognitiven Einschränkungen die Kriterien der Module 4 bis 6.

Praxis-Tipp:

Indem Sie beim Begutachtungstermin den Gutachter über die Ergebnisse dieser Praxistests informieren, erschweren Sie ihm eben bei den betreffenden Kriterien die Einschätzung, dass die geringere Hilfestellung ausreicht. Anders als Sie kann der Gutachter seine Entscheidung nur theoretisch mit den Erkenntnissen begründen, die er im Zuge der Vorbereitungen auf den Begutachtungstermin und im Rahmen seiner eigenen Befunderhebung beim Begutachtungstermin erhalten hat. Der Gutachter müsste mit diesen theoretischen Erkenntnissen Ihre praktische Erfahrung widerlegen. Das werden sich nicht alle Gutachter zutrauen.

Hinzu kommt, dass Sie für einen eventuellen Widerspruch eine gute Grundlage haben, wenn Sie den Gutachter beim Begutachtungstermin die Erkenntnisse aus Ihren Praxistests hinsichtlich des Umfangs und der Intensität der Hilfestellung dargelegt haben.

Dieser Tipp resultiert aus meinen Erfahrungen, die ich im Zusammenhang mit der „Verordnung von Leistungen der häuslichen Krankenpflege nach § 37 SGB V" gemacht habe. Auch dort gibt es Zweifelsfälle, ob der Patient eine Behandlungspflege selbst übernehmen kann oder ein Pflegedienst diese für ihn durchführen muss. Auch in diesen Fällen hilft es, im Rahmen einer Anleitung zu klären, ob der Patient tatsächlich die Behandlungspflege selbst durchführen kann. Scheitert die Anleitung, kann also der Patient trotz Anleitung die Behandlungspflege nicht selbst übernehmen, bleibt dem Gutachter letztlich nichts anderes übrig, als die Notwendigkeit der Erbringung dieser Behandlungspflege durch einen Pflegedienst zu bestätigen.

Ablauf des Begutachtungstermins

Die Gutachter haben für jeden Termin ca. 60 Minuten Zeit. Auch wenn es aufgrund des komplexen Begutachtungsinstrumentes schwer fällt das zu glauben, diese Zeit reicht in den meisten Fällen aus.

Die Erfassung beim Hausbesuch erfolgt anhand eines Erhebungsbogens, der überwiegend vorstrukturierte Antwortoptionen vorgibt. Jede Frage erfordert eine Antwort, die überwiegend durch Ankreuzen dokumentiert wird. Bei der Informationssammlung und der Befunderhebung sind teilweise zusätzlich individuelle Beschreibungen als Freitext gefordert.

Wichtig: Bereits ab dem Beginn des Begutachtungstermins werden die Grundlagen dafür gelegt, dass die im Begutachtungsinstrument festzustellende personelle Unterstützung plausibel begründet werden kann.

Das Begutachtungsformular enthält sieben voneinander abgrenzbare Bereiche, über die sämtliche, im Rahmen einer Begutachtung benötigten Informationen erhoben werden können:

Die einzelnen Schritte des Begutachtungsverfahrens

Angaben zur Person und zur Begutachtungssituation
↓
Anamnese
↓
Wohn- und Lebenssituation
↓
Versorgungssituation
↓
Befunderhebung zu Schädigungen und Beeinträchtigungen
↓
Neues Begutachtungsinstrument
↓
Ergebnisse und Empfehlungen

Im Folgenden werde ich Ihnen diese Bereiche etwas genauer erklären; das neue Begutachtungsinstrument bzw. die zu berücksichtigenden Module und Kriterien sowie deren Bewertung werden in Kapitel 4 ausführlich behandelt.

Angaben zur Person und zur Begutachtungssituation

In der Regel wird der Gutachter einen vorbereiteten Erhebungsbogen verwenden, in dem bereits folgende Daten eingetragen sind:

- Angaben zum Antragsteller (Name, Vorname, Geschlecht, Geburtsdatum, Anschrift, Pflegekasse und Telefonnummer)
- Antrag auf ... (ambulante Leistungen, stationäre Leistungen, stationäre Leistungen nach § 43a SGB XI)
- Anlass der Begutachtung (Erstgutachten, Wiederholungsgutachten, Höherstufungsantrag, Widerspruchsgutachten)
- bisheriger Pflegegrad (kein, 1, 2, 3, 4, 5)

Ergänzt werden beim Begutachtungstermin diese Angaben:

- behandelnder Arzt/Ärzte (wichtig für Modul 5)
- Ort der Begutachtung (Privatwohnung, Pflegeeinrichtung, Krankenhaus/Rehabilitationseinrichtung)
- Qualifikation des Gutachters (Arzt, Pflegefachkraft, Pflegefachkraft mit abgeschlossenem Pflegestudium)
- bei der Begutachtung vom Antragsteller vorgelegte und damit zu berücksichtigende Unterlagen
- Angaben zur Person, die Angaben zur Pflegebedürftigkeit macht (Antragsteller, Pflegeperson/-en, Angehörige/r, Mitarbeiter einer Pflegeeinrichtung, Sonstige)

Beim Begutachtungstermin zusätzlich vorgelegte Befundberichte werden geprüft und ausgewertet, soweit aus ihnen Angaben über Schädigungen und Beeinträchtigungen der körperlichen, kognitiven oder psychischen Funktionen hervorgehen, die zu gesundheitlichen Beeinträchtigungen der Selbständigkeit oder der Fähigkeiten führen können.

Ebenfalls geprüft und ausgewertet werden die Angaben der Befundberichte zu gesundheitlich bedingten Belastungen und Anforderungen (für Modul 5) sowie vorhandenen Ressourcen (für Empfehlungen).

Anamnese

Zu Beginn der Anamnese erfragt der Gutachter vom Antragsteller bzw., falls dieser z. B. aufgrund kognitiver und/oder kommunikativer Einschränkung nicht antworten kann, von Pflegepersonen, Angehörigen und/oder Pflegekräften das aus seiner Sicht momentan schwerwiegendste Problem. In der Regel handelt es sich dabei um das Problem, dass letztlich den Ausschlag dafür gegeben hat, Leistungen der Pflegeversicherung zu beantragen bzw. eine Höherstufung anzustreben. Zudem erfragt der Gutachter, welches Problem zuerst angegangen/verändert werden müsste.

Wichtig: Aus den Antworten auf diese beiden Fragen kann der Gutachter bereits ableiten, ob körperliche Beeinträchtigungen oder kognitive und/oder kommunikative Einschränkungen der Grund für den Antrag auf Leistungen der Pflegeversicherung sind. Entsprechend wird er Angaben in den Modulen 1 bis 3 kritisch hinterfragen, die den Antworten des Antragstellers zu den oben genannten Fragen zuwiderlaufen.

In der folgenden Auflistung sehen Sie, welche weiteren Angaben der Gutachter im Rahmen der Anamnese typischerweise erfragt:

- Bestehen aktuelle Erkrankungen und Beschwerden (soweit diese pflegerelevant sind oder daraus krankheits- und therapiebedingte Anforderungen und Belastungen resultieren bzw. eine Präventions- oder Rehabilitationsempfehlung daraus abgeleitet werden kann)? Falls ja, welche? Beginn, Verlauf und Symptome sind zu beschreiben.

  Achtung: Hieraus kann der Gutachter tagesformabhängige Schwankungen ableiten!

- Sind Vorerkrankungen bekannt (soweit diese pflegerelevant sind oder daraus krankheits- und therapiebedingte Anforderungen und Belastungen resultieren bzw. eine Präventions- oder Rehabilitationsempfehlung daraus abgeleitet werden kann)? Falls ja, welche? Beginn, Verlauf und Symptome sind zu beschreiben.
- Gab es Verletzungen mit Auswirkung auf die körperlichen Funktionen? Falls ja, welche?
- Hat in den letzten 12 Monaten eine ärztliche und/oder stationäre Behandlung stattgefunden? Falls ja, welche?

  Achtung: Hieraus kann sich ein unmittelbarer Bezug zu den im Modul 5 zu erhebenden krankheitsbedingten Belastungen und Anforderungen ergeben.

- Hat in den letzten 4 Jahren eine Rehabilitationsmaßnahme stattgefunden? Falls ja, welche und mit welchem Erfolg? Wurde ggf. eine Rehabilitationsmaßnahme beantragt und bewilligt/abgelehnt?
- Bestehen Allergien? Falls ja, welche?

  Achtung: Auch hier kann ein Bezug zu Modul 5 hergestellt werden, z. B. zum Kriterium „Einhalten einer Diät oder anderer Verhaltensvorschriften".

- Wie schätzt der Antragsteller seine körperliche Verfassung ein?
- Wie schätzt der Antragsteller seine psychische Verfassung ein?
- Gibt es eine familiäre gesundheitliche Vorbelastung? Falls ja, welche?
- Gibt es biografisch relevante Aspekte für die derzeitige Situation?
- Gibt es relevante Aspekte aus der Sozialanamnese?

- Leidet der Antragsteller unter Obstipation (Verstopfung, Darmträgheit)?
- Hat der Antragsteller ohne erkennbaren Grund in den letzten 3 Monaten abgenommen? Falls ja, um wie viele Kilo?
- Hat der Antragsteller einen guten Appetit?

Sofern der Antragsteller sowie die ggf. ebenfalls befragten oder einfach antwortenden Pflegepersonen bzw. Pflegekräfte diese Fragen unterschiedlich beantworten, muss der Gutachter das später im Formulargutachten vermerken.

Wohn- und Lebenssituation

Der Gutachter hat sich ein umfassendes Bild von der Wohnsituation des Antragstellers zu machen und diese zu beschreiben. Insbesondere sind Gegebenheiten des Wohnumfeldes zu dokumentieren, die die Selbständigkeit hemmen, die Versorgung erschweren oder unmöglich machen.

Erfasst werden hierbei bei zu Hause versorgten Antragstellern und bei Antragstellern, die in einer Einrichtung der Eingliederungshilfe nach § 43a SGB XI leben und gelegentlich zu Hause versorgt werden, folgende Merkmale:

- Antragsteller alleinlebend oder zusammen mit (Name der Person, ggf. Verwandtschaftsverhältnis)
- Wohnform (Haus/Wohnung, Etage)
- Barrierefreie Zugangswege für das Verlassen und Aufsuchen der Wohnung?
- Mobilität innerhalb der Wohnung/des Hauses eingeschränkt durch ... (z. B. Stufen, Schwellen, Türbreite)
- Badezimmerausstattung (z. B. Badewanne, Dusche, ebenerdiger Zugang)
- Möglichkeiten über Telefon oder Notrufsysteme Hilfe zu rufen
- Hinweise auf Probleme in der häuslichen Umgebung (z. B. Umgang mit Gas, Elektrizität, Heizung, Beleuchtung, Belüftung, Anzeichen für Verwahrlosung oder Vernachlässigung)

Wichtig: Laut BRi werden diese Beschreibungen bei der Erhebung der Selbständigkeit in den Modulen 1 bis 6 nicht berücksichtigt. Sie dienen aber zur Begründung von Empfehlungen zu wohnumfeldverbessernden oder anderen Maßnahmen.

Offen gesagt bin ich hier skeptisch, ob diese Betrachtung nicht doch in die Bewertung einfließt. Zwar wird der Gutachter z. B. „überwiegend selbständig" beim Fortbewegen innerhalb der Wohnumgebung nicht mit dem Hinweis verwehren: „Bringen Sie erst einmal Handläufe an, dann können Sie sich auch selbständig in der Wohnung fortbewegen." Allerdings sehe ich keinen Grund, der den Gutachter zur Bewertung „überwiegend selbständig" beim genannten Kriterium veranlassen könnte, wenn in der Wohnung bereits zum Zeitpunkt der Begutachtung Handläufe angebracht sind, an denen sich der Antragsteller festhalten kann. In diesem Fall wird der Gutachter hier die Bewertung „selbständig" vergeben.

Versorgungssituation

Die Versorgungssituation umfasst die ärztliche und medikamentöse Versorgung, verordnete Heilmittel, Hilfsmittelversorgung, den Umfang der pflegerischen Versorgung und Betreuung sowie Angaben zu beteiligten Pflegepersonen und Pflegeeinrichtungen.

Präsenzzeiten

Präsenzzeiten müssen durch den Gutachter nicht mehr aktiv erfragt werden. Ich empfehle dennoch, den Gutachter darüber zu informieren, in welchem Umfang z. B. aufgrund von kognitiven Beeinträchtigungen oder unplanmäßig vorkommenden pflegerischen Hilfen (z. B. bei Toilettengängen) der Antragsteller darauf angewiesen ist, dass eine andere Person da ist. Bei der Angabe dieser Präsenzzeiten können Sie sich an den folgenden Formulierungen orientieren, anhand derer die Präsenzzeiten früher durch die Gutachter erfragt wurden:

- Nein: Es besteht keine Notwendigkeit der Präsenz außerhalb der pflegerischen Hilfen. Die Person ist in der Lage, sich selbst zu helfen oder eigene Bedürfnisse zurückzustellen, bis Hilfe eintrifft, oder per Telefon Hilfe zu mobilisieren.
- Mehrmals täglich: Die Person bedarf mehrmals täglich der Beobachtung, um zu erkennen, wann ein Eingreifen erforderlich ist. Sie ist aber noch in der Lage, im gewohnten Umfeld über einige Stunden alleine zurechtzukommen. Sie wäre allerdings mit außergewöhnlichen Situationen überfordert.

- Überwiegend: Präsenz einer Pflegeperson in Rufnähe ist überwiegend erforderlich. Die Person kann zwischen den pflegerischen Handlungen auch mal für ca. eine Stunde alleine gelassen werden.
- Durchgehend: Präsenz einer Pflegeperson in Rufnähe ist durchgehend erforderlich.

Häufigkeit nächtlicher Unterstützung

Auch die Häufigkeit der nächtlichen Unterstützung muss durch den Gutachter nicht mehr aktiv erfragt werden. Mit Blick auf verschiedene pflegegradrelevante Kriterien wie z. B. „Ruhen und Schlafen" im Modul 6 oder „nächtliche Unruhe" im Modul 3 ist es aber sinnvoll, den Gutachter über den Bedarf des Antragstellers an nächtlicher Unterstützung zu informieren. Nutzen Sie hierfür einfach die folgenden Ausprägungen, anhand derer die Gutachter früher den nächtlichen Unterstützungsbedarf erfasst haben:

- nie oder max. einmal wöchentlich
- mehrmals wöchentlich
- einmal pro Nacht
- mehrmals pro Nacht

Freiheitsentziehende Maßnahmen

Ebenfalls dokumentiert werden „freiheitsentziehende Maßnahmen" und ob diese der richterlichen Anordnung bzw. dem Wunsch des Antragstellers entsprechen.

Exkurs: Freiheitsentziehende Maßnahmen in der Häuslichkeit, anordnungspflichtig oder nicht?

Nach § 1906 Abs. 4 BGB gilt für freiheitsentziehende Maßnahmen die Anordnungspflicht:

„…, wenn dem Betreuten, der sich in einer Anstalt, einem Heim oder einer sonstigen Einrichtung aufhält, ohne untergebracht zu sein, durch mechanische Vorrichtungen, Medikamente oder auf andere Weise über einen längeren Zeitraum oder regelmäßig die Freiheit entzogen werden soll."

Nach überwiegender Rechtsprechung werten Gerichte auch die Häuslichkeit oder das Betreute Wohnen als „sonstige Einrichtung" im Sinne des BGB, sofern der Pflegebedürftige dort von professionellen Pflegekräften, z. B. mittels eines Pflegedienstes, versorgt wird. In diesen Fällen ist eine richterliche Anordnung erforderlich.

Wird ein Pflegebedürftiger ausschließlich von Angehörigen im häuslichen Bereich versorgt, muss dafür seine wirksame Einwilligung vorliegen.

Bei Einwilligungsunfähigkeit bedarf es der Einwilligung des rechtlichen Betreuers oder die seines Bevollmächtigten; die Befugnis in freiheitsentziehende Maßnahmen einzuwilligen oder diese anzuwenden, muss in der Vollmacht ausdrücklich übertragen worden sein.

Die Anwendung freiheitsentziehender Maßnahmen kann ohne Vorliegen einer wirksamen Einwilligung als Straftatbestand der Freiheitsberaubung gem. § 239 StGB gewertet werden.

Vorhandene Hilfs-/Pflegehilfsmittel und deren Nutzung

Der Gutachter erfragt auch, welche Hilfs- und Pflegehilfsmittel, technischen Hilfen und zum Verbrauch bestimmte Hilfsmittel

- vorhanden sind,
- genutzt werden oder
- bei Nichtnutzung ggf. die Gründe, weswegen keine Nutzung mehr erfolgt.

Anzugeben sind hier alle Hilfsmittel unabhängig davon, von welchem Kostenträger sie bezahlt wurden.

Angaben zum Pflegeaufwand durch Pflegepersonen

Die an der Versorgung beteiligten Pflegepersonen werden erfasst, soweit möglich mit:

- Name, Vorname
- Geburtsdatum
- Geschlecht

- Adresse
- Telefon

Der Gutachter erfragt, an wie vielen Tagen pro Woche und in welchem zeitlichen Umfang (Stunden pro Woche) die jeweilige Pflegeperson pflegt. Sind mehrere Pflegepersonen an der Pflege beteiligt, wird davon ausgegangen, dass diese sich einvernehmlich auf die Aufteilung der Pflegezeiten verständigen. Falls das nicht der Fall ist, wird der Gutachter die Gesamtpflegezeit später zu gleichen Teilen auf die Pflegepersonen aufteilen.

Bei Pflegepersonen, die an weniger als zwei Tagen oder weniger als zehn Stunden pro Woche pflegen, fragt der Gutachter nach, ob sie weitere Pflegebedürftige versorgen.

Befunderhebung zu Schädigungen und Beeinträchtigungen

Nachdem der Gutachter bis hierhin Informationen gesammelt hat, schreitet er bei der Befunderhebung nun selbst zur Tat. Mit seinen „5 Sinnen“, d. h. ohne aufwändige Apparatetechnik, prüft er, welche pflegerelevanten Schädigungen und Beeinträchtigungen beim Antragsteller vorliegen.

Um Beeinträchtigungen der Aktivitäten und Ressourcen im Einzelnen einzuschätzen, wird der Gutachter sich ausgewählte Aktivitäten zeigen lassen (Funktionstests), z. B.

- Bewegungsmöglichkeiten der Arme und Beine (z. B. Beweglichkeit, Nacken- und Schürzengriff, Pinzettengriff, Kraft beim Faustschluss)
- Hals- und Rumpfbewegungen (z. B. Vorbeugen im Stehen, im Sitzen)
- Umlagerung
- Gehen
- Stehen
- Treppensteigen

Insbesondere wird er prüfen, ob und inwieweit durch Hilfs- bzw. Pflegehilfsmittel (z. B. Einsatz von Greif- und Gehhilfen, Rollator, Rollstuhl, Prothese) die Beeinträchtigung einer Aktivität vollständig oder teilweise ausgeglichen wird.

Im Ergebnis wird vom Gutachter erwartet, dass er auf der Grundlage der so erzielten Informationen eine plausible Bewertung darüber treffen kann, ob und in welchem Maße der Antragsteller die in den Modulen 1 bis 8 enthaltenen Aktivitäten selbständig bewältigen kann.

Wichtig: Die Befunderhebung des Gutachters ist die Grundlage für dessen Bewertung der Selbständigkeit bzw. der Fähigkeiten des Antragstellers in den Modulen 1 bis 8 des neuen Begutachtungsassessments. Beeinträchtigungen, die im Verlauf dieser Befunderhebung nicht auftreten, wird der Gutachter im neuen Begutachtungsassessment nicht berücksichtigen können. Die Befunderhebung hat damit eine mindestens ebenso hohe Bedeutung wie das neue Begutachtungsassessment im Anschluss. Ich würde sogar sagen: Die Befunderhebung ist die Basis. Die Bewertungen im neuen Begutachtungsassessment sind das Ergebnis.

Damit Sie sich von diesem wichtigen Teil des Begutachtungstermins ein besseres Bild machen können, habe ich hier beispielhaft einige Aspekte aufgelistet, die der Gutachter im Rahmen der Befunderhebung eventuell prüft:

- Größe, Gewicht, Allgemeinzustand, Ernährungszustand
- Pflegezustand (unauffällig, auffällig aufgrund von …)
- Verbale Kommunikation mit dem Antragsteller (möglich, nicht möglich, zu einfachen Sachverhalten möglich)
- Der Antragsteller kann die Begutachtungssituation … (vollständig einordnen und adäquat antworten, teilweise einordnen und auf einfache Fragen antworten, nicht einordnen und nicht adäquat antworten)
- Obere Extremitäten (keine Beeinträchtigungen, keine Bewegung nach Aufforderung, Parese schlaff/spastisch, spastische Handstellung, degenerative Veränderungen der Fingergelenke, Amputation)
- Mobilitätseinschränkungen im Bereich … (Schultergelenk, Ellbogengelenk, Handgelenk, Fingergelenke)
- Hantieren ist möglich bis … (zum Hinterkopf, zur Stirn, zu den Ohren)
- Freie Beweglichkeit der Hände ja/nein

- Pinzettengriff durchführbar ja/nein
- Händedruck (beidseits, rechts, links)
- Faustschluss (beidseits, rechts, links)
- Störungen der Feinmotorik (beidseits, rechts, links)
- Untere Extremitäten (keine Beeinträchtigungen, keine Bewegung nach Aufforderung, Parese schlaff/spastisch, Amputation)
- Mobilitätseinschränkungen und Auffälligkeiten im Gangbild
- Innere Organe (Atemnot, Zyanose, Blutdruck, Puls, Herzschrittmacher, Ödeme, Varikosis)
- Hautveränderungen (Zustand der Haut, Intertrigo, Pergamenthaut, Kratzspuren, Dekubiti, Ulzera, Hämatome)
- Sinnesorgane (Augen: Finger zählen, Konturen erkennen, Farben sehen, hell und dunkel unterscheiden, in der Wohnung ausreichend sehen; Ohren: laute Sprache verstehen, keine Reaktion auf Ansprache, Schwerhörigkeit und ggf. Ausprägung, Gehörlosigkeit)
- Nervensystem (Gleichgewichtsstörungen mit Sturzgefahr, Stürze in der Vergangenheit, Sprachstörungen, Bewegungskoordination, Tremor, Rigor, Akinese, Vermehrter Speichelfluss, Gefühls- und Sensibilitätsstörungen, chronische Schmerzen)
- Psyche (Stimmung, örtliche Orientierung im Wohnbereich und der Umgebung, zeitliche Orientierung zu Wochentag, Datum, Jahreszeit, Uhrzeit, Tageszeit)
- Orientierung zur eigenen Person (Alter, Name, Geburtsdatum)
- Gedächtnis (Kurzzeitgedächtnis z. B. letzte Mahlzeit; Langzeitgedächtnis, z. B. Schulbesuch)
- Aspirationsgefahr (Gefahr sich zu verschlucken ggf. mit Erfassen entsprechender Ereignisse in der Vergangenheit)

Ob und welche Befunde der Gutachter beim Begutachtungstermin aus der vorgenannten Liste erhebt, hängt von den Angaben des Antragstellers und seiner Bezugspersonen zur Versorgungssituation, zur Vorgeschichte sowie zu Art und Ausmaß der Erkrankungen ab. Sofern pflegerelevante Befundberichte bereits vorliegen, sind diese zu berücksichtigen.

Wichtig: Der Gutachter ist dazu verpflichtet, sich im Rahmen der vorgenannten Befunderhebung selbst ein Bild von den pflegerelevanten Schädigungen und gesundheitlichen Beeinträchtigungen der Selbständigkeit und der Fähigkeiten zu machen.

Darüber hinaus wird sich der Gutachter von der antragstellenden Person bzw. ihrer Bezugsperson den üblichen Tagesablauf schildern lassen, die Wohnung begehen und sich ggf. einzelne Aktivitäten beispielhaft demonstrieren lassen.

Checkliste: Konsequenzen für Terminvereinbarung, Vorbereitung und Beginn

1. Nehmen Sie sich ausreichend Zeit, um (potenziellen) Antragstellern das Begutachtungsverfahren zu erklären!
2. Geben Sie ihnen mit einer ersten kompletten Beurteilung der Kriterien in den Modulen 1 bis 6 eine Basis für ein vereinfachtes Pflegetagebuch (siehe Anlage 1)!
3. Vereinbaren Sie den Begutachtungstermin für einen Zeitpunkt, an dem der Unterstützungsbedarf vom Gutachter am einfachsten nachvollzogen werden kann (Stichwort: Tagesform)!
4. Nutzen Sie Ihre Kenntnisse zum Unterstützungsbedarf als Vorteil gegenüber dem Gutachter, am einfachsten auf der Basis der Pflegedokumentation oder des Pflegetagebuches!
5. Achten Sie darauf, dass sich im Gespräch mit dem Gutachter keine Widersprüche zu den im Pflegetagebuch/der Pflegedokumentation enthaltenen Angaben ergeben!

Neues Begutachtungsinstrument

Nachdem die Informationssammlung und Befunderhebung abgeschlossen ist, nimmt der Gutachter im Anschluss an den Begutachtungstermin die Eintragungen im Neuen Begutachtungsinstrument (NBI) vor.

Zur Eintragung nutzt der Gutachter eine speziell zu diesem Zweck entwickelte Software, in der z. B. Kriterien, die beim Antragsteller nicht zu bewerten sind, ausgeblendet werden können. Dazu gehören z. B. die im Modul 4 – Selbstversorgung enthaltenen Kriterien zum Umgang mit Harn- und/oder Stuhlinkontinenz bei durchgängig kontinenten Antragstellern.

Eine Vorgabe, dass direkt beim Begutachtungstermin eine Bewertung der dort erfassten Angaben erfolgen muss, sehen die BRi nicht vor. In der Regel wird der Gutachter die Bewertung mit Einzelpunkten erst nach dem Begutachtungstermin vornehmen. Dazu steht in den BRi folgende Aussage:

> „Die Gutachterin bzw. der Gutachter wertet die beim o. g. Besuch erhobenen Befunde und die sonstigen Informationen aus und entscheidet, ob eine weitere Gutachterin bzw. ein weiterer Gutachter (Pflegefachkraft oder Ärztin bzw. Arzt) mit eingebunden wird. (...) Der MDK teilt der Pflegekasse das Ergebnis seiner Prüfung durch Übersendung des Gutachtens und der gesonderten Präventions- und Rehabilitationsempfehlung mit. Diese entscheidet unter maßgeblicher Berücksichtigung des Gutachtens über das Vorliegen von Pflegebedürftigkeit und den Pflegegrad und übersendet – soweit der Versicherte nicht widersprochen hat – dem Versicherten das Gutachten."

Erwarten Sie also nicht, dass der Gutachter dem Antragsteller bereits am Ende des Begutachtungstermins den Pflegegrad nennt, den er empfehlen wird.

Die für die Pflegegradermittlung relevanten Module 1 bis 6 beinhalten 65 Kriterien. Mit diesen Kriterien werden alle Aktivitäten abgebildet, die zu einem normalen Alltagsleben dazugehören. Dabei wird jedes dieser Kriterien bei jedem erwachsenen Antragsteller bewertet. Das bedeutet konkret, es werden auch Handlungen und Aktivitäten bewertet, die der Antragsteller nicht mehr vornimmt bzw. die er etwa aufgrund einer körperlichen oder geistigen Behinderungen noch nie in seinem Leben vorgenommen hat.

Und genau darin liegt eine der größten Herausforderungen des neuen Begutachtungsinstruments. Immer dann, wenn es um die Bewertung der Selbständigkeit bei Aktivitäten geht, die der Antragsteller nicht zu bewältigen hat, wie z. B. dem Treppensteigen im Modul 1, obwohl sich im Wohnumfeld keine Treppe befindet, ist unsere Vorstellungskraft gefragt. Könnte der Antragsteller unter Berücksichtigung der bei ihm im Rahmen der Befunderhebung festgestellten gesundheitlichen Beeinträchtigungen z. B. eine Treppe zwischen zwei Etagen in aufrechter Körperhaltung selbständig bewältigen?

Auch wenn es dadurch nicht weniger schwierig wird, einen Trost gibt es: Die Gutachter des MD haben mit genau derselben Schwierigkeit zu kämpfen. Welche Stolpersteine Sie in den einzelnen Modulen noch kennen sollten, erfahren Sie detailliert in Kapitel 4.

Durch diese abstrakte/theoretische Betrachtungsweise ist die Bewertung der Selbständigkeit und der Fähigkeiten im Neuen Begutachtungsinstrument jedoch weitaus gerechter als Verfahren, mit denen der individuell erforderliche Hilfebedarf gemessen wurde (z. B. bis 31.12.2016 bei der Ermittlung von Pflegestufen). Diese berücksichtigten den Hilfebedarf bei einer Aktivität nur dann, wenn der Antragsteller diese Aktivität tatsächlich durchführte. Sie wissen genauso gut wie ich, dass für viele Menschen, die aufgrund gesundheitlich
2 bedingter Beeinträchtigungen auf Hilfe angewiesen sind, die erste Lösung im Umgang mit hilfeträchtigen Aktivitäten darin besteht, diese wegzulassen oder einzuschränken. Besonders, wenn sich die Pflegebedürftigkeit über einen längeren Zeitraum entwickelt hat, bekam der Gutachter beim Begutachtungstermin bei diesen Antragstellern nur noch einen Bruchteil der Alltagsaktivitäten präsentiert, die vor Beginn der Hilfe- und Pflegebedürftigkeit zum Leben des Antragstellers gehörten. Das kann mit dem neuen Begutachtungsinstrument nicht passieren. Hier werden bei jedem Antragsteller alle 65 Kriterien bewertet. Daraus ergibt sich nicht nur ein umfassenderes Bild zum Unterstützungsbedarf durch andere Personen. Es ergibt sich daraus für Antragsteller die große Chance, trotz ihres Unterstützungsbedarfes ein Alltagsleben führen zu können wie alle anderen Menschen.

Grundlage der Bewertung: Selbständigkeit und Fähigkeiten

3

Dreh- und Angelpunkt: Was KANN der Antragsteller?

Grad der Selbständigkeit – 4 Abstufungen

Selbständigkeit wird in den **Modulen 1, 4 und 6** sowie in einem Kriterium des **Moduls 5** mittels einer vierstufigen Skala mit folgenden Ausprägungen bewertet:

- selbständig
- überwiegend selbständig
- überwiegend unselbständig
- unselbständig

3

Stets zu beachten:

Es ist unerheblich, welche Hilfeleistungen tatsächlich erbracht werden. Die Beurteilung der Selbständigkeit erfolgt auch dann, wenn die Person die betreffende Handlung bzw. Aktivität in ihrem Lebensalltag nicht (mehr) durchführt, z. B. Treppensteigen im Modul 1, obwohl keine Treppe da ist.

Grad der Selbständigkeit – selbständig

Die Person kann die Handlung bzw. Aktivität in der Regel selbständig durchführen.

Möglicherweise ist die Durchführung

- erschwert oder
- verlangsamt oder
- nur unter Nutzung von Hilfs-/Pflegehilfsmitteln

möglich.

Entscheidend ist, dass die Person keine personelle Hilfe benötigt!

Vorübergehende oder nur vereinzelt auftretende Beeinträchtigungen werden nicht berücksichtigt.

Grad der Selbständigkeit – überwiegend selbständig

Die Person kann den größten Teil der Aktivität selbständig durchführen. Überwiegend selbständig ist eine Person also dann, wenn eine oder mehrere der folgenden Hilfestellungen erforderlich sind:

- Unmittelbares Zurechtlegen, Richten von Gegenständen meint die Vorbereitung einer Aktivität durch Bereitstellung sächlicher Hilfen, damit die Person die Aktivität dann selbständig durchführen kann. Dabei wird vorausgesetzt, dass die Umgebung der antragstellenden Person so eingerichtet wird, dass die Person so weit wie möglich selbständig an alle notwendigen Utensilien herankommt und diese nicht jedes Mal angereicht werden müssen. Wenn dies aber nicht ausreicht (z. B. die Seife nicht von der Ablage am Waschbecken genommen werden kann, sondern direkt in die Hand gegeben werden muss), führt diese Beeinträchtigung zur Bewertung „überwiegend selbständig".
- Aufforderung bedeutet, dass die Pflegeperson (gegebenenfalls auch mehrfach) einen Anstoß geben muss, damit die oder der Betroffene die jeweilige Tätigkeit allein durchführt. Einzelne Hinweise zur Abfolge der Einzelschritte meinen, dass zwischenzeitlich immer wieder ein Anstoß gegeben werden muss, dann aber Teilverrichtungen selbst ausgeführt werden können.
- Unterstützung bei der Entscheidungsfindung bedeutet, dass zum Beispiel verschiedene Optionen zur Auswahl angeboten werden müssen, die Person danach aber selbständig entscheidet.
- Partielle Beaufsichtigung und Kontrolle meint die Überprüfung, ob die Abfolge einer Handlung eingehalten wird (gegebenenfalls unter Hinführung zu weiteren Teilschritten oder zur Vervollständigung) sowie die Kontrolle der korrekten und sicheren Durchführung. Hierzu gehört auch die Überprüfung, ob Absprachen eingehalten werden.
- Punktuelle Übernahme von Teilhandlungen der Aktivität bedeutet, dass nur einzelne Handreichungen erforderlich sind, die Person den überwiegenden Teil der Aktivität aber selbständig durchführt.
- Anwesenheit aus Sicherheitsgründen: Wenn eine Person eine Aktivität selbständig ausführen kann, aber aus nachvollziehbaren Sicherheitsgründen (z. B. Sturzgefahr, Krampfanfälle) die Anwesenheit einer anderen Person benötigt, trifft die Bewertung „überwiegend selbständig" zu.

3

Grad der Selbständigkeit – überwiegend unselbständig

Die Person kann die Aktivität nur zu einem geringen Teil selbständig durchführen. Es sind aber Ressourcen vorhanden, sodass sie sich beteiligen kann. Dies setzt umfassende Anleitung oder aufwendige Motivation auch während der Aktivität voraus oder ein erheblicher Teil der Handlung muss übernommen werden. Zurechtlegen und Richten von Gegenständen, wiederholte Aufforderungen oder punktuelle Unterstützungen reichen nicht aus. Alle bei „überwiegend selbständig" genannten Hilfen können auch hier von Bedeutung sein, reichen allerdings alleine nicht aus. Weitergehende Unterstützung umfasst vor allem:

- **Aufwendige Motivation** im Sinne der motivierenden Begleitung einer Aktivität (notwendig vor allem bei psychischen Erkrankungen mit Antriebsminderung).
- **Umfassende Anleitung** bedeutet, dass die Pflegeperson den Handlungsablauf nicht nur anstoßen, sondern die Handlung demonstrieren oder lenkend begleiten muss. Dies kann insbesondere dann erforderlich sein, wenn die oder der Betroffene trotz vorhandener motorischer Fähigkeiten eine konkrete Aktivität nicht in einem sinnvollen Ablauf durchführen kann.
- **Ständige Beaufsichtigung und Kontrolle** unterscheidet sich von der oben genannten „partiellen Beaufsichtigung und Kontrolle" nur durch das Ausmaß der erforderlichen Hilfe. Es ist ständige und unmittelbare Eingreifbereitschaft in die Handlung erforderlich.
- **Übernahme von Teilhandlungen** der Aktivität bedeutet, dass ein erheblicher Teil der Handlungsschritte durch die Pflegeperson übernommen wird.

Grad der Selbständigkeit – unselbständig

- Die Person kann die Aktivität in der Regel nicht selbständig durchführen bzw. steuern, auch nicht in Teilen.
- Es sind kaum oder keine Ressourcen vorhanden.
- Aufwendige Motivation, umfassende Anleitung und ständige Beaufsichtigung reichen auf keinen Fall aus.
- Die Pflegeperson muss alle oder nahezu alle Teilhandlungen anstelle der betroffenen Person durchführen.
- Eine minimale Beteiligung ist nicht zu berücksichtigen (z. B. wenn sich die antragstellende Person im sehr geringen Umfang mit Teilhandlungen beteiligt).

Wichtig: Der Gutachter wird auf der Basis der in der Anamnese und der Informationssammlung sowie seiner Befunderhebung zuerst immer für das konkrete Kriterium beurteilen, ob der Antragsteller:

0 – die gesamte Aktivität selbständig durchführen kann

1 – den größten Teil der Aktivität durchführen kann

2 – sich nur noch mit einem geringen Anteil an der Aktivität beteiligen kann

3 – keinen nennenswerten Anteil mehr an der Aktivität einbringen kann

Zu diesem Zweck wird der Gutachter bei mehrschrittigen Alltagshandlungen wie z. B. der Körperpflege im Bereich des Kopfes, auf der Grundlage der hierfür zu bewältigenden Handlungsschritte einschätzen, ob der Umfang der von einer anderen Person übernommenen Handlungsschritte bei weniger als 50 Prozent oder über 50 Prozent liegt. Liegt der Anteil über 50 Prozent, wird der Gutachter auf "überwiegend undselbständig" entscheiden. Liegt der Anteil unter 50 Prozent, muss jedoch nicht nur punktuell erinnert werden, sondern dabeigeblieben und zu jedem Handlungsschritt motiviert bzw. angeleitet werden, wird der Gutachter ebenfalls auf „überwiegend unselbständig" entscheiden.

Nur dann, wenn er bei der Beurteilung dieser Frage unsicher ist, d. h., die Fähigkeiten der begutachteten Person primär keiner der genannten Graduierungen eindeutig zugeordnet werden können, wird er für die Einschätzung in einem zweiten Schritt auf die je Kriterium hinterlegten pflegefachlichen Konkretisierungen zurückgreifen. Diese dienen ihm als Orientierungshilfe.

Wichtig: Bei manchen Antragstellern kommt es vor, dass die Selbständigkeit bei einer Aktivität zwar regelmäßig mindestens einmal pro Woche beeinträchtigt ist, aber nicht täglich. Oder die Selbständigkeit unterschiedlich stark beeinträchtigt ist. Dann muss der Gutachter für die Bewertung der Selbstständigkeit mit „überwiegend selbständig" oder „überwiegend unselbständig" in dem betroffenen Kriterium den Wochenverlauf berücksichtigen. Das bedeutet, er prüft bzw. erfragt, wie häufig im Verlauf einer Woche die Selbständigkeit bei dieser Aktivität mit „überwiegend selbständig" und mit „überwiegend unselbständig" zu bewerten ist. Ist der Antragsteller bei einer Aktivität, die einmal täglich zu bewältigen ist, an vier von sieben Wochentagen „überwiegend selbständig" und an drei von sieben Tagen mit „überwiegend unselbständig" zu bewerten, wird der Gutachter die Selbständigkeit in dieser Aktivität insgesamt mit „überwiegend selbständig" werten.

Ebenso wie die oben genannten Definitionen von „selbständig", „überwiegend selbständig", „überwiegend unselbständig" und „unselbständig" dem Gutachter ausschließlich zur Orientierung dienen, sollten auch für Sie die bei den einzelnen Kriterien zum Grad der Selbständigkeit in den BRi enthaltenen pflegefachlichen Konkretisierungen eine unterstützende Orientierungshilfe sein. Das ist auch der Grund, weshalb in den BRi betont wird, dass es sich bei diesen pflegefachlichen Konkretisierungen um beispielhafte Aufzählungen handelt.

Sollten Sie sich unsicher sein, wie selbständig der Antragsteller eine Aktivität bewältigen kann, denken Sie bitte an den in Kapitel 2 beschriebenen Praxis-Check, den Sie zur Vorbereitung auf den Begutachtungstermin durchführen können.

Kognitive Fähigkeiten – 4 Abstufungen

Die im **Modul 2** „Kognitive und kommunikative Fähigkeiten" erfragte Ausprägung der Fähigkeiten wird grundsätzlich nach diesen Kategorien gewertet:

Kognitive und kommunikative Fähigkeiten

- **Fähigkeit vorhanden, unbeeinträchtigt**

  Die Fähigkeit ist (nahezu) vollständig vorhanden.

- **Fähigkeit größtenteils vorhanden**

  Die Fähigkeit ist überwiegend (die meiste Zeit über, in den meisten Situationen), aber nicht durchgängig vorhanden. Die Person hat Schwierigkeiten, höhere oder komplexere Anforderungen zu bewältigen.

- **Fähigkeit in geringem Maße vorhanden**

  Die Fähigkeit ist stark beeinträchtigt, aber erkennbar vorhanden. Die Person hat häufig oder in vielen Situationen Schwierigkeiten. Sie kann nur geringe Anforderungen bewältigen. Es sind Ressourcen vorhanden.

- **Fähigkeit nicht vorhanden**

  Die Fähigkeit ist nicht oder nur in sehr geringem Maße (sehr selten) vorhanden.

Wichtig: Auch hier kommt es vor, dass die Fähigkeiten von Antragstellern zwar regelmäßig einmal pro Woche beeinträchtigt sind, aber nicht täglich, oder die Fähigkeit in einem Kriterium im Wochenverlauf zwischen „Fähigkeit größtenteils vorhanden" und „Fähigkeit in geringem Maße vorhanden" schwankt. Dann muss der Gutachter – ebenso wie bei der Beurteilung der Selbständigkeit oben – die Gesamtheit der Fähigkeit in dem betroffenen Kriterium im Wochenverlauf beurteilen.

Pflegefachliche Konkretisierung

Zusätzlich zu den vorherigen Definitionen zum Grad der Selbständigkeit und zur Ausprägung von Fähigkeiten enthalten die Begutachtungs-Richtlinien (BRi) pflegefachliche Konkretisierungen:

- Jedes Kriterium der **Module 1, 2, 4, 5 und 6** sowie der Grad der Selbständigkeit bzw. die Ausprägung der Fähigkeiten wurden pflegefachlich konkretisiert.

  Die pflegefachlichen Konkretisierungen zum Inhalt der Kriterien sind abschließend! Die pflegefachliche Konkretisierung zum Grad der Selbständigkeit bzw. zur Ausprägung der Fähigkeiten ist beispielhaft! Für die Zuordnung zum jeweiligen Grad der Selbständigkeit bzw. zur Ausprägung der Fähigkeiten genügt es, wenn eines der genannten Beispiele zutrifft.
- Im **Modul 3** „Verhaltensweisen und psychische Problemlagen" geht es um die Häufigkeit, in der andere Personen unterstützend eingreifen müssen. Dazu gibt es bereits im Gesetz entsprechende Vorgaben. Die pflegefachliche Konkretisierung der Kriterien beschränkt sich hier auf eine beispielhafte Darstellung dessen, was unter dem jeweiligen Kriterium zu verstehen ist.

Was der Antragsteller KANN, entscheidet

In den **Modulen 1 bis 3** geht es weniger um die praktische Bewältigung von Aktivitäten, sondern vielmehr um die grundsätzliche Beurteilung körperlicher und kognitiver Fähigkeiten, die den Grad der Selbständigkeit in den **Modulen 4 bis 6** maßgebend beeinflussen. In den letztgenannten Modulen ist entscheidend, was der Antragsteller kann oder eben nicht kann und welche personelle Unterstützung er zum Zeitpunkt der Antragstellung erhält. Ob der personelle Unterstützungsbedarf aus der Beeinträchtigung der körperlichen oder der kognitiven Fähigkeiten resultiert, ist in diesen Modulen dagegen unerheblich.

Sie können Antragsteller und deren Angehörige bei der Vorbereitung des Begutachtungstermins am besten unterstützen, indem Sie Angaben zum aktuellen Unterstützungsbedarf kritisch hinterfragen.

Checkliste: Klärung des Unterstützungsbedarfs

1. Wer leistet welche Unterstützung bei welcher Aktivität?
2. Ist die jeweils genannte Unterstützung aufgrund der körperlichen und/oder kognitiven Beeinträchtigungen notwendig und kann diese gegenüber dem Gutachter plausibel begründet werden?
3. Aus welchen Gründen wird ggf. mehr Unterstützung geleistet, als notwendig ist (z. B. aus übertriebener Fürsorge oder um Aktivitäten zu beschleunigen)?
4. Aus welchen Gründen erhält der Antragsteller ggf. nicht ausreichend Unterstützung?
5. Wie hat sich die Selbständigkeit bzw. die Fähigkeit in den letzten Wochen/Monaten verändert (verbessert, verschlechtert, unverändert)?
6. Durch welche Maßnahmen könnte die Selbständigkeit bzw. die Fähigkeit verbessert werden (z. B. Einsatz von Hilfsmitteln, wohnumfeldverbessernde Maßnahmen, Therapien)?

Wichtig: Der Gutachter wird auf der Grundlage seiner Anamnese und Befunderhebung den Grad der Selbständigkeit je Kriterium und das Vorhandensein der Fähigkeiten beurteilen. Sie sind nicht dazu verpflichtet, dem Gutachter darzulegen, welche Unterstützungsleistungen gegenwärtig von anderen Personen geleistet werden. Sofern Sie sich aber in der Vorbereitung auf den Begutachtungstermin davon überzeugen konnten, dass diese Unterstützungsleistungen notwendig sind, empfehle ich Ihnen, diese Unterstützungsleistungen auch zu benennen.

Plausibilität beachten

Plausibilität vereinfacht die Einschätzung oder: Wie Sie den Dominoeffekt nutzen können

Wie Sie in den vorherigen Ausführungen gelesen haben, stützt sich der Gutachter bei der Bewertung der Selbständigkeit und der Fähigkeiten auf die im Rahmen der Anamnese erhobenen pflegerelevanten Diagnosen und seine eigene Befunderhebung.

Daraus hat er eine plausible Einschätzung des Grades der Selbständigkeit bzw. der vorhandenen Fähigkeiten für jedes der in den Modulen 1 bis 8 enthaltenen Kriterien abzuleiten. Die bisherigen Erfahrungen zeigen, dass dies funktioniert.

Definition: Plausibilität

Plausibel sind Aussagen immer dann, wenn sie mit Bezug auf eine bestimmte Verständnisumgebung für jeden nachvollziehbar sind. Diese Verständnisumgebung ergibt sich beim Begutachtungsverfahren aus der Befunderhebung des Gutachters, den vorliegenden Befunden aus der Anamnese, ergänzenden Informationen z. B. aus der Pflegedokumentation und der pflegefachlichen Konkretisierung der einzelnen Kriterien.

So ist z. B. für jeden nachvollziehbar, dass ein Antragsteller, der sich mit beiden Händen abstützen muss, um eine stabile Sitzposition zu halten, keine Hand mehr frei hat, um z. B. die Intimhygiene nach dem Toilettengang zu bewältigen. Ebenso nachvollziehbar ist, dass ein Antragsteller, dessen Feinmotorik eingeschränkt ist, Unterstützung bei der Entnahme von Tabletten aus einer Blisterverpackung braucht.

Geht es um Plausibilität, geht es also immer darum, ob eine Aussage bzw. Bewertung in der Gesamtschau der verfügbaren Informationen nachvollziehbar ist.

Der Blick auf das neue Begutachtungsinstrument zeigt, weshalb das so ist. Anhand der auch vom Gutachter angewandten einfachen Funktionstests und den in den **Modulen 1 bis 3** festgestellten Einschränkungen der Selbständigkeit bzw. der Fähigkeiten können auch Sie automatisch plausible Rückschlüsse zum Grad der Selbständigkeit bei der praktischen Bewältigung der in den **Modulen 4 bis 8** zu bewertenden Aktivitäten ziehen.

Jede dieser Feststellungen löst einen Dominoeffekt auf die praktische Bewältigung der in den Modulen 4 bis 8 zu bewertenden Kriterien aus. Oder anders gesagt, kippt die Selbständigkeit bei einem Kriterium im Modul 1, kippen auch die Selbständigkeiten bei den Aktivitäten der Module 4 bis 8, bei denen das Kriterium aus Modul 1 Bestandteil der Handlung ist. Kippt eine kognitive Fähigkeit im Modul 2, kippt auch die selbständige Durchführung der Aktivitäten der Module 4 bis 8, bei denen diese Fähigkeit eine Rolle spielt.

Sie können diese Dominoeffekte für eine korrekte Beurteilung der in den Modulen 4 bis 8 zu beurteilenden Kriterien nutzen. Damit Sie sich besser vorstellen können, wie das funktioniert, sehen Sie beispielhaft jeweils an 2 Kriterien der Module 1 bis 3, welche Auswirkungen sich bei Kriterien der pflegegradrelevanten Module 4 bis 6 ergeben können. Auch diese Auswirkungen sind auf jeweils 2 Kriterien begrenzt.

Beispiel: Modul 1 – Kriterium „Umsetzen"

Beim Kriterium „Umsetzen" wird beurteilt, ob der Antragsteller körperlich dazu in der Lage ist, selbständig von einer erhöhten Sitzfläche aufzustehen (z. B. einem Stuhl oder Sessel) und sich umzusetzen (z. B. auf einen Rollstuhl, einen Toilettenstuhl oder Sessel).

Stellt der Gutachter bei diesem Kriterium fest, dass hier die Ausprägung „überwiegend unselbständig" zutrifft, bedeutet das, der Antragsteller muss mit erheblichem Kraftaufwand von einer anderen Person aus dem Sitz hochgezogen werden bzw. in den Sitz herunter gelassen werden und kann allenfalls kurz stehen. In der Grafik sehen Sie beispielhaft jeweils Kriterien aus den Modulen 4 bis 6, bei denen die Selbständigkeit des Antragstellers allein aufgrund der im Modul 1 getroffenen Feststellungen mit „überwiegend selbständig" oder einer geringeren Selbständigkeit zu bewerten ist.

Dominoeffekt: Einschränkungen beim Umsetzen

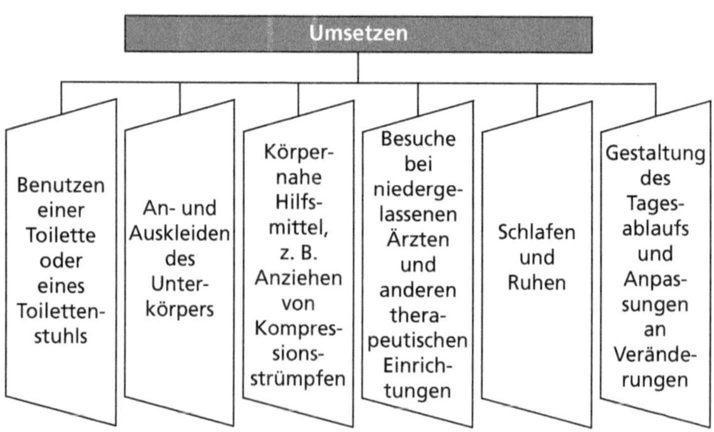

Beispiel: Modul 1 – Kriterium „Halten einer stabilen Sitzposition"

Beim Kriterium „Halten einer stabilen Sitzposition" wird beurteilt, ob der Antragsteller körperlich dazu in der Lage ist, selbständig eine aufrechte Sitzposition zu halten, z. B. auf einem Bett, einem Hocker, einem Stuhl oder einem Sessel. Als selbständig wird hier auch gewertet, wenn sich der Antragsteller mit den Händen abstützen muss.

Besonders den Fall, dass die stabile Sitzposition nur gehalten wird, weil sich der Antragsteller mit seinen Händen abstützt, sollten Sie im Blick behalten. Wird eine oder werden beide Hände zum Abstützen gebraucht, stehen sie für andere Aktivitäten nicht mehr zur Verfügung. Dadurch sinkt die Selbständigkeit bei allen Aktivitäten der Module 4 bis 6, bei denen zusätzlich eine stabile Sitzposition gehalten werden muss.

In der Grafik sehen Sie beispielhaft jeweils Kriterien aus den Modulen 4 bis 6, bei denen die Selbständigkeit des Antragstellers allein aufgrund der im Modul 1 getroffenen Feststellungen mit „überwiegend selbständig" oder einer geringeren Selbständigkeit zu bewerten ist.

Dominoeffekt: Einschränkungen bei Halten einer stabilen Sitzposition

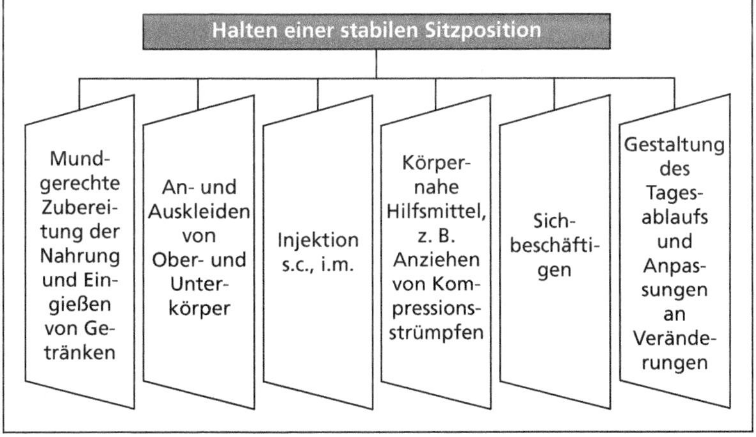

Beispiel: Modul 2 – Kriterium „Zeitliche Orientierung"

Hat der Antragsteller eine beeinträchtigte „zeitliche Orientierung", führt das natürlich zu Problemen bei Aktivitäten in den Modulen 4 bis 6, die üblicherweise zu einer bestimmten Tageszeit zu bewältigen sind. Zudem kann es für diesen Antragsteller schwierig werden, z. B. zeitliche Abstände zwischen Medikamenteneinnahmen oder Arzttermine einzuhalten. Ist die „Fähigkeit größtenteils vorhanden", wird bei diesen Aktivitäten zumindest immer die Hilfestellung einer anderen Person in Form einer Erinnerung erforderlich sein.

In der Grafik sehen Sie beispielhaft jeweils Kriterien aus den Modulen 4 bis 6, bei denen die Selbständigkeit des Antragstellers allein aufgrund der im Modul 2 getroffenen Feststellungen mit „überwiegend selbständig" oder einer geringeren Selbständigkeit zu bewerten ist.

Dominoeffekt: Einschränkungen bei der zeitlichen Orientierung

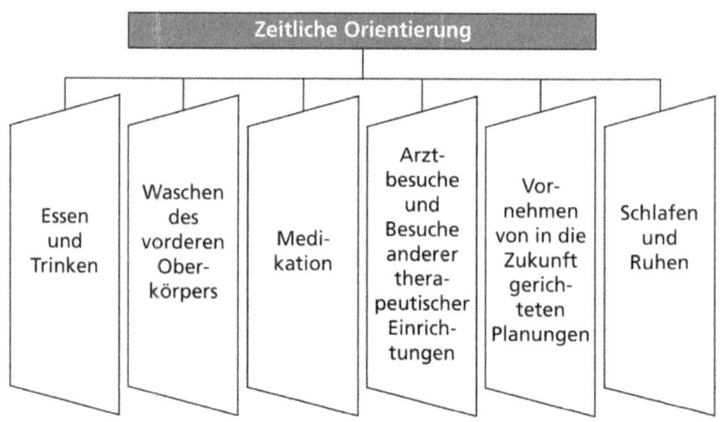

Beispiel: Modul 2 – Kriterium „Steuern von mehrschrittigen Alltagshandlungen"

Die Bedeutung der Fähigkeit mehrschrittige Alltagshandlungen zielgerichtet zu steuern wird deutlich, wenn Sie sich überlegen, welche einzelnen Handlungsschritte für die in den Modulen 4 bis 6 zu bewertenden Aktivitäten zu bewältigen sind. Schnell wird dann klar, dass eine Beeinträchtigung dieser Fähigkeit die Selbständigkeit des Antragstellers bei nahezu allen Aktivitäten in den Modulen 4 bis 6 verringert. Dabei geht es zum einen darum, dass dem Antragsteller alle zur jeweiligen Aktivität gehörenden Handlungsschritte einfallen und zum anderen darum, dass er diese in der richtigen Reihenfolge von Anfang bis Ende bewältigt.

In der Grafik sehen Sie beispielhaft jeweils Kriterien aus den Modulen 4 bis 6, bei denen die Selbständigkeit des Antragstellers allein aufgrund der im Modul 2 getroffenen Feststellungen mit „überwiegend selbständig" oder einer geringeren Selbständigkeit zu bewerten ist.

Dominoeffekt: Einschränkungen beim Steuern von mehrschrittigen Alltagshandlungen

Beispiel: Modul 3 – Kriterium „Motorisch geprägte Verhaltensauffälligkeiten"

Motorisch geprägte Verhaltensauffälligkeiten zeigen sich z. B. darin, dass der Antragsteller rastlos und scheinbar planlos im Wohnbereich umherläuft, auf seinem Stuhl hin- und herrutscht oder sogar den Wohnbereich ohne Begleitung verlässt. Die im Modul 3 getroffene Feststellung, dass Unterstützung anderer Personen erforderlich ist und wie häufig, ist aber nur eine Seite der Medaille. Die Rastlosigkeit und/oder Unruhe kann z. B. das An- und Ausziehen erheblich erschweren. Ohne personelle Unterstützung ist zudem nicht gewährleistet, dass der Antragsteller ausreichend isst und trinkt.

In der Grafik sehen Sie beispielhaft jeweils Kriterien aus den Modulen 4 bis 6, bei denen die Selbständigkeit des Antragstellers allein aufgrund der im Modul 3 getroffenen Feststellungen mit „überwiegend selbständig" oder einer geringeren Selbständigkeit zu bewerten ist.

Dominoeffekt bei motorisch geprägten Verhaltensauffälligkeiten

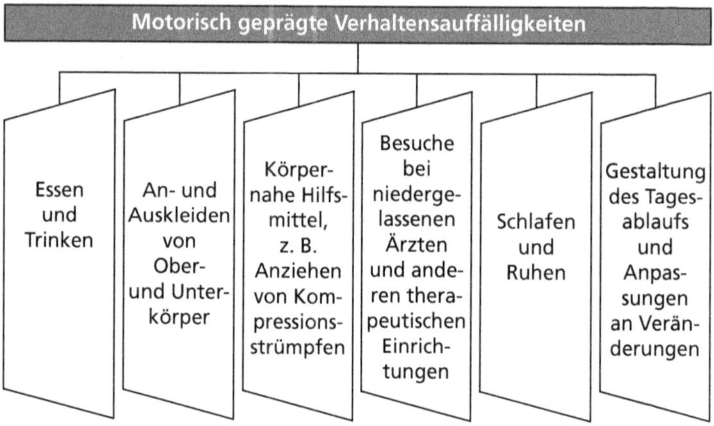

Beispiel: Modul 3 – Kriterium „Wahnvorstellungen"

Wahnvorstellungen können vielfältige Auswirkungen auf die Selbständigkeit bei der Bewältigung der in den Modulen 4 bis 5 erfassten Aktivitäten haben. So kann z. B. die Wahnvorstellung, dass andere Personen ein Komplott gegen den Antragsteller schmieden oder ihn sogar vergiften wollen, schnell dazu führen, dass er jegliche Zusammenarbeit verweigert, gereichte Nahrung und Getränke ablehnt und Tabletten heimlich wieder ausspuckt. Defizite bei Ernährung und Flüssigkeitshaushalt sind dann quasi vorprogrammiert, ebenso wie Lücken in der Medikation. Letztere können dazu führen, dass sich die Wahnvorstellungen verstärken.

Dominoeffekt bei Wahnvorstellungen

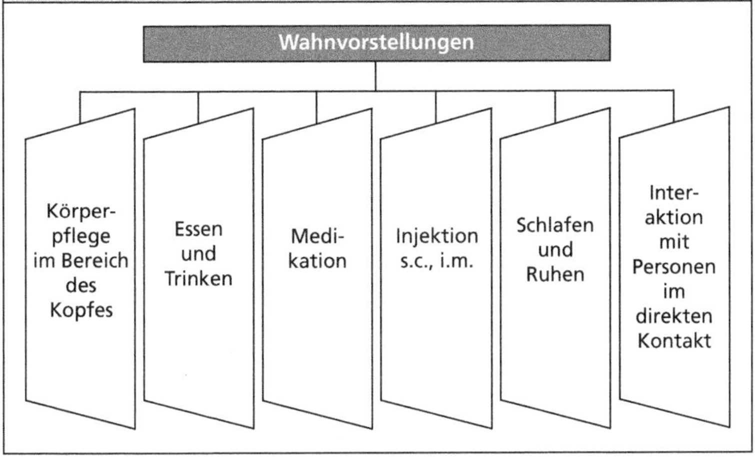

An pflegeerschwerende Faktoren denken

Denken Sie bei der Vorbereitung auf den Begutachtungstermin auch an die sogenannten pflegeerschwerenden Faktoren. Notieren Sie, welche auf den Antragsteller zutreffen. Zu diesen pflegeerschwerenden Faktoren gehörten etwa:

- Körpergewicht über 80 kg
- Kontrakturen/Einsteifung großer Gelenke/Fehlstellungen der Extremitäten
- hochgradige Spastik, z. B. bei Hemi- oder Paraparesen
- einschießende unkontrollierte Bewegungen
- eingeschränkte Belastbarkeit infolge schwerer kardiopulmonaler Dekompensation mit Orthopnoe und ausgeprägter zentraler und peripherer Zyanose sowie peripheren Oedemen
- Erforderlichkeit der mechanischen Harnlösung oder der digitalen Enddarmentleerung
- Schluckstörungen/Störungen der Mundmotorik, Atemstörungen

- Abwehrverhalten/fehlende Kooperation mit Behinderung der Übernahme (z. B. bei geistigen Behinderungen/psychischen Erkrankungen)
- stark eingeschränkte Sinneswahrnehmung (Hören, Sehen)
- starke therapieresistente Schmerzen

Das Beispiel zeigt, wie sich pflegeerschwerende Faktoren auf das Begutachtungsergebnis auswirken können:

Antragstellerin 1	Antragstellerin 2
71 Jahre alt, lebt zu Hause Größe: 1,63 m Gewicht: 165 kg (stark übergewichtig) Polyarthrose mit starken Bewegungseinschränkungen Insulinpflichtiger Diabetes mellitus Polyneuropatie Stauungsdermatose an beiden Unterschenkeln	71 Jahre alt, lebt zu Hause Größe: 1,63 m Gewicht: 58 kg Polyarthrose mit starken Bewegungseinschränkungen
Modul 1: 7,5 Pflegegrad-Punkte Grund: Bis auf „Halten einer stabilen Sitzposition" ist die Antragstellerin bei allen Kriterien mit „überwiegend unselbständig" einzuschätzen, beim „Treppensteigen" mit „unselbständig".	**Modul 1: 5 Pflegegrad-Punkte** Grund: Bis auf „Halten einer stabilen Sitzposition" ist die Antragstellerin bei allen Kriterien mit „überwiegend selbständig" einzuschätzen, beim „Treppensteigen" mit „überwiegend unselbständig".
Module 2 u. 3: 0 Pflegegrad-Punkte Grund: Fähigkeiten sind komplett vorhanden, keine Verhaltensauffälligkeiten oder psychischen Problemlagen.	**Module 2 u. 3: 0 Pflegegrad-Punkte** Grund: Fähigkeiten sind komplett vorhanden, keine Verhaltensauffälligkeiten oder psychischen Problemlagen.

Antragstellerin 1	Antragstellerin 2
Modul 4: 20 Pflegegrad-Punkte Gründe: Umfangreiche Unterstützung ist erforderlich beim Duschen und Baden, der Intimpflege, beim An- und Ausziehen sowie beim Benutzen einer Toilette, Punktuelle Hilfen sind beim Waschen des vorderen Oberkörpers, der Körperpflege im Bereich des Kopfes sowie beim mundgerechten Zubereiten der Nahrung und beim Eingießen von Getränken erforderlich.	**Modul 4: 20 Pflegegrad-Punkte** Gründe: Umfangreiche Unterstützung ist erforderlich beim Duschen und Baden sowie beim An- und Ausziehen. Punktuelle Hilfen sind beim Waschen des vorderen Oberkörpers, der Körperpflege im Bereich des Kopfes, der Intimpflege, beim mundgerechten Zubereiten der Nahrung und beim Eingießen von Getränken sowie bei der Benutzung einer Toilette erforderlich.
Modul 5: 15 Pflegegrad-Punkte Gründe: Unterstützung erforderlich aufgrund Diabetes und Polyneuropathie bei 3x tgl. Schmerzmedikation, 4x tgl. Insulininjektion, 3x tgl. Blutzuckermessung Aufgrund Stauungsdermatose 1x pro Tag Anlegen/Wechseln von Wundverbänden Begleitung zu Arztbesuchen 2x pro Monat	**Modul 5: 5 Pflegegrad-Punkte** Gründe: Unterstützung erforderlich bei 3x tgl. Schmerzmedikation 1x pro Monat Begleitung zu Arztbesuchen
Modul 6: 7,5 Pflegegrad-Punkte Gründe: Die Antragstellerin benötigt umfangreiche Hilfestellung beim Ruhen und Schlafen, bei allen anderen Kriterien beschränkt sich der Unterstützungsbedarf auf punktuelle Hilfen, z. B. dem Reichen der Fernbedienung oder des Telefons.	**Modul 6: 0 Pflegegrad-Punkte** Gründe: Die Antragstellerin hat geringfügigen Unterstützungsbedarf beim Ruhen und Schlafen.
Pflegegrad-Punkte gesamt: 50	**Pflegegrad-Punkte gesamt: 30**
Pflegegrad 3	**Pflegegrad 2**

Der Vergleich zeigt, dass der pflegeerschwerende Faktor Übergewicht (Adipositas) gemeinsam mit den damit einhergehenden zusätzlichen Erkrankungen zu einem höheren Pflegegrad führen kann. Maßgebend ist aber auch hier nicht die Diagnose an sich, sondern die daraus resultierenden Beeinträchtigungen der Selbständigkeit und der Fähigkeiten.

Checkliste: Plausibilitätsprüfung

1. Prüfen Sie bei der Vorbereitung auf den Begutachtungstermin, ob die Angaben des Antragstellers zur Selbständigkeit und den Fähigkeiten sowie ggf. die Angaben in der Pflegedokumentation plausibel sind.
2. Bewerten Sie die Selbständigkeit in den Modulen 4 bis 8 mit mindestens dem Grad der Selbständigkeit, der sich aus den genannten Funktionstests sowie aus dem Modul 1 ergibt. (Das natürlich nur, wenn die entsprechende körperliche Fähigkeit für das Kriterium von Bedeutung ist.)
3. Bewerten Sie die Selbständigkeit in den Modulen 4 bis 8 mit mindestens dem Grad der Selbständigkeit, der sich aus dem Modul 2 ergibt. (Das natürlich nur, wenn die entsprechende kognitive oder kommunikative Fähigkeit für das Kriterium von Bedeutung ist.)
4. Bewerten Sie die Selbständigkeit in den Modulen 4 bis 8 mit einem geringeren Grad der Selbständigkeit, als er sich aus den genannten Funktionstests sowie aus dem Modul 1 ergibt, wenn zusätzlich eine kognitive oder kommunikative Beeinträchtigung im Modul 2 festgestellt wird. (Das natürlich nur, wenn diese Fähigkeiten für das Kriterium von Bedeutung ist.)
5. Achten Sie darauf, dass die Bewertungen der Selbständigkeit und der Fähigkeiten durch den Gutachter plausibel sind.

Die Module und Pflegegradberechnung im Detail

Herr Bodendecker begleitet Sie durch die Module

Auf Ihrem Lektüre-Weg durch die Details der Module 1 bis 6 wird Sie Herr Bodendecker begleiten. So sehen Sie, wie die Zuordnung zum Grad der Selbständigkeit bzw. zu vorhandenen Fähigkeiten in der Praxis funktionieren kann. Zudem sehen Sie an diesem Praxisbeispiel, dass die Berechnung der Einzelpunkte je Modul und die Ermittlung des Pflegegrades doch recht einfach zu bewältigen ist.

Ausgangsfall:

Herr Bodendecker leidet seit vielen Jahren an Bluthochdruck. Vor einigen Monaten hat er einen Schlaganfall erlitten. Nach der Akutbehandlung im Krankenhaus hat er an einer Anschlussrehabilitation teilgenommen – vor zwei Wochen wurde er entlassen. Herr Bodendecker ist trotz der Anschlussheilbehandlung rechtsseitig bei allen
4 körperlichen Funktionen eingeschränkt. Sein behandelnder Arzt hat ihm deshalb 1x pro Woche Krankengymnastik sowie 1x alle 14 Tage Ergotherapie verordnet. Zudem soll er auf Anordnung seines Arztes täglich krankengymnastische Übungen zu Hause durchführen, um die Beweglichkeit des rechten Armes und Beins zu verbessern. Mit seiner Ehefrau Elisabeth wohnt er in einer Etagenwohnung im ersten Stock. Elisabeth Bodendecker ist sehr rüstig. Sie kann ihren Mann bei allen notwendigen Hilfestellungen und den täglichen krankengymnastischen Übungen unterstützen und übernimmt die hauswirtschaftliche Versorgung.

Bei der Begutachtung erzählt Herr Bodendecker seine Krankheitsgeschichte. Er kennt seinen Medikamentenplan. Aber er kann aufgrund der eingeschränkten Feinmotorik der rechten Hand die Tabletten nicht aus den Blisterverpackungen drücken. Daher richtet seine Frau ihm die Medikamente jeden Tag her.

Die Befunderhebung zeigt: Herr Bodendecker ist deutlich gehbehindert. Er hat wenig Kraft im rechten Bein, kann den Fuß kaum heben. Auch in der rechten Hand ist er schwach, seine Feinmotorik ist dort gestört. Ab und zu hat er Schwierigkeiten, das richtige Wort zu finden, kognitiv hat er aber keine Einschränkungen. Da Herr Bodendecker nicht frei stehen kann, benötigt er zum Teil Unterstützung beim Waschen und Duschen sowie beim Anziehen. Da er Probleme mit der rechten Hand hat, hilft seine Frau ihm beim Zähneputzen und beim Rasieren. Sie knöpft sein Hemd zu und hilft beim Reißverschluss und den Schnürsenkeln. Das Essen schneidet sie ihm in mundgerechte Stücke. Aufgrund seiner eingeschränkten Körperkraft in der rechten Körperhälfte ist sie ihm auch beim Aufstehen und Zubettgehen behilflich. Herr Bodendecker verbringt die meiste Zeit des Tages aufrecht sitzend in einem Sessel im Wohnzimmer. Während der Mahlzeiten kann er nur deshalb auf einem Stuhl sitzen, weil dieser Rücken- und Armlehnen hat. Beim Toilettengang muss er sich abstützen. Seine Ehefrau übernimmt die Intimhygiene und hilft ihm beim Herunterziehen der Hose und Unterhose und beim Hinaufziehen dieser Kleidungsstücke nach dem Toilettengang. Herr Bodendecker macht einen gepflegten Eindruck. Trotz seiner körperlichen Beeinträchtigungen blickt er zuversichtlich in die Zukunft.

Modul 1: Mobilität

Bei den in diesem Modul enthaltenen Aktivitäten dreht sich alles um die körperliche Fähigkeit zur Fortbewegung sowie zur Lageveränderung des Körpers.

Wichtig: Beeinträchtigungen der Selbständigkeit in diesem Modul fließen direkt in den Pflegegrad ein. Obwohl diese Beeinträchtigung damit bereits bei der Feststellung der Pflegebedürftigkeit berücksichtigt wurde, ist sie zusätzlich bei der Bewertung der Selbständigkeit in den Modulen 4 bis 6 zu berücksichtigen und zwar bei allen Kriterien, zu denen ein entsprechender Transfer gehört.

- Erfasst wird, ob und in welchem Maße der Antragsteller dazu in der Lage ist, sich in seiner Wohnumgebung selbständig zu bewegen.
- Betrachtet werden ausschließlich die körperlichen Fähigkeiten wie z. B. Körperbalance, Körperkraft, Beweglichkeit und Bewegungskoordination.
- Unberücksichtigt bleiben die Folgen kognitiver Beeinträchtigungen auf Planung, Steuerung und Durchführung motorischer Handlungen.
- Maßgebend für den Grad der Selbständigkeit sind Umfang und Intensität von Hilfestellungen durch andere Personen.

Dieses Modul beinhaltet nur fünf Kriterien (1.1 bis 1.5).

Auszug aus Anlage 1 zu § 15 SGB XI inklusive Einzelpunktbewertung:

	Kriterien	selbständig	überwiegend selbständig	überwiegend unselbständig	unselbständig
1.1	Positionswechsel im Bett	0	1	2	3
1.2	Halten einer stabilen Sitzposition	0	1	2	3
1.3	Umsetzen	0	1	2	3
1.4	Fortbewegen innerhalb des Wohnbereichs	0	1	2	3
1.5	Treppensteigen	0	1	2	3

Trotz der wenigen Kriterien gestaltet sich die Beurteilung der Selbständigkeit dennoch schwierig. Grund dafür ist, dass **ausschließlich die körperliche Fähigkeit**, die jeweilige Aktivität selbständig zu bewältigen, den Ausschlag für den Grad der Selbständigkeit gibt.

Beispiel:

Ist der Antragsteller zwar körperlich dazu in der Lage, in seiner Wohnung die Toilette aufzusuchen und kann er darauf auch sitzen, weiß aber aufgrund kognitiver Beeinträchtigungen nicht, wie er zur Toilette kommt, wird er bei den entsprechenden Kriterien im Modul 1 dennoch mit „selbständig" bewertet.

In der Praxis wird dieser Stolperstein die Bewertung der Selbständigkeit erheblich erschweren. Es gibt noch weitere Stolpersteine, die Sie kennen sollten und auf die Sie Ihre Klienten und deren Angehörige angemessen vorbereiten können. Sie werden am Ende jedes einzelnen Moduls erläutert.

Positionswechsel im Bett (Kriterium 1.1)

§

Pflegefachliche Konkretisierung lt. BRi

Einnehmen von verschiedenen Positionen im Bett, Drehen um die Längsachse, Aufrichten aus dem Liegen; Hilfen beim Aufstehen oder Zubettgehen sind im Modul 6 unter „Ruhen und Schlafen" zu berücksichtigen.

- **selbständig – 0 Einzelpunkte**

  Selbständig ist auch eine Person, die ihre Position unter Nutzung von Hilfsmitteln (Aufrichthilfe, Bettseitenteil, Strickleiter, elektrisch verstellbares Bett) allein verändern kann

- **überwiegend selbständig – 1 Einzelpunkt**

  Die Person kann beispielsweise nach Anreichen eines Hilfsmittels oder Reichen der Hand ihre Lage im Bett verändern.

- **überwiegend unselbständig – 2 Einzelpunkte**

  Die Person kann beim Positionswechsel nur wenig mithelfen, zum Beispiel auf den Rücken rollen, am Bettgestell festhalten oder zum Lagern die Arme vor der Brust verschränken und den Kopf auf die Brust legen.

- **unselbständig – 3 Einzelpunkte**

  Die Person kann sich beim Positionswechsel nicht oder nur minimal beteiligen.

Wichtig: Bei diesem Kriterium sind auch spezielle Lagerungserfordernisse zu berücksichtigen, z. B. aufgrund eines Dekubitusrisikos.

Halten einer stabilen Sitzposition (Kriterium 1.2)

§

Pflegefachliche Konkretisierung lt. BRi

Sich auf einem Bett, Stuhl oder Sessel aufrecht halten

- **selbständig – 0 Einzelpunkte**

  Selbständig ist eine Person auch dann, wenn sie beim Sitzen gelegentlich ihre Sitzposition korrigieren muss.

- **überwiegend selbständig – 1 Einzelpunkt**

  Die Person kann sich nur kurz, z. B. für die Dauer einer Mahlzeit oder eines Waschvorgangs selbständig in der Sitzposition halten, darüber hinaus benötigt sie aber personelle Unterstützung zur Positionskorrektur.

- **überwiegend unselbständig – 2 Einzelpunkte**

  Die Person kann sich wegen eingeschränkter Rumpfkontrolle auch mit Rücken- und Seitenstütze nicht in aufrechter Position halten und benötigt auch während der Dauer einer Mahlzeit oder eines Waschvorgangs personelle Unterstützung zur Positionskorrektur.

- **unselbständig – 3 Einzelpunkte**

  Die Person kann sich nicht in Sitzposition halten. Bei fehlender Rumpf- und Kopfkontrolle kann die Person nur im Bett oder Lagerungsstuhl liegend gelagert werden.

Umsetzen (Kriterium 1.3)

§

Pflegefachliche Konkretisierung lt. BRi

Von einer üblich hohen Sitzgelegenheit aufstehen und sich auf eine andere umsetzen (übliche Sitzhöhe etwa 45 cm)

- **selbständig – 0 Einzelpunkte**

  Selbständig ist jemand auch dann, wenn er keine Personenhilfe benötigt, aber ein Hilfsmittel oder einen anderen Gegenstand zum Festhalten oder Hochziehen (z. B. Griffstangen) benutzt oder sich auf Tisch, Armlehnen oder sonstigen Gegenständen abstützen muss, um aufzustehen. Als selbständig ist auch zu bewerten, wer zwar nicht stehen kann, aber sich mit Armkraft ohne personelle Hilfe umsetzen kann (z. B. Rollstuhl – Toilette).

- **überwiegend selbständig – 1 Einzelpunkt**

  Die Person kann aus eigener Kraft aufstehen oder sich umsetzen, wenn sie eine Hand oder einen Arm gereicht bekommt.

- **überwiegend unselbständig – 2 Einzelpunkte**

  Die Pflegeperson muss beim Aufstehen, Umsetzen (erheblichen) Kraftaufwand aufbringen (hochziehen, halten, stützen, heben). Die beeinträchtigte Person hilft jedoch in geringem Maße mit, kann z. B. kurzzeitig stehen.

- **unselbständig – 3 Einzelpunkte**

  Die Person muss gehoben oder getragen werden, Mithilfe ist nicht möglich.

Fortbewegen innerhalb des Wohnbereichs (Kriterium 1.4)

§

Pflegefachliche Konkretisierung lt. BRi

Sich innerhalb einer Wohnung oder im Wohnbereich einer Einrichtung zwischen den Zimmern sicher bewegen; als Anhaltsgröße für übliche Gehstrecken innerhalb einer Wohnung werden mindestens acht Meter festgelegt. Die Fähigkeit zur örtlichen Orientierung wird in Modul 2, die Fähigkeit zum Treppensteigen im folgenden Kriterium 1.5 berücksichtigt.

- **selbständig – 0 Einzelpunkte**

  Die Person kann sich ohne Hilfe durch andere Personen fortbewegen. Dies kann ggf. unter Nutzung von Hilfsmitteln, z. B. Rollator, Rollstuhl oder sonstigen Gegenständen, z. B. Stock oder Möbelstück geschehen.

- **überwiegend selbständig – 1 Einzelpunkt**

  Die Person kann die Aktivität überwiegend selbständig durchführen. Personelle Hilfe ist beispielsweise erforderlich im Sinne von Bereitstellen von Hilfsmitteln (z. B. Rollator oder Gehstock), punktuellem Stützen/Unterhaken oder Beobachtung (Anwesenheit aus Sicherheitsgründen).

- **überwiegend unselbständig – 2 Einzelpunkte**

  Die Person kann nur wenige Schritte gehen oder sich mit dem Rollstuhl nur wenige Meter fortbewegen oder kann nur mit Stützung oder Festhalten einer Pflegeperson gehen. Auch wenn sich die Person darüber hinaus aus eigenem Willen in ihrer Wohnung krabbelnd oder robbend fortbewegen kann, ändert dies nichts an der Bewertung als „überwiegend unselbständig".

- **unselbständig – 3 Einzelpunkte**

  Die Person muss getragen oder vollständig im Rollstuhl geschoben werden.

Treppensteigen (Kriterium 1.5)

§ **Pflegefachliche Konkretisierung lt. BRi**

Überwinden von Treppen zwischen zwei Etagen in aufrechter Position

- **selbständig – 0 Einzelpunkte**

  Die Person kann ohne Hilfe durch andere Personen in aufrechter Position eine Treppe steigen.

- **überwiegend selbständig – 1 Einzelpunkt**

  Die Person kann eine Treppe alleine steigen, benötigt aber Begleitung wegen eines Sturzrisikos (Anwesenheit aus Sicherheitsgründen).

- **überwiegend unselbständig – 2 Einzelpunkte**

  Treppensteigen ist nur mit Stützen oder Festhalten der Person möglich.

- **unselbständig – 3 Einzelpunkte**

  Person muss getragen oder mit Hilfsmitteln transportiert werden, keine Eigenbeteiligung.

So fließen die in Modul 1 erreichten Einzelpunkte in den Pflegegrad ein

Von den insgesamt maximal erreichbaren 100 gewichteten Punkten für den Pflegegrad können im Modul höchstens 10 gewichtete Punkte erreicht werden. Die Anzahl der gewichteten Punkte können Sie in der Anlage 2 des SGB XI ablesen. Ordnen Sie dazu die im Modul 1 erreichte Summe der Einzelpunkte einem Einzelpunktkorridor zu, z. B. 7 Einzelpunkte dem Einzelpunktkorridor 6–9, und lesen in der Zeile darunter die Anzahl der gewichteten Punkte ab, im Beispiel sind das 7,5 gewichtete Punkte.

Punkte im Modul 1	Schweregrad der Beeinträchtigungen der Selbständigkeit				
	0 keine	1 geringe	2 erhebliche	3 schwere	4 schwerste
Summe der Einzel-punkte	0–1	2–3	4–5	6–9	10–15
Gewichtete Punkte	**0**	**2,5**	**5**	**7,5**	**10**

4

Modul 1 – Besondere Bedarfskonstellation

Im Zusammenhang mit dem Modul 1 prüft der Gutachter auch, ob eine besondere Bedarfskonstellation vorliegt. Nach § 15 Abs. 4 SGB XI können Antragsteller, bei denen eine besondere Bedarfskonstellation vorliegt, aus pflegefachlichen Gründen in den Pflegegrad 5 eingestuft werden, obwohl sie weniger als die dafür erforderlichen 90 Pflegegrad-Punkte erreichen.

Eine besondere Bedarfskonstellation wird lt. BRi wie folgt beschrieben:

Gebrauchsunfähigkeit beider Arme und beider Beine mit vollständigem Verlust der Greif-, Steh- und Gehfunktionen, die nicht durch Einsatz von Hilfsmitteln kompensiert werden

Das Kriterium erfasst in der Regel Personen mit einer Bewegungsunfähigkeit beider Arme und beider Beine unabhängig von der Ursache. Gebrauchsunfähigkeit beider Arme und beider Beine mit vollständigem Verlust der Greif-, Steh- und Gehfunktionen liegt zum Beispiel vor bei kompletten Lähmungen aller Extremitäten oder bei Menschen im Wachkoma. Auch bei hochgradigen Kontrakturen, Versteifungen, bei hochgradigem Tremor, Rigor oder Athetose kann die besondere Bedarfskonstellation vorliegen. Eine Gebrauchsunfähigkeit beider Arme und beider Beine liegt auch vor, wenn eine minimale Restbeweglichkeit der Arme vorhanden ist oder nur noch unkontrollierbare Greifreflexe bestehen.

Fallbeispiel: Herr Bodendecker

Die Ehefrau hilft Herrn Bodendecker beim Aufstehen und Zubettgehen. Dabei zieht sie ihn mit Kraftaufwand aus dem Liegen in den Sitz und aus dem Sitz in den Stand bzw. beim Zubettgehen in umgekehrter Reihenfolge. Herr Bodendecker kann im Bett selbständig seine Liegepositionen ändern.

- Bewertung: Herr Bodendecker kann überwiegend selbst seine Position im Bett verändern. Nur beim Aufrichten in die Sitzposition bzw. beim Hinlegen aus der Sitzposition unterstützt ihn seine Ehefrau. Seine Selbständigkeit wird mit „überwiegend selbständig“ bewertet (1 Einzelpunkt).

Herr Bodendecker kann sich in einem Sessel oder auf einen Stuhl mit Arm- und Rücklehnen selbständig in aufrechter Sitzposition halten. Beim Sitzen ohne Arm- und Rückenlehnen muss er sich jedoch ständig abstützen, um seine Sitzposition zu stabilisieren.

- Bewertung: Ohne Arm- und Rückenlehne kann sich Herr Bodendecker auch für kurze Zeit nur dann in einer stabilen Sitzposition halten, wenn er sich ständig abstützt. Da er das selbst kann, wird er mit „selbständig“ bewertet (0 Einzelpunkte).

Herr Bodendecker wird von seiner Ehefrau mit erheblichem Kraftaufwand aus dem Sitzen in den Stand gezogen sowie aus dem Stand vorsichtig in den Sitz gleiten gelassen.

- Bewertung: Die Ehefrau muss erhebliche Kraft aufwenden, um Herrn Bodendecker beim Umsetzen zu unterstützen. Herr Bodendecker wird hier mit „überwiegend unselbständig“ bewertet (2 Einzelpunkte).

Herr Bodendecker kann nicht frei stehen. Zudem ist er erheblich gehbehindert. Innerhalb der Wohnung kann er sich darum nur fortbewegen, wenn er von seiner Ehefrau ständig gestützt wird.

- Bewertung: Herr Bodendecker muss beim Gehen ständig von seiner Ehefrau gestützt werden. Er wird darum mit „überwiegend unselbständig“ bewertet (2 Einzelpunkte).

Herr Bodendecker kann die Treppe zu seiner Wohnung hinauf steigen. Er hält sich dazu am Treppengeländer fest und steigt mit dem linken Fuß die Stufe hoch. Danach zieht er das rechte Bein auf dieselbe Stufe nach. Das Treppensteigen dauert so zwar länger als bei einem Gesunden, aber funktioniert. Größere Probleme hat Herr Bodendecker jedoch beim Herabsteigen der Treppe. Hierbei funktioniert seine Methode mit dem Nachziehen des schwächeren Beins nicht. Aus diesem Grund muss Herr Bodendecker beim Herabsteigen der Treppe von seiner Ehefrau gestützt und festgehalten werden.

- Bewertung: Beim Herabsteigen der Treppe ist Herr Bodendecker „überwiegend unselbständig", da er diese Aktivität nur bewältigt, wenn er von seiner Ehefrau gestützt wird (2 Einzelpunkte).

  Beim Hinaufsteigen braucht er keine personelle Unterstützung und ist darum hier „selbständig". Die BRi sehen hierfür keine Empfehlung vor. Ich gehe davon aus, dass das Herabsteigen einer Treppe untrennbarer Bestandteil dieses Kriteriums ist, eine Beobachtung aus Sicherheitsgründen darum insgesamt nicht ausreicht und bewerte die Selbständigkeit bei Herrn Bodendecker darum mit „überwiegend unselbständig" (2 Einzelpunkte). Ein Gutachter sieht das jedoch möglicherweise anders.

Ergebnis:

Bei Herrn Bodendecker wurden im Modul 1 insgesamt **7 Einzelpunkte** erreicht. Diese entsprechen **7,5 Pflegegrad-Punkten**.

Mögliche Stolpersteine im Modul 1

Stolperstein 1: Tagesform

Nicht nur bei kognitiven und kommunikativen Fähigkeiten kommt es auf die Tagesform an. Auch die Körperkraft kann im Verlauf eines Tages abnehmen. So ist vielleicht die aktive Beteiligung am Positionswechsel morgens und vormittags möglich, nimmt jedoch im Tagesverlauf ab. Hinzu kommt, dass z. B. für die Nacht verabreichte Medikamente dazu führen können, dass der Antragsteller nachts den Positionswechsel nicht vornehmen kann oder bei einem nächtlichen Gang zur Toilette Sturzgefahr besteht, weil die Tabletten den Gleichgewichtssinn stören. Behalten Sie deshalb die möglicherweise unterschiedlichen Tagesformen bzw. die Medikation im Blick, um gegenüber dem Gutachter im Begutachtungstermin den tatsächlichen Grad der Selbständigkeit angemessen darzustellen.

Stolperstein 2: Unbewusstes Reichen, Bereitstellen von Hilfsmitteln

Insbesondere, wenn die Selbständigkeit des Antragstellers bereits in den Monaten vor der Antragstellung Schritt für Schritt abgenommen hat, ist pflegenden Angehörigen häufig nicht mehr bewusst, dass das Reichen oder Bereitstellen von Hilfsmitteln eine personelle Unterstützung darstellt, aus der ein eingeschränkter Grad der Selbständigkeit bei dem jeweiligen Kriterium resultiert. Sie sollten in der

Vorbereitung des Begutachtungstermins bei pflegenden Angehörigen gezielt nachfragen, ob und in welchen Situationen sie dem Antragsteller Hilfsmittel reichen oder bereitstellen, mit denen er die Aktivität bewältigen kann.

Stolperstein 3: Kraftaufwand und Umfang der Beteiligung hinterfragen

Oft ist es für pflegende Angehörige bzw. andere Pflegepersonen schwierig, den Unterschied zwischen „überwiegend selbständig" und „überwiegend unselbständig" zu erkennen. Sie können diesen Pflegepersonen helfen, indem Sie den Kraftaufwand und den Umfang, in dem der Antragsteller sich an dieser Aktivität beteiligt, gezielt hinterfragen.

Stolperstein 4: Gehstrecke

Für die Beurteilung der Selbständigkeit beim „Fortbewegen im Wohnbereich" wird eine Gehstrecke von mindestens 8 Metern zugrunde gelegt. In der Regel wird der Gutachter das Gehen innerhalb des Wohnbereichs im Rahmen der eigenen Befunderhebung prüfen. Dazu wird er den Antragsteller auffordern, eine Strecke von mindestens 4 Metern hin und wieder zurückzulaufen. Dadurch hat der Antragsteller insgesamt 8 Meter Weg bewältigt. Die erste Schwierigkeit besteht nun darin, dass vor allem kleinere Wohnungen selten über eine barrierefreie Gehstrecke von 4 Metern verfügen. Die zweite Schwierigkeit bei dieser Vorgehensweise liegt darin, dass es durch das Umkehren nach den ersten 4 Metern zu einer Pause kommt, in der sich der Antragsteller eventuell an einem Stuhl, Sessel oder an einem anderen Möbelstück abstützt und ausruht. Das ist jedoch nicht im Sinne der BRi, die von einer durchgängigen Gehstrecke von mindestens 8 Metern ausgeht und eben nicht von 2 x 4 Metern.

Achten Sie beim Begutachtungstermin darauf, dass der Antragsteller die Gehstrecke von 8 Metern nach Möglichkeit ohne derartige Pausen absolviert. Nur dann kann sich der Grad der Selbständigkeit in diesen Kriterium realistisch zeigen. Weichen Sie ggf. auf Räumlichkeiten aus, die über eine entsprechend lange Gehstrecke verfügen. Das kann z. B. der Hausflur sein oder auch ein Kellergang.

Stolperstein 5: Treppensteigen

Denken Sie bei der Bewertung der Selbständigkeit beim „Treppensteigen“ daran, dass dies nicht nur das Hinaufsteigen in die nächste Etage ist, sondern auch das Heruntersteigen. Erfahrungsgemäß gelingt es zwar vielen Antragstellern die Treppe hoch zu steigen (z. B. indem sie sich am Treppengeländer vorwärts ziehen). Viele kommen aber ohne personelle Unterstützung nicht mehr hinunter. Antragsteller und ihre Angehörigen verbinden mit dem in den pflegefachlichen Konkretisierungen verwendeten Begriff „steigen“ oft nur das Heraufsteigen. Machen Sie auf die Problematik aufmerksam und fragen Sie auch hier gezielt nach.

Zudem ist Antragstellern häufig nicht bewusst, dass ihre Angehörigen sie beim Treppensteigen aus Sicherheitsgründen begleiten, um im Notfall eingreifen zu können. Pflegenden Angehörigen ist wiederum oft nicht bewusst, dass es sich bei dem Begleiten aus Sicherheitsgründen um eine pflegegradrelevante personelle Unterstützung handelt. Fragen Sie deshalb auch hier gezielt nach.

Schwierig wird die Beurteilung der Selbständigkeit bei dem Kriterium Treppensteigen auch dann, wenn der Antragsteller in seiner häuslichen Umgebung keine Treppe überwinden muss. Der Gutachter kann dann die körperliche Fähigkeit zum Treppensteigen nur anhand der im Rahmen seiner Befunderhebung erhobenen Angaben einschätzen. Nutzen Sie für eine realistische Einschätzung des Treppensteigens zusätzlich die Hinweise auf den Grad der Selbständigkeit bei den anderen Kriterien in diesem Modul. Kann sich der Antragsteller etwa innerhalb seiner Wohnumgebung nur „überwiegend selbständig“ fortbewegen, wird er mit hoher Wahrscheinlichkeit beim Treppensteigen ebenso maximal „überwiegend selbständig“ sein, wahrscheinlich sogar „überwiegend unselbständig“.

Modul 2: Kognitive und kommunikative Fähigkeiten

In diesem Modul mit seinen 11 Kriterien geht es nicht um konkrete Aktivitäten. Es geht in diesem Modul ausschließlich um kognitive und kommunikative Fähigkeiten. Deshalb wird in diesem Modul auch eine andere Bewertungsskala verwendet. Die Fähigkeiten werden bewertet mit:

- Fähigkeit vorhanden, unbeeinträchtigt

  Die Fähigkeit ist (nahezu) vollständig vorhanden.

- Fähigkeit größtenteils vorhanden

  Die Fähigkeit ist überwiegend (die meiste Zeit über, in den meisten Situationen), aber nicht durchgängig vorhanden. Die Person hat Schwierigkeiten, höhere oder komplexere Anforderungen zu bewältigen.

- Fähigkeit in geringem Maße vorhanden

  Die Fähigkeit ist stark beeinträchtigt, aber erkennbar vorhanden. Die Person hat häufig oder in vielen Situationen Schwierigkeiten. Sie kann nur geringe Anforderungen bewältigen. Es sind Ressourcen vorhanden.

- Fähigkeit nicht vorhanden

  Die Fähigkeit ist nicht oder nur in sehr geringem Maße (sehr selten) vorhanden.

Der Gutachter soll sich an der Lebenswelt des Antragstellers orientieren und hierbei die Handlungen, Entscheidungen oder Information zugrunde legen, die Bestandteil des konkreten Alltagslebens des Antragstellers sind oder waren.

Wichtig: Die in diesem Modul festgestellten Beeinträchtigungen der kognitiven und kommunikativen Fähigkeiten fließen direkt in den Pflegegrad ein. Zusätzlich werden sie bei allen Kriterien in den Modulen 4 bis 6 berücksichtigt, zu deren praktischer Bewältigung die Fähigkeiten erforderlich sind.

Bei der Bewertung der in diesem Modul enthaltenen Kriterien sind folgende Aspekte zu berücksichtigen:

- Erfasst werden **ausschließlich** die kognitiven und kommunikativen Fähigkeiten des Antragstellers. Ob damit zusammenhängende Tätigkeiten praktisch bewältigt werden können, ist hingegen ohne Bedeutung. So ist z. B. beim Kriterium „Entscheiden" die Frage zu klären, ob der Antragsteller sinnvolle und zielgerichtete Entscheidungen treffen kann (z. B. Auswahl von warmen Bekleidungsstücken bei Kälte). Nicht von Bedeutung ist hingegen, ob er körperlich dazu in der Lage ist, diese Kleidungsstücke aus dem Schrank zu nehmen und anzuziehen.
- Die Ausprägung der kognitiven und kommunikativen Fähigkeiten ist oft tagesformabhängig. Um dennoch gesicherte Aussagen zur durchschnittlich vorhandenen Fähigkeit zu erhalten, wird die Dokumentation der Fähigkeiten zu unterschiedlichen Tageszeiten für die Dauer von mindestens 14 Tagen empfohlen (etwa in einem Pflegetagebuch, siehe Anlage).

- Bei den Kriterien zur Kommunikation 2.9 bis 2.11 sind auch die Auswirkungen von Hör-, Sprech- oder Sprachstörungen zu berücksichtigen.
- Für die Beurteilung der Fähigkeit ist unerheblich, ob eine ursprünglich vorhandene Fähigkeit krankheitsbedingt verloren gegangen ist oder nie vorhanden war, z. B. aufgrund einer Behinderung.

Auszug aus Anlage 1 zu § 15 SGB XI:

	Kriterien	Fähigkeit			
		vorhanden	größtenteils vorhanden	in geringem Maße vorhanden	nicht vorhanden
2.1	Erkennen von Personen aus dem näheren Umfeld	0	1	2	3
2.2	Örtliche Orientierung	0	1	2	3
2.3	Zeitliche Orientierung	0	1	2	3
2.4	Erinnern an wesentliche Ereignisse oder Beobachtungen	0	1	2	3
2.5	Steuern von mehrschrittigen Alltagshandlungen	0	1	2	3
2.6	Treffen von Entscheidungen im Alltag	0	1	2	3
2.7	Verstehen von Sachverhalten und Informationen	0	1	2	3
2.8	Erkennen von Risiken und Gefahren	0	1	2	3

	Kriterien	Fähigkeit			
		vorhanden	größtenteils vorhanden	in geringem Maße vorhanden	nicht vorhanden
2.9	Mitteilen von elementaren Bedürfnissen	0	1	2	3
2.10	Verstehen von Aufforderungen	0	1	2	3
2.11	Beteiligen an einem Gespräch	0	1	2	3

Erkennen von Personen aus dem näheren Umfeld (Kriterium 2.1)

§

Pflegefachliche Konkretisierung lt. BRI

Fähigkeit, Personen aus dem näheren Umfeld wiederzuerkennen, d. h. Menschen, zu denen im Alltag regelmäßig ein direkter Kontakt besteht

Dazu gehören z. B. Familienmitglieder, Nachbarn, aber auch Pflegekräfte eines ambulanten Dienstes oder einer stationären Pflegeeinrichtung.

- **Fähigkeit vorhanden, unbeeinträchtigt – 0 Einzelpunkte**

  Die Person erkennt andere Personen aus ihrem näheren Umfeld unmittelbar.

- **Fähigkeit größtenteils vorhanden – 1 Einzelpunkt**

  Die Person erkennt bekannte Personen beispielsweise erst nach einer längeren Zeit des Kontaktes in einem Gespräch.

  Oder sie hat Schwierigkeiten, wenn auch nicht täglich, aber doch in regelmäßigen Abständen, vertraute Personen zu erkennen.

- **Fähigkeit in geringem Maße vorhanden – 2 Einzelpunkte**

  Die aus dem näheren Umfeld stammenden Personen werden nur selten erkannt.

  Oder die Fähigkeit hängt ggf. von der Tagesform ab, d. h. die Fähigkeit unterliegt im Zeitverlauf erheblichen Schwankungen.

- **Fähigkeit nicht vorhanden – 3 Einzelpunkte**

  Auch Familienmitglieder werden nicht oder nur ausnahmsweise erkannt.

Örtliche Orientierung (Kriterium 2.2)

§ **Pflegefachliche Konkretisierung lt. BRi**

Fähigkeit,

- sich in der räumlichen Umgebung zurechtzufinden,
- andere Orte gezielt anzusteuern und
- zu wissen, wo man sich befindet
- **Fähigkeit vorhanden, unbeeinträchtigt – 0 Einzelpunkte**

  Die Person weiß, in welcher Stadt, auf welchem Stockwerk und ggf. in welcher Einrichtung sie sich befindet. Sie kennt sich in den regelmäßig genutzten Räumlichkeiten aus.

  Ein Verirren in den Räumlichkeiten der eigenen Wohnung oder unmittelbar im Wohnbereich einer Einrichtung kommt nicht vor und die Person findet sich auch in der näheren außerhäuslichen Umgebung zurecht. Sie weiß beispielsweise, wie sie zu benachbarten Geschäften, zu einer Bushaltestelle oder zu einer anderen nahe gelegenen Örtlichkeit gelangt.
- **Fähigkeit größtenteils vorhanden – 1 Einzelpunkt**

  Es bestehen Schwierigkeiten, sich in der außerhäuslichen Umgebung zu orientieren, beispielsweise nach Verlassen des Hauses wieder den Weg zurück zu finden.

  In den eigenen Wohnräumen existieren solche Schwierigkeiten hingegen nicht.
- **Fähigkeit in geringem Maße vorhanden – 2 Einzelpunkte**

  Die Person hat auch in einer gewohnten Wohnumgebung Schwierigkeiten sich zurechtzufinden.

  Regelmäßig genutzte Räumlichkeiten und Wege in der Wohnumgebung werden nicht immer erkannt.
- **Fähigkeit nicht vorhanden – 3 Einzelpunkte**

  Selbst in der eigenen Wohnumgebung ist die Person regelmäßig auf Unterstützung angewiesen, um sich zurechtzufinden.

Zeitliche Orientierung (Kriterium 2.3)

§ **Pflegefachliche Konkretisierung lt. BRi**

Fähigkeit, zeitliche Strukturen zu erkennen; dazu gehören Uhrzeit, Tagesabschnitte (Vormittag, Nachmittag, Abend etc.), Jahreszeiten und die zeitliche Abfolge des eigenen Lebens. Aufschluss über die Fähigkeit zur zeitlichen Orientierung geben Antworten auf die Frage nach der Jahreszeit, dem Jahr, dem Wochentag, dem Monat oder der Tageszeit.

- **Fähigkeit vorhanden, unbeeinträchtigt – 0 Einzelpunkte**

  Die zeitliche Orientierung ist ohne nennenswerte Beeinträchtigungen vorhanden.

- **Fähigkeit größtenteils vorhanden – 1 Einzelpunkt**

  Die Person ist die meiste Zeit über zeitlich orientiert, aber nicht durchgängig. Sie hat z. B. Schwierigkeiten, ohne äußere Orientierungshilfen (Uhr, Dunkelheit etc.) den Tagesabschnitt zu bestimmen.

- **Fähigkeit in geringem Maße vorhanden – 2 Einzelpunkte**

  Die zeitliche Orientierung ist die meiste Zeit nur in Ansätzen vorhanden.

  Die Person ist auch unter Nutzung äußerer Orientierungshilfen zumeist nicht in der Lage, Tageszeiten zu erkennen, zu denen regelmäßig bestimmte Ereignisse stattfinden (z. B. Mittagessen).

- **Fähigkeit nicht vorhanden – 3 Einzelpunkte**

  Das Verständnis für zeitliche Strukturen und Abläufe ist kaum oder nicht vorhanden.

Erinnern an wesentliche Ereignisse oder Beobachtungen (Kriterium 2.4)

§ **Pflegefachliche Konkretisierung lt. BRi**

Fähigkeit, sich an kurz und auch länger zurückliegende Ereignisse oder Beobachtungen zu erinnern; dazu gehört, dass die Person z. B. weiß, was sie zum Frühstück gegessen hat oder mit welchen Tätigkeiten sie den Vormittag verbracht hat.

Im Hinblick auf das Langzeitgedächtnis geht es bei Erwachsenen z. B. um die Kenntnis des Geburtsjahres, des Geburtsorts oder wichtiger Bestandteile des Lebensverlaufs wie Eheschließung und Berufstätigkeit.

- **Fähigkeit vorhanden, unbeeinträchtigt – 0 Einzelpunkte**

  Die Person kann über kurz zurückliegende Ereignisse Auskunft geben oder durch Handlungen und Gesten signalisieren, dass sie sich erinnert.

- **Fähigkeit größtenteils vorhanden – 1 Einzelpunkt**

  Die Person hat Schwierigkeiten, sich an manche kurz zurückliegende Ereignisse zu erinnern oder muss hierzu länger nachdenken, sie hat aber keine nennenswerten Probleme, sich an Ereignisse aus der eigenen Lebensgeschichte zu erinnern.

- **Fähigkeit in geringem Maße vorhanden – 2 Einzelpunkte**

  Die Person vergisst kurz zurückliegende Ereignisse häufig.

  Nicht alle, aber wichtige Ereignisse aus der eigenen Lebensgeschichte sind (noch) präsent.

- **Fähigkeit nicht vorhanden – 3 Einzelpunkte**

  Die Person ist nicht (oder nur selten) in der Lage, sich an Ereignisse, Dinge oder Personen aus der eigenen Lebensgeschichte zu erinnern.

Steuern von mehrschrittigen Alltagshandlungen (Kriterium 2.5)

Pflegefachliche Konkretisierung lt. BRi

Fähigkeit, zielgerichtete Handlungen des Lebensalltags, die eine Abfolge von Teilschritten umfassen, zu steuern; die Betonung liegt in diesem Fall auf dem Begriff Alltagshandlungen.

Gemeint sind zielgerichtete Handlungen, die diese Person täglich oder nahezu täglich im Lebensalltag durchführt oder durchgeführt hat, wie z. B. das komplette Ankleiden, Kaffeekochen oder Tischdecken.

- **Fähigkeit vorhanden, unbeeinträchtigt – 0 Einzelpunkte**

  Die Person ist in der Lage, die erforderlichen Handlungsschritte selbständig in der richtigen Reihenfolge auszuführen oder zu steuern, so dass das angestrebte Ergebnis der Handlung erreicht wird.

- **Fähigkeit größtenteils vorhanden – 1 Einzelpunkt**

  Die Person verliert manchmal den Faden und vergisst, welcher Handlungsschritt der nächste ist. Erhält sie dabei eine Erinnerungshilfe, kann sie die Handlung aber selbständig fortsetzen.

4

- **Fähigkeit in geringem Maße vorhanden – 2 Einzelpunkte**

  Die Person hat erhebliche Schwierigkeiten. Sie verwechselt regelmäßig die Reihenfolge der einzelnen Handlungsschritte oder vergisst einzelne, notwendige Handlungsschritte.

- **Fähigkeit nicht vorhanden – 3 Einzelpunkte**

  Mehrschrittige Alltagshandlungen werden erst gar nicht begonnen oder nach den ersten Versuchen aufgegeben.

Treffen von Alltagsentscheidungen (Kriterium 2.6)

Pflegefachliche Konkretisierung lt. BRi

Fähigkeit, folgerichtige und geeignete Entscheidungen im Alltagsleben zu treffen; dazu gehört z. B. die dem Wetter angepasste Auswahl von Kleidung, die Entscheidung über die Durchführung von Aktivitäten wie Einkaufen, Familienangehörige oder Freunde anrufen, einer Freizeitbeschäftigung nachzugehen.

Zu klären ist hier die Frage, ob die Entscheidungen folgerichtig, d. h. geeignet sind, das angestrebte Ziel zu erreichen oder ein gewisses Maß an Sicherheit und Wohlbefinden oder Bedürfnisbefriedigung zu gewährleisten (z. B. warme Kleidung).

- **Fähigkeit vorhanden, unbeeinträchtigt – 0 Einzelpunkte**

  Die Person kann auch in unbekannten Situationen folgerichtige Entscheidungen treffen, beispielsweise beim Umgang mit unbekannten Personen, die an der Haustür klingeln.

- **Fähigkeit größtenteils vorhanden – 1 Einzelpunkt**

  Im Rahmen der Alltagsroutinen oder zuvor besprochenen Situationen können Entscheidungen getroffen werden, die Person hat aber Schwierigkeiten in unbekannten Situationen.

- **Fähigkeit in geringem Maße vorhanden – 2 Einzelpunkte**

  Die Person trifft zwar Entscheidungen, diese Entscheidungen sind jedoch in der Regel nicht geeignet, ein bestimmtes Ziel zu erreichen. Dies ist beispielsweise der Fall, wenn die Person mit nur leichter Bekleidung bei winterlichen Temperaturen im Freien spazieren gehen will.

  Weiterhin liegt eine schwere Beeinträchtigung vor, wenn die Person nur mit Unterstützung in Form von Anleitung, Aufforderung, Aufzeigen von Handlungsalternativen in der Lage ist, Entscheidungen zu treffen.

- **Fähigkeit nicht vorhanden – 3 Einzelpunkte**

  Die Person kann Entscheidungen auch mit Unterstützung nicht mehr oder nur selten treffen.

  Sie zeigt keine deutbare Reaktion auf das Angebot mehrerer Entscheidungsalternativen.

Verstehen von Sachverhalten (Kriterium 2.7)

§

Pflegefachliche Konkretisierung lt. BRi

Fähigkeit, Sachverhalte zu verstehen und Informationen inhaltlich einordnen zu können

Hier geht es um Ereignisse und Inhalte, die Bestandteil des Alltagslebens der meisten Menschen sind. Gemeint ist etwa die Fähigkeit, zu erkennen, dass man sich in einer bestimmten Situation befindet, z. B. gemeinschaftliche Aktivitäten mit anderen Menschen, Versorgung durch eine Pflegekraft sowie die Fähigkeit, Informationen zum Tagesgeschehen aus den Medien z. B. Fernsehgerät, Tageszeitung aufzunehmen und inhaltlich zu verstehen. Gleiches gilt für mündlich von anderen Personen übermittelte Informationen.

- **Fähigkeit vorhanden, unbeeinträchtigt – 0 Einzelpunkte**

  Die Person kann Sachverhalte und Informationen aus dem Alltagsleben ohne nennenswerte Probleme verstehen.

- **Fähigkeit größtenteils vorhanden – 1 Einzelpunkt**

  Die Person kann einfache Sachverhalte und Informationen nachvollziehen, hat bei komplizierteren jedoch Schwierigkeiten.

- **Fähigkeit in geringem Maße vorhanden – 2 Einzelpunkte**

  Die Person kann auch einfache Informationen häufig nur nachvollziehen, wenn sie wiederholt erklärt werden.

  Eine schwere Beeinträchtigung liegt auch dann vor, wenn das Verständnis sehr stark von der Tagesform abhängt.

- **Fähigkeit nicht vorhanden – 3 Einzelpunkte**

  Die Person gibt weder verbal noch nonverbal zu erkennen, dass sie Situationen und übermittelte Informationen verstehen kann.

Erkennen von Risiken und Gefahren (Kriterium 2.8)

§

Pflegefachliche Konkretisierung lt. BRi

Fähigkeit, Risiken und Gefahren zu erkennen

Dazu gehören Gefahren des Alltagslebens wie Strom- und Feuerquellen, Barrieren und Hindernisse auf dem Fußboden bzw. auf Fußwegen, eine problematische Beschaffenheit des Bodens (z. B. Glätte) oder Gefahrenzonen in der außerhäuslichen Umgebung (z. B. verkehrsreiche Straßen, Baustellen).

- **Fähigkeit vorhanden, unbeeinträchtigt – 0 Einzelpunkte**

  Die Person kann solche Risiken und Gefahrenquellen im Alltagsleben ohne weiteres erkennen, auch wenn sie ihnen aus anderen Gründen (z. B. aufgrund von somatischen Beeinträchtigungen) nicht aus dem Weg gehen kann.

- **Fähigkeit größtenteils vorhanden – 1 Einzelpunkt**

  Die Person erkennt meist nur solche Risiken und Gefahren, die sich in der vertrauten innerhäuslichen Wohnumgebung wiederfinden.

  Es bestehen aber beispielsweise Schwierigkeiten, Risiken im Straßenverkehr angemessen einzuschätzen oder Gefährdungen in ungewohnter Umgebung zu erkennen.

- **Fähigkeit in geringem Maße vorhanden – 2 Einzelpunkte**

  Die Person kann auch Risiken und Gefahren, denen sie häufig auch in der Wohnumgebung begegnet, oft nicht als solche erkennen.

- **Fähigkeit nicht vorhanden – 3 Einzelpunkte**

  Die Person kann Risiken und Gefahren so gut wie gar nicht erkennen.

Mitteilen von elementaren Bedürfnissen (Kriterium 2.9)

§

Pflegefachliche Konkretisierung lt. BRi

Fähigkeit, elementare Bedürfnisse verbal oder nonverbal mitzuteilen

Das beinhaltet, sich bei stark belastenden Empfindungen in Bezug auf elementare Bedürfnisse wie Schmerzen, Frieren, Hunger oder Durst bemerkbar zu machen. Bei Sprachstörungen kann dies gegebenenfalls durch Laute, Mimik oder Gestik beziehungsweise unter Nutzung von Hilfsmitteln erfolgen.

Liegt eine unzureichende Flüssigkeitsaufnahme aufgrund eines nicht ausreichenden Durstgefühls vor, so wird dies im Kriterium F 4.4.9 „Trinken" bewertet.

- **Fähigkeit vorhanden, unbeeinträchtigt – 0 Einzelpunkte**

  Die Person kann elementare Bedürfnisse benennen oder durch Laute, Gestik, Mimik oder Nutzung von Hilfsmitteln deutlich machen, um welches Bedürfnis es sich handelt.

- **Fähigkeit größtenteils vorhanden – 1 Einzelpunkt**

  Die Person äußert elementare Bedürfnisse nicht immer von sich aus oder nicht immer eindeutig, kann diese aber auf Nachfrage deutlich machen.

- **Fähigkeit in geringem Maße vorhanden – 2 Einzelpunkte**

  Es ist nur aus nicht eindeutigem Verhalten (z. B. Mimik, Gestik, Lautgebung, sprachliche Äußerungen) ableitbar, dass elementare Bedürfnisse bestehen. Welches elementare Bedürfnis betroffen ist, kann nicht kommuniziert werden, sondern muss von der Pflegeperson aufwendig eruiert werden. Die Person hat häufig Schwierigkeiten, Zustimmung oder Ablehnung zu signalisieren.

- **Fähigkeit nicht vorhanden – 3 Einzelpunkte**

  Die Person äußert nicht oder nur sehr selten Bedürfnisse, auch nicht in nonverbaler Form.

  Sie kann weder Zustimmung noch Ablehnung deutlich machen.

Verstehen von Aufforderungen (Kriterium 2.10)

§

Pflegefachliche Konkretisierung lt. BRi

Fähigkeit, Aufforderungen in Hinblick auf alltägliche Grundbedürfnisse zu verstehen

Zu den alltäglichen Grundbedürfnissen gehören z. B. Essen, Trinken, sich kleiden, sich beschäftigen.

- **Fähigkeit vorhanden, unbeeinträchtigt – 0 Einzelpunkte**

  Aufforderungen und Bitten zu alltäglichen Grundbedürfnissen werden ohne weiteres verstanden.

- **Fähigkeit größtenteils vorhanden – 1 Einzelpunkt**

  Einfache Bitten und Aufforderungen, wie z. B. „Setz dich bitte an den Tisch!", „Zieh dir die Jacke über!", „Komm zum Essen!" werden verstanden.

  Aufforderungen zu komplexeren Handlungen müssen erklärt werden. Gegebenenfalls sind z. B. bei Schwerhörigkeit besonders deutliche Ansprache, Wiederholungen, Zeichensprache, Gebärdensprache oder Schrift erforderlich, um Aufforderungen verständlich zu machen.

- **Fähigkeit in geringem Maße vorhanden – 2 Einzelpunkte**

  Die Person kann Aufforderungen und Bitten meist nicht verstehen, wenn diese nicht wiederholt geäußert und erläutert werden.

  Das Verständnis ist sehr von der Tagesform abhängig.

  Sie zeigt aber Zustimmung oder Ablehnung gegenüber nonverbalen Aufforderungen, z. B. Berührungen oder Geleiten an den Esstisch.

- **Fähigkeit nicht vorhanden – 3 Einzelpunkte**

  Die Person kann Anleitung und Aufforderungen kaum oder nicht verstehen.

Beteiligen an einem Gespräch (Kriterium 2.11)

§

Pflegefachliche Konkretisierung lt. BRi

Fähigkeit, in einem Gespräch Gesprächsinhalte aufzunehmen, sinngerecht zu antworten und zur Weiterführung des Gesprächs Inhalte einzubringen

- **Fähigkeit vorhanden, unbeeinträchtigt – 0 Einzelpunkte**

  Die Person kommt sowohl in Einzel- als auch in Gesprächen kleiner Gruppen gut zurecht.

  Sie zeigt im Gespräch Eigeninitiative, Interesse und beteiligt sich, wenn vielleicht auch nur auf direkte Ansprache hin.

  Ihre Äußerungen passen zu den Inhalten des Gesprächs.

- **Fähigkeit größtenteils vorhanden – 1 Einzelpunkt**

  Die Person kommt in Gesprächen mit einer Person gut zurecht.

  In Gruppen ist sie jedoch meist überfordert und verliert den Faden oder es treten Wortfindungsstörungen auf.

  Die Person ist darauf angewiesen, dass langsam und besonders deutlich gesprochen wird und immer wieder Worte und Sätze wiederholt werden, damit sie einem Gespräch folgen kann. Hier ist auch die Kommunikation mit Gebärdensprache zu berücksichtigen.

- **Fähigkeit in geringem Maße vorhanden – 2 Einzelpunkte**

  Die Person kann auch einem Gespräch nur mit einer Person kaum folgen oder sie kann sich nur wenig oder mit einzelnen Worten beteiligen.

  Die Person zeigt nur wenig Eigeninitiative, reagiert aber auf Ansprache oder Fragen mit wenigen Worten (z. B. mit ja oder nein).

  Die Person beteiligt sich am Gespräch, weicht aber in aller Regel vom Gesprächsinhalt ab (führt mehr ein Selbstgespräch) oder es besteht leichte Ablenkbarkeit durch Umgebungseinflüsse.

- **Fähigkeit nicht vorhanden – 3 Einzelpunkte**

  Ein Gespräch mit der Person, das über einfache Mitteilungen hinausgeht, ist auch unter Einsatz nonverbaler Kommunikation kaum oder nicht möglich.

Punktebewertung

Von den insgesamt maximal erreichbaren 100 gewichteten Punkten für den Pflegegrad können maximal 15 gewichtete Punkte aus dem Modul 2 kommen. Aber: Gewichtete Punkte aus dem Modul 2 werden nur dann bei der Ermittlung des Pflegegrades berücksichtigt, wenn im Modul 3 weniger gewichtete Punkte erreicht wurden. Wurden im Modul 2 z. B. 11,25 gewichtete Punkte erreicht, im Modul 3 aber 15 gewichtete Punkte, fließen nur die gewichteten

Punkte aus Modul 3 in die Pflegegradberechnung ein. Die 11,25 gewichteten Punkte aus dem Modul 2 „fallen unter den Tisch", werden also nicht berücksichtigt. Wurden in den Modulen 2 und 3 jeweils gleichviele gewichtete Punkte erreicht, gehen nur die gewichteten Punkte aus dem Modul 2 oder die gewichteten Punkte aus dem Modul 3 in die Berechnung des Pflegegrades ein.

Mögliche Stolpersteine im Modul 2

Stolperstein 1: Orientierungshilfen

Im Verlauf des Fortschreitens der kognitiven Einschränkungen unterstützen pflegende Angehörige die erkrankten Personen bei der räumlichen Orientierung, indem sie

- in der Wohnung Orientierungshilfen anbringen (z. B. Piktogramme, Bilder), oder
- einfach die Türen der häufig genutzten Räume aushängen oder offen lassen, so dass der Erkrankte beim Vorbeigehen erkennen kann, welcher Raum sich dahinter verbirgt (z. B. beim Badezimmer direkt die Toilette sieht).

Um eine realistische Bewertung der räumlichen Orientierung zu ermöglichen, achten Sie beim Begutachtungstermin darauf, dass diese Hilfen entfernt oder abgedeckt bzw. alle Türen geschlossen sind.

Stolperstein 2: Fassadenverhalten

Bewusst und unbewusst versuchen Menschen mit kognitiven Einschränkungen, diese zu „überspielen". Sie verhalten sich dann so, als hätten sie keine kognitiven Einschränkungen oder zumindest nicht in dem tatsächlich vorhandenen Umfang (Fassadenverhalten). Dazu gehört z. B. eine vermeintlich vorhandene zeitliche Orientiertheit, die dadurch entsteht, dass der Antragsteller aufgrund äußerer Umstände (z. B. Sonnenlicht, Geruch des Mittagessens, Klappern von Geschirr) auf die korrekte Tageszeit schließt. Auch Hinweise auf die Uhrzeit des Begutachtungstermins tragen dazu bei. Betroffene schlussfolgern dann sinngemäß: „Der Gutachter ist da, also muss Nachmittag sein."

Grundsätzlich ist es gut, dass Betroffene verlorene Fähigkeiten selbst kompensieren können. Die Bewertung der kognitiven Fähigkeiten wird dadurch jedoch verzerrt. Erklären Sie dem Antragsteller und seinen pflegenden Angehörigen, wie wichtig die Erfassung der tatsächlich vorhandenen kognitiven Fähigkeiten für die Ermittlung des Pflegegrades ist. Bitten Sie pflegende Angehörige für Kriterium 2.3 „Zeitliche Orientierung“ die möglicherweise der Orientierung dienenden äußeren Umstände zu ändern. So könnten z. B. am Tag Vorhänge zugezogen oder Rollladen heruntergelassen werden. Viel Fingerspitzengefühl ist hier gefragt!

Stolperstein 3: Demonstration der Fähigkeiten

Der Gutachter hat im Gespräch, das er mit dem Antragsteller zu Beginn führt, einen ersten Eindruck zu den kognitiven und kommunikativen Fähigkeiten erhalten. Er wird mit seinen Fragen zu Modul 2 eventuell versuchen, diesen ersten – aber möglicherweise falschen – Eindruck zu bestätigen.

Zeigen ist besser als reden! Achten Sie bei Kriterien, die mit konkreten Handlungen verbunden sind, wie z. B. dem Kriterium 2.5 „Steuern von mehrschrittigen Alltagshandlungen“, darauf, dass der Antragsteller seine Fähigkeiten zeigen kann, er beispielsweise im Bad demonstriert, wie er sich die Zähne putzt, oder im Schlafzimmer zeigt, wie er sich für die Nacht umzieht. Diese Tätigkeiten lassen zudem Rückschlüsse auf den in Modul 4 erfragten Grad der Selbständigkeit zu.

Stolperstein 4: Tagesform berücksichtigen

Gute Zeiten, schlechte Zeiten: Besonders bei kognitiven und kommunikativen Fähigkeiten kann die Tagesform eine große Rolle spielen. Das wird bei der Bewertung auch entsprechend berücksichtigt und führt bei einigen Kriterien zu der Bewertung „Fähigkeit in geringem Maße vorhanden“. Doch was passiert, wenn die Tagesform bei der Begutachtung top ist? Weisen Sie nach, dass die zu beurteilenden Fähigkeiten tagesformabhängigen Schwankungen unterliegen. Am einfachsten geht das, indem für mindestens 14 Tage vor dem Begutachtungstermin die Fähigkeiten dokumentiert wurden (z. B. in der Pflegedokumentation oder in einem Pflegetagebuch).

Stolperstein 5: Richtige Fragestellungen

Jeder, der z. B. demenziell Erkrankte betreut oder deren Angehörige berät, weiß, dass diese in der Regel zwar ihr Geburtsjahr wie aus der Pistole geschossen nennen können. Die Frage nach ihrem aktuellen Alter, nach dem aktuellen Monat oder danach, wie lange der letzte Geburtstag in Monaten etwa zurückliegt, kann jedoch oft nur schwer beantwortet werden. Aus diesem Grund finde ich es weniger gelungen, dass die pflegefachlichen Konkretisierungen zu diesem Kriterium ausdrücklich auf die Frage nach dem Geburtsjahr verweisen.

Ein realistisches Bild darüber, ob diese Fähigkeit eingeschränkt ist und falls ja, in welchem Umfang, können Sie erreichen, indem Sie darauf achten, dass der Gutachter beim Begutachtungstermin eben nicht nur das Geburtsjahr und den Geburtsort abfragt, sondern die oben genannten Fragen stellt (also Alter, aktueller Monat usw.).

Eine weitere hilfreiche Frage bietet sich Ihnen direkt beim Begutachtungstermin. Sie können nämlich ganz einfach testen, ob der Antragsteller kurz zurückliegende Ereignisse häufig vergisst, indem Sie ihn ungefähr 30 Minuten, nachdem sich der Gutachter vorgestellt hat, nach dessen Namen fragen. Ich weiß, dieser Tipp ist etwas fragwürdig, da jeder, der ein schlechtes Namensgedächtnis hat, nach 30 Minuten den Namen des Gutachters wieder vergessen haben wird. Dass der Antragsteller den Namen vergessen hat, kann jedoch trotzdem ein Indiz dafür sein, dass er Schwierigkeiten damit hat, sich kurz zurückliegende Ereignisse wieder ins Gedächtnis zu rufen.

Stolperstein 6: Alltagsentscheidungen berücksichtigen

Praxis schlägt Theorie. Natürlich lässt sich die Fähigkeit, Alltagsentscheidungen zu treffen, theoretisch bewerten. Ein realistisches Bild ergibt sich jedoch nur auf der Grundlage, die Sie oder die pflegenden Angehörigen bei ganz praktischen Alltagsentscheidungen des Antragstellers täglich machen. Suchen Sie sich auch dazu Alltagsentscheidungen heraus, die aus Ihrer Sicht die Fähigkeit des Antragstellers am besten abbilden. Informieren Sie den Gutachter im Begutachtungstermin zu Ihren Erfahrungen, wie groß die Fähigkeiten des Antragstellers bei diesen beispielhaften Alltagsentscheidungen noch sind.

Stolperstein 7: Mehrschrittige Alltagshandlungen

Unser Alltagsleben ist geprägt von mehrschrittigen Alltagshandlungen. Umso wichtiger ist bei diesem Kriterium eine realistische Einschätzung, ob und in welchem Maße der Antragsteller kognitiv dazu in der Lage ist, mehrschrittige Alltagshandlungen zu bewältigen. Eine theoretische Beurteilung ist zwar möglich. Nach meiner Überzeugung ist sie aber nicht dazu geeignet, die Fähigkeit, mehrschrittige Alltagshandlungen zielgerichtet zu bewältigen, korrekt einzuschätzen. Ich empfehle Ihnen deshalb, sich bei der Vorbereitung auf den Begutachtungstermin bereits mehrschrittige Alltagshandlungen zu überlegen und die Fähigkeit des Antragstellers, diese selbständig zu bewältigen, gezielt in der Praxis zu prüfen. Indem Sie durch diesen Test nachweisen können, dass die Fähigkeit des Antragstellers bei den von Ihnen beispielhaft geprüften mehrschrittigen Alltagshandlungen nur in geringem Maße vorhanden ist, erschweren Sie damit dem Gutachter die Einschätzung, dass diese Fähigkeit größtenteils vorhanden ist. Im besten Fall wird diese Einschätzung dem Gutachter durch die von Ihnen dargelegten Beispiele unmöglich gemacht.

Stolperstein 8: Sachverhalte verstehen

Am Beginn des Begutachtungstermins erklärt der Gutachter dem Antragsteller das Verfahren und den Ablauf des Begutachtungstermins. Kann der Antragsteller diese Erklärung nicht ohne weiteres nachvollziehen, können Sie hier schon davon ausgehen, dass die Fähigkeit nur größtenteils vorhanden ist. Achten Sie im weiteren Verlauf des Begutachtungstermins darauf, wie der Antragsteller auf einfache Aufforderungen oder Fragen des Gutachters reagiert. Versteht er auch diese nicht oder nur nach nochmaliger Wiederholung, können Sie davon ausgehen, dass die Fähigkeit in geringem Maße vorhanden ist. Reagiert der Antragsteller gar nicht, also weder verbal noch nonverbal auf einfache Aufforderungen oder Nachfragen des Gutachters, ist die Fähigkeit nicht vorhanden. Unterstützen können Sie eine korrekte Einschätzung dieser Fähigkeit zusätzlich dadurch, indem Sie beispielhaft Aktivitäten und Begebenheiten nennen, in denen der Antragsteller Schwierigkeiten damit hatte, Sachverhalten zu folgen.

Modul 3: Verhaltensweisen und psychische Problemlagen

In diesem Modul mit seinen 13 Kriterien geht es um Verhaltensweisen und psychische Problemlagen als Folge von Gesundheitsproblemen, die immer wieder auftreten und personelle Unterstützung erforderlich machen. Es geht hier um Unterstützung

- bei der Bewältigung von belastenden Emotionen (wie z. B. Panikattacken),
- beim Abbau psychischer Spannungen,
- bei der Impulssteuerung, bei der Förderung positiver Emotionen durch Ansprache oder körperliche Berührung,
- bei der Vermeidung von Gefährdungen im Lebensalltag,
- bei Tendenz zu selbstschädigendem Verhalten.

Im Mittelpunkt dieses Moduls steht die Frage, inwieweit der Betroffene sein Verhalten ohne personelle Unterstützung steuern kann. Von fehlender „Selbststeuerung" ist auch dann auszugehen, wenn ein Verhalten zwar nach Aufforderung abgestellt wird, aber danach immer wieder auftritt, weil das Verbot nicht verstanden wird oder sich die Person nicht erinnern kann.

Wichtig: Bei psychischen Erkrankungen wird der Gutachter genau prüfen, ob der Unterstützungsbedarf durch andere Personen tatsächlich für voraussichtlich mindestens 6 Monate erforderlich sein wird. Dazu wird er prüfen, ob der Antragsteller sich in einer psychiatrischen oder neurologischen Behandlung oder in Psychotherapie befand bzw. befindet oder eine (fachpsychiatrische) Krankenhausbehandlung vorangegangen ist. Zudem wird er prüfen, ob eine entsprechende (Bedarfs-)Medikation vorliegt.

Nicht berücksichtigt werden gezielte herausfordernde Verhaltensweisen, z. B. wegen Partnerschaftsproblemen, oder vorübergehende psychische Problemlagen. Leider verraten uns die Verfasser der BRi nicht, wann eine psychische Problemlage als „vorübergehend" zu werten ist.

Wichtig: Psychische Problemlagen von Antragstellern mit einer auf wenige Monate begrenzten Lebenserwartung bzw. palliativ versorgten Antragstellern (z. B. Ängste) sind ebenfalls in diesem Modul zu berücksichtigen.

Anders als in den übrigen Modulen sind die nachfolgend dargestellten Kriterien **nicht abschließend definiert**, sondern lediglich beispielhaft erläutert. Manche Verhaltensweisen lassen sich nicht eindeutig nur einem Kriterium zuordnen, z. B. Beschimpfungen zu verbaler Aggression (Kriterium 3.6), oder zu anderen pflegerelevanten vokalen Auffälligkeiten (Kriterium 3.7), oder treten in Kombination auf.

Ausschlaggebend ist, dass die Verhaltensweisen eine personelle Unterstützung notwendig machen.

Bei Kombination verschiedener Verhaltensweisen darf die Häufigkeit nur einmal erfasst werden, z. B. nächtliche Unruhe bei Angstzuständen entweder unter Punkt 3.2 (= Kriterium Nächtliche Unruhe) oder unter Punkt 3.10 (= Kriterium Ängste).

Zeitliche Ausprägung und zu erzielende Einzelpunkte bei allen Kritierien dieses Moduls:

- nie oder sehr selten – 0 Einzelpunkte
- selten, d. h. ein- bis dreimal innerhalb von zwei Wochen – 1 Einzelpunkt
- häufig, d. h. zweimal bis mehrmals wöchentlich, aber nicht täglich – 3 Einzelpunkte
- täglich – 5 Einzelpunkte

Auszug aus Anlage 1 zu § 15 SGB XI:

	Kriterien	nie oder sehr selten	selten	häufig	täglich
3.1	Motorisch geprägte Verhaltensauffälligkeiten	0	1	3	5
3.2	Nächtliche Unruhe	0	1	3	5
3.3	Selbstschädigendes und autoaggressives Verhalten	0	1	3	5

	Kriterien	nie oder sehr selten	selten	häufig	täglich
3.4	Beschädigen von Gegenständen	0	1	3	5
3.5	Physisch aggressives Verhalten gegenüber anderen Personen	0	1	3	5
3.6	Verbale Aggression	0	1	3	5
3.7	Andere pflegerelevante vokale Auffälligkeiten	0	1	3	5
3.8	Abwehr pflegerischer und anderer unterstützender Maßnahmen	0	1	3	5
3.9	Wahnvorstellungen	0	1	3	5
3.10	Ängste	0	1	3	5
3.11	Antriebslosigkeit bei depressiver Stimmungslage	0	1	3	5
3.12	Sozial inadäquate Verhaltensweisen	0	1	3	5
3.13	Sonstige pflegerelevante inadäquate Handlungen	0	1	3	5

Motorisch geprägte Verhaltensauffälligkeiten (Kriterium 3.1)

§

Pflegefachliche Konkretisierung lt. BRi

Dieses Kriterium fasst verschiedene Verhaltensweisen zusammen.

Dazu gehören vor allem:

- das (scheinbar) ziellose Umhergehen in der Wohnung oder der Einrichtung
- der Versuch desorientierter Personen, ohne Begleitung die Wohnung/die Einrichtung zu verlassen

- der Versuch desorientierter Personen, Orte aufzusuchen, die für diese Person unzugänglich sein sollten (z. B. Treppenhaus, Zimmer anderer Bewohner)

Ebenso zu berücksichtigen ist

- allgemeine Rastlosigkeit in Form von ständigem Aufstehen und Hinsetzen oder
- Hin- und Herrutschen auf dem Sitzplatz oder im und aus dem Bett.

Nächtliche Unruhe (Kriterium 3.2)

Pflegefachliche Konkretisierung lt. BRi

Gemeint sind hier:

- nächtliches Umherirren
- nächtliche Unruhephasen
- Umkehr des Tag-, Nachtrhythmus im Sinne von aktiv sein in der Nacht und schlafen während des Tages

Zu bewerten ist, wie häufig Anlass für personelle Unterstützung zur Beruhigung und gegebenenfalls wieder ins Bett bringen besteht.

Wichtig – Nicht zu berücksichtigen:

- Schlafstörungen wie Einschlafschwierigkeiten am Abend oder Wachphasen während der Nacht sind nicht zu werten.

Andere nächtliche Hilfen, z. B. Hilfen zur Orientierung, Aufstehen, zu Bett bringen, Hilfe bei nächtlichen Toilettengängen, körperbezogene Pflegemaßnahmen oder Lagerungen sind nur im Modul 6 unter „Ruhen und Schlafen", Medikamentengabe und andere angeordnete Maßnahmen aus dem Modul 5 sind nur dort zu bewerten.

Selbstschädigendes und autoaggressives Verhalten (Kriterium 3.3)

Pflegefachliche Konkretisierung lt. BRi

Selbstschädigendes und autoaggressives Verhalten kann z. B. darin bestehen,

- sich selbst durch Gegenstände zu verletzen,
- ungenießbare Substanzen zu essen und zu trinken,
- sich selbst zu schlagen oder
- sich selbst mit den Fingernägeln oder Zähnen zu verletzen.

Beschädigen von Gegenständen (Kriterium 3.4)

§ **Pflegefachliche Konkretisierung lt. BRi**

Gemeint sind hier aggressive, auf Gegenstände gerichtete Handlungen wie:

- Gegenstände wegstoßen oder wegschieben
- gegen Gegenstände schlagen
- das Zerstören von Dingen
- das Treten nach Gegenständen

Physisch aggressives Verhalten gegenüber anderen Personen (Kriterium 3.5)

§ **Pflegefachliche Konkretisierung lt. BRi**

Physisch aggressives Verhalten gegenüber anderen Personen kann z. B. darin bestehen,

- nach Personen zu schlagen oder zu treten
- andere mit Zähnen oder Fingernägeln zu verletzen
- andere zu stoßen oder wegzudrängen
- oder in Verletzungsversuchen gegenüber anderen Personen mit Gegenständen.

Verbale Aggression (Kriterium 3.6)

§ **Pflegefachliche Konkretisierung lt. BRi**

Verbale Aggression kann sich z. B.

- in verbalen Beschimpfungen oder
- in der Bedrohung anderer Personen

ausdrücken.

Andere pflegerelevante vokale Auffälligkeiten (Kriterium 3.7)

§ **Pflegefachliche Konkretisierung lt. BRi**

Andere pflegerelevante vokale Auffälligkeiten können sein:

- Lautes Rufen, Schreien, Klagen ohne nachvollziehbaren Grund
- vor sich hin schimpfen, fluchen
- seltsame Laute von sich geben
- ständiges Wiederholen von Sätzen und Fragen

Abwehr pflegerischer oder anderer unterstützender Maßnahmen (Kriterium 3.8)

Pflegefachliche Konkretisierung lt. BRi

Hier ist gemeint:

- Abwehr von Unterstützung (z. B. bei der Körperpflege)
- Verweigerung der Nahrungsaufnahme, der Medikamenteneinnahme oder anderer notwendiger Verrichtungen
- Manipulation an Vorrichtungen (z. B. an Kathetern, Infusionen oder Sondenernährung)

Aber: Dazu gehört nicht die willentliche (selbstbestimmte) Ablehnung bestimmter Maßnahmen.

Wahnvorstellungen (Kriterium 3.9)

Pflegefachliche Konkretisierung lt. BRi

Wahnvorstellungen beziehen sich z. B. auf die Vorstellung,

- mit Verstorbenen oder imaginären Personen in Kontakt zu stehen oder
- verfolgt, bedroht oder bestohlen zu werden.

Ängste (Kriterium 3.10)

Pflegefachliche Konkretisierung lt. BRi

Es geht hier um ausgeprägte Ängste, die wiederkehrend sind und als bedrohlich erlebt werden. Die Person hat keine eigene Möglichkeit/Strategie zur Bewältigung und Überwindung der Angst. Die Angst führt zu erheblichen psychischen oder körperlichen Beschwerden, einem hohen Leidensdruck und Beeinträchtigungen in der Bewältigung des Alltags. Ängste lassen sich nicht nur bei Angststörungen finden, sondern auch bei anderen psychischen Störungen wie z. B. bei Schizophrenie und Depression.

Darüber hinaus können ausgeprägte Ängste im Sinne dieses Kriteriums auch durch rein somatische Krankheiten wie onkologische Erkrankungen verursacht werden.

Wichtig: Das Herstellen einer angstfreien Atmosphäre durch bloße Anwesenheit einer weiteren Person (ohne deren aktive personelle Unterstützung) wird hier nicht bewertet.

Antriebslosigkeit bei depressiver Stimmungslage (Kriterium 3.11)

Pflegefachliche Konkretisierung lt. BRi

Antriebsstörungen wie Antriebsschwäche, Antriebsmangel oder Antriebsarmut können Vorstufen der Antriebslosigkeit sein. Die Antriebslosigkeit stellt eine sehr schwere Form der Antriebsstörung dar. Die depressive Stimmungslage äußert sich insbesondere durch Hoffnungslosigkeit, Niedergeschlagenheit oder Verzweiflung. Es kann sich aber beispielsweise auch durch ein Gefühl der Gefühllosigkeit mit fehlender emotionaler Schwingungsfähigkeit zeigen, sodass weder Freude noch Trauer empfunden werden können. Antriebslosigkeit bei depressiver Stimmungslage zeigt sich z. B. daran, dass die Person

- kaum Interesse an der Umgebung hat,
- kaum Eigeninitiative aufbringt und
- aufwendige Motivierung durch andere benötigt, um etwas zu tun.

Aber: Hier ist nicht gemeint, dass Menschen mit rein kognitiven Beeinträchtigungen (z. B. bei Demenz) Impulse benötigen, um eine Handlung zu beginnen oder fortzuführen.

Sozial inadäquate Verhaltensweisen (Kriterium 3.12)

Pflegefachliche Konkretisierung lt. BRi

Sozial inadäquate Verhaltensweisen sind z. B.

- distanzloses Verhalten
- auffälliges Einfordern von Aufmerksamkeit
- sich vor anderen in unpassenden Situationen entkleiden
- unangemessenes Greifen nach Personen
- unangemessene körperliche oder verbale sexuelle Annäherungsversuche

Sonstige pflegerelevante inadäquate Handlungen (Kriterium 3.13)

Pflegefachliche Konkretisierung lt. BRi

Sonstige pflegerelevante inadäquate Handlungen sind z. B.

- Nesteln an der Kleidung
- ständiges Wiederholen der gleichen Handlung (Stereotypien)
- planlose Aktivitäten
- Verstecken oder Horten von Gegenständen
- Kotschmieren, Urinieren in die Wohnung

So fließen die in den Modulen 2 und 3 erreichten Punkte in den Pflegegrad ein

Wie bereits bei Modul 2 beschrieben, werden zwar sowohl für Modul 2 als auch für das Modul 3 jeweils die Anzahl der gewichteten Punkte ermittelt. In den Pflegegrad fließt aber nur der höhere erreichte Wert ein. Es muss also ein Punkteabgleich zwischen Modul 2 und Modul 3 stattfinden. Wurden z. B. im Modul 2 insgesamt 11 Einzelpunkte erreicht, entspricht das 11,25 gewichteten Punkten für dieses Modul (auch das kann in der Anlage 2 des SGB XI ganz einfach in der Tabelle abgelesen werden). Wurden im Modul 3 dagegen 8 Einzelpunkte erreicht, entspricht das 15 gewichteten Punkten für Modul 3. In die Berechnung des Pflegegrades gehen darum nur die 15 gewichteten Punkte aus dem Modul 3 ein.

Punkte in Modul 2 und Modul 3	**Schweregrad der Beeinträchtigungen der Selbständigkeit oder der Fähigkeiten**				
	0 keine	**1 geringe**	**2 erhebliche**	**3 schwere**	**4 schwerste**
Summe der Einzelpunkte in Modul 2	0–1	2–5	6–10	11–16	17–33
Summe der Einzelpunkte in Modul 3	0	1–2	3–4	5–6	7–65
Gewichtete Punkte aus dem höchsten Wert aus Modul 2 oder Modul 3	**0**	**3,75**	**7,5**	**11,25**	**15**

Fallbeispiel: Herr Bodendecker

Herr Bodendecker ist in jeder Hinsicht orientiert. Er zeigt keine auffälligen Verhaltensweisen. Psychische Problemlagen liegen bei ihm nicht vor. Lediglich im Modul 2 bei Kriterium 2.11 „Beteiligen an einem Gespräch" wäre zu prüfen, ob die Wortfindungsstörungen, die Herr Bodendecker ab und zu hat, zur Bewertung „größtenteils vorhanden" führen müssten.

Ergebnis: Die kognitiven und kommunikativen Fähigkeiten sind uneingeschränkt vorhanden. Verhaltensweisen und psychische Problemlagen, die eine personelle Unterstützung notwendig machen, liegen nicht vor.

Herr Bodendecker erhält darum sowohl im Modul 2 als auch im Modul 3 jeweils **0 Einzelpunkte**. Das sind **0 Pflegegrad-Punkte**.

Der Blick in die obige Tabelle zeigt, dass Herr Bodendecker aus diesen Modulen selbst dann keinen Pflegegrad-Punkt erhalten würde, wenn die Wortfindungsstörungen im Modul 2 zu 1 Einzelpunkt geführt hätten. In seinem Fall ist die Frage, ob die Wortfindungsstörungen zu bewerten sind, darum unerheblich. In anderen Fällen kann das anders aussehen. Ich vertrete hier die Auffassung, dass Wortfindungsstörungen zu berücksichtigen sind, sobald sie dem Antragsteller wichtig genug erscheinen, sie gegenüber dem Gutachter zu erwähnen bzw. sogar beim Begutachtungstermin auftreten.

Mögliche Stolpersteine im Modul 3

Stolperstein 1: Tagesform

Gute Zeiten, schlechte Zeiten: Wie im Modul 2 kann die Tagesform bei Verhaltensweisen und psychischen Problemlagen eine große Rolle spielen. Weisen Sie nach, dass der Unterstützungsbedarf tagesformabhängigen Schwankungen unterliegt. Am einfachsten geht das, indem für mindestens 14 Tage vor dem Begutachtungstermin die Unterstützungsleistungen mit Häufigkeit und Art dokumentiert wurden (z. B. in einem Pflegetagebuch). Hilfreich sind in diesem Zusammenhang auch die Informationen, die Sie bei der Vorbereitung auf den Begutachtungstermin bei Dritten eingeholt haben (z. B. von der Werkstatt für Menschen mit Behinderung).

Stolperstein 2: Alleinlebende Antragsteller

Als schwierig erweist sich in der Praxis die Antwort auf die Frage, wie der Gutachter bewerten soll, ob und wie häufig eine Verhaltensweise oder psychische Problemlage die Unterstützung einer anderen Person notwendig macht.

Bei Antragstellern, die zu Hause von Angehörigen versorgt werden oder in einer vollstationären Pflegeeinrichtung oder in einer Einrichtung der Eingliederungshilfe leben, lässt sich diese Frage gut beantworten, indem etwa über einen Zeitraum von 14 Tagen die Unterstützungshandlungen dokumentiert werden.

Bei alleinlebenden Antragstellern stellt sich das schwieriger dar. Hier kann es sinnvoll sein, das soziale Umfeld vor dem Begutachtungstermin zu befragen. Alternativ dazu sind erforderliche Unterstützungsmaßnahmen bzw. entsprechende Auffälligkeiten auch in Arzt- und Entlassungsberichten dokumentiert.

Wichtig für Sie ist: Nur, weil der Antragsteller bisher keine personelle Unterstützung erhält, bedeutet das nicht automatisch, dass er keine braucht.

Stolperstein 3: Nur einmalige Erfassung erlaubt

Denken Sie „in der Hitze des Gefechts" immer daran, dass die Unterstützung bei kombinierten Verhaltensweisen und Problemlagen nur bei einem Kriterium erfasst werden kann.

Stolperstein 4: Krankenkassenleistungen nicht vergessen

Im Bemühen um einen „gerechten" Pflegegrad wird manchmal vergessen, dass auch die Krankenkasse Leistungen anbietet, die dem Antragsteller nutzen können. Prüfen Sie bei auffälligen Verhaltensweisen und psychischen Problemlagen immer auch, ob und welche Leistungen der Krankenkasse infrage kommen, z. B. häusliche Krankenpflege, Soziotherapie oder einfach die richtige Medikation.

Tipp zu Modul 2 und 3: Quicktest mit Modul 3

Mit dem Neuen Begutachtungsverfahren kann sich ein Antrag auf Leistungen der Pflegeversicherung vor allem für

- Antragsteller mit kognitiven und/oder kommunikativen Beeinträchtigungen sowie
- Antragsteller mit auffälligen Verhaltensweisen und psychischen Problemlagen

lohnen.

Ob diese Antragsteller tatsächlich eine realistische Aussicht darauf haben, einen Pflegegrad und somit Leistungsansprüche gegenüber der Pflegeversicherung zu erhalten, können Sie mithilfe des Moduls 3 ganz schnell klären.

Bereits eine täglich auftretende und eine mehrmals wöchentlich auftretende Verhaltensauffälligkeit bzw. psychische Problemlage, die eine Intervention durch eine andere Person erforderlich machen, führt im Modul 3 zu 8 Einzelpunkten und somit zu den für die Module 2 und 3 maximal möglichen 15 gewichteten Pflegegrad-Punkten. Mit 15 Pflegegrad-Punkten hat der Antragsteller mindestens Anspruch auf Pflegegrad 1. Der Antrag auf Leistungen der Pflegeversicherung lohnt sich also.

Hintergrund: Die in Modul 3 beschriebenen Verhaltensauffälligkeiten und psychischen Problemlagen treten oft auch bei Antragstellern auf, deren kognitiven und/oder kommunikativen Fähigkeiten eingeschränkt sind, z. B. bei demenziell erkrankten Antragstellern. Das hat u. a. auch dazu geführt, dass beide Module nicht gesondert im Pflegegrad berücksichtigt werden, sondern gemeinsam.

Selbstverständlich genügt dieser Quicktest nicht, um den kompletten Unterstützungsbedarf abzubilden. Auch ist er als Basis für eine ganzheitliche Versorgungsplanung ungeeignet. Er hilft Ihnen jedoch dabei, potenziellen Antragstellern schnell, sicher und einfach zu einem Antrag zu raten oder eben nicht.

Modul 4: Selbstversorgung

Mit einer Wertung von 40 Prozent gehen die Feststellungen dieses Moduls mit seinen 13 Kriterien in den Pflegegrad ein. Dies zeigt, welche Bedeutung der Gesetzgeber diesem Lebensbereich zumisst.

Zu bewerten ist, ob der Antragsteller die jeweilige Aktivität praktisch durchführen kann. Dabei ist unerheblich, ob die Beeinträchtigungen der Selbständigkeit aufgrund von Schädigungen somatischer oder mentaler Ursachen bestehen oder ob Teilaspekte bereits in anderen Modulen berücksichtigt worden sind. So wird z. B. der im Modul 1 bereits festgestellte Unterstützungsbedarf beim Umsetzen in diesem Modul auch bei der Bewertung der Selbständigkeit im Kriterium „Benutzen einer Toilette/eines Toilettenstuhls" berücksichtigt.

Ebenso berücksichtigt wird in diesem Kriterium eine bereits im Modul 2 festgestellte Beeinträchtigung der Fähigkeit, sich örtlich zu orientieren.

Bei der Beurteilung der Selbständigkeit wird davon ausgegangen, dass benötigte Utensilien (z. B. ein Waschlappen), sich in Griffnähe des zu Begutachtenden befinden.

Angaben zur Versorgung

Zunächst wird der Gutachter besondere Bedarfsaspekte erfassen. Dazu gehören die parenterale Ernährung oder die Ernährung über eine Sonde, die künstliche Harn- oder Stuhlableitung sowie Störungen der Blasen- und Darmkontrolle in ihren Ausprägungsgraden.

Ernährung parenteral oder über Sonde

Es ist anzugeben, ob die Ernährung parenteral z. B. über Port, über eine perkutane endoskopische Gastrostomie (PEG), eine perkutane endoskopische Jejunostomie (PEJ) oder eine nasale Magensonde sowie ob sie über Pumpe, Schwerkraft oder als Bolusgabe erfolgt.

Blasenkontrolle, Harnkontinenz

Gemeint ist hier, Harndrang zu verspüren und so rechtzeitig zu äußern, dass die Blasenentleerung geregelt werden kann. Jegliche Art von unwillkürlichem Harnabgang ist zu berücksichtigen, unabhängig von der Ursache. Zu erfassen ist hier vorrangig die Kontrolle der Blasenentleerung, die Steuerung der Blasenentleerung, die Vermeidung unwillkürlicher Harnabgänge, ggf. mit personeller Hilfe.

Es sind folgende Merkmalsausprägungen vorgesehen:

- Ständig kontinent: Keine unwillkürlichen Harnabgänge
- Überwiegend kontinent: Maximal einmal täglich unwillkürlicher Harnabgang oder Tröpfcheninkontinenz
- Überwiegend inkontinent: Mehrmals täglich unwillkürliche Harnabgänge, aber gesteuerte Blasenentleerung ist noch teilweise möglich
- Komplett inkontinent: Der Antragsteller ist komplett harninkontinent. Gesteuerte Blasenentleerung ist nicht möglich.

Alternativ anzugeben ist, ob ein suprapubischer oder transurethraler Dauerkatheter oder Urostoma vorhanden ist.

Wichtig: Die personelle Unterstützung beim Einmalkatheterisieren ist nicht hier, sondern im Modul 5 zu erfassen. Hier ist anzugeben, ob und in welchem Umfang eine Inkontinenz besteht.

Darmkontrolle, Stuhlkontinenz

Gemeint ist, Stuhldrang zu verspüren und ggf. so rechtzeitig zu äußern, dass die Darmentleerung geregelt werden kann. Zu bewerten ist hier die Vermeidung unwillkürlicher Stuhlabgänge, ggf. mit personeller Hilfe.

Es sind folgende Merkmalsausprägungen vorgesehen:

- Ständig kontinent: Keine unwillkürlichen Stuhlabgänge
- Gelegentlich inkontinent: Der Antragsteller ist überwiegend stuhlkontinent, gelegentlich unwillkürliche Stuhlabgänge oder nur geringe Stuhlmengen, sogenannte Schmierstühle
- Überwiegend inkontinent: Der Antragsteller ist überwiegend stuhlinkontinent, selten gesteuerte Darmentleerung möglich.
- Komplett inkontinent: Der Antragsteller ist komplett stuhlinkontinent, gesteuerte Darmentleerung ist nicht möglich.

Alternativ ist anzugeben, ob ein Colo- oder Ileostoma vorhanden ist.

Auszug aus Anlage 1 zu § 15 SGB XI:

	Kriterien	**selbständig**	**überwiegend selbständig**	**überwiegend unselbständig**	**unselbständig**
4.1	Waschen des vorderen Oberkörpers	0	1	2	3
4.2	Körperpflege im Bereich des Kopfes (Kämmen, Zahnpflege/Prothesenreinigung, Rasieren)	0	1	2	3
4.3	Waschen des Intimbereichs	0	1	2	3

	Kriterien	selbständig	überwiegend selbständig	überwiegend unselbständig	unselbständig
4.4	Duschen und Baden einschließlich Waschen der Haare	0	1	2	3
4.5	An- und Auskleiden des Oberkörpers	0	1	2	3
4.6	An- und Auskleiden des Unterkörpers	0	1	2	3
4.7	Mundgerechtes Zubereiten der Nahrung und Eingießen von Getränken	0	1	2	3
4.8	Essen	0	3	6	9
4.9	Trinken	0	2	4	6
4.10	Benutzen einer Toilette oder eines Toilettenstuhls	0	2	4	6
4.11	Bewältigen der Folgen einer Harninkontinenz und Umgang mit Dauerkatheter und Urostoma	0	1	2	3
4.12	Bewältigen der Folgen einer Stuhlinkontinenz und Umgang mit Stoma	0	1	2	3

	Kriterium	entfällt	teilweise	vollständig
4.13	Ernährung parenteral oder über Sonde	0	6	3

Waschen des vorderen Oberkörpers (Kriterium 4.1)

§

Pflegefachliche Konkretisierung lt. BRi

Sich die Hände, das Gesicht, den Hals, die Arme, die Achselhöhlen und den vorderen Hals- und Brustbereich waschen und abtrocknen

- **selbständig – 0 Einzelpunkte**

  Die Person kann die beschriebene Aktivität ohne personelle Hilfe durchführen.

- **überwiegend selbständig – 1 Einzelpunkt**

  Die Person kann die Aktivität selbständig durchführen, wenn

  - benötigte Gegenstände (z. B. Seife, Waschlappen) bereitgelegt werden oder
  - sie Aufforderung bzw. punktuelle Teilhilfen (z. B. Waschen unter den Achseln oder der Brust) erhält.

- **überwiegend unselbständig – 2 Einzelpunkte**

  Die Person kann geringe Anteile der Aktivität selbständig durchführen, sich z. B. nur Hände oder Gesicht waschen oder benötigt umfassende Anleitung.

- **unselbständig – 3 Einzelpunkte**

  Die Person kann sich an der Aktivität nicht oder nur minimal beteiligen.

Körperpflege im Bereich des Kopfes (Kriterium 4.2)

§

Pflegefachliche Konkretisierung lt. BRi

Kämmen, Zahnpflege, Prothesenreinigung, Rasieren

- **selbständig – 0 Einzelpunkte**

  Die Person kann die beschriebene Aktivität ohne personelle Hilfe durchführen.

- **überwiegend selbständig – 1 Einzelpunkt**

  Die Person kann die Aktivitäten selbständig durchführen, wenn benötigte Gegenstände bereitgelegt oder gerichtet werden, z. B.

  Aufdrehen der Zahnpastatube, Auftragen der Zahnpasta auf die Bürste, Aufbringen von Haftcreme auf die Prothese, Anreichen oder Säubern des Rasierapparates.

  Alternativ sind Aufforderungen oder punktuelle Teilhilfen erforderlich wie

Korrekturen nach dem Kämmen oder nur das Kämmen des Hinterkopfes, das Reinigen der hinteren Backenzähne bei der Zahn-, Mundpflege bzw. die Nachrasur bei sonst selbständigem Rasieren.

- **überwiegend unselbständig – 2 Einzelpunkte**

  Die Person kann geringe Anteile der Aktivität selbständig leisten, so beginnt sie z. B. mit dem Zähneputzen oder der Rasur, ohne die Aktivität zu Ende zu führen.

- **unselbständig – 3 Einzelpunkte**

  Die Person kann sich an der Aktivität nicht oder nur minimal beteiligen.

Waschen des Intimbereichs (Kriterium 4.3)

Pflegefachliche Konkretisierung lt. BRi

Den Intimbereich waschen und abtrocknen

- **selbständig – 0 Einzelpunkte**

  Die Person kann die beschriebene Aktivität ohne personelle Hilfe durchführen.

- **überwiegend selbständig – 1 Einzelpunkt**

  Die Person kann die Aktivität selbständig durchführen, wenn

  - benötigte Utensilien, z. B. Seife, Waschlappen bereitgelegt werden oder
  - sie Aufforderung bzw. punktuelle Teilhilfen erhält.

- **überwiegend unselbständig – 2 Einzelpunkte**

  Die Person kann nur geringe Anteile der Aktivität selbständig durchführen, sich z. B. nur den vorderen Intimbereich waschen.

- **unselbständig – 3 Einzelpunkte**

  Die Person kann sich an der Aktivität nicht oder nur minimal beteiligen.

Duschen und Baden einschließlich Waschen der Haare (Kriterium 4.4)

Pflegefachliche Konkretisierung lt. BRi

Durchführung des Dusch- und Wannenbades einschließlich des Waschens der Haare; neben der Fähigkeit, den Körper waschen zu können, sind auch Sicherheitsaspekte zu berücksichtigen.

(Teil-)Hilfen beim Waschen in der Dusche und Wanne sind hier ebenso zu berücksichtigen wie die Hilfe beim Ein- und Aussteigen oder eine notwendige Überwachung während des Duschens und Badens.

Dazu gehört auch das Abtrocknen, Haare waschen und föhnen.

- **selbständig – 0 Einzelpunkte**

  Die Person kann die beschriebene Aktivität ohne personelle Hilfe durchführen.

- **überwiegend selbständig – 1 Einzelpunkt**

  Die Person kann die Aktivität selbständig durchführen, wenn

  - Utensilien vorbereitet bzw. bereitgestellt werden,
  - einzelne Handreichungen geleistet werden (z. B. Stützen beim Ein-, Aussteigen, Bedienung eines Badewannenlifters, Hilfe beim Haare waschen oder föhnen, beim Abtrocknen) oder
  - wenn während des Duschens und Badens aus nachvollziehbaren Sicherheitsgründen Anwesenheit erforderlich ist.

- **überwiegend unselbständig – 2 Einzelpunkte**

  Die Person kann nur geringe Anteile der Aktivität selbständig durchführen, z. B. das Waschen des vorderen Oberkörpers.

- **unselbständig – 3 Einzelpunkte**

  Die Person kann sich an der Aktivität nicht oder nur minimal beteiligen.

An- und Auskleiden des Oberkörpers (Kriterium 4.5)

§

Pflegefachliche Konkretisierung lt. BRi

Bereitliegende Kleidungsstücke (z. B. Unterhemd, T-Shirt, Hemd, Bluse, Pullover, Jacke, BH, Schlafanzugoberteil oder Nachthemd) an- und ausziehen

Die Beurteilung ist unabhängig davon vorzunehmen, ob solche Kleidungsstücke derzeit getragen werden.

Die situationsgerechte Auswahl der Kleidung ist nicht hier, sondern im Modul 2 bei Kriterium 2.6 zu berücksichtigen.

Das An- und Ablegen von körpernahen Hilfsmitteln ist im Modul 5 bei Kriterium 5.7 zu berücksichtigen.

- **selbständig – 0 Einzelpunkte**

  Die Person kann die beschriebene Aktivität ohne personelle Hilfe durchführen.

- **überwiegend selbständig – 1 Einzelpunkt**

  Die Person kann die Aktivität beispielsweise selbständig durchführen, wenn Kleidungsstücke passend angereicht oder gehalten werden beim Anziehen eines Hemdes etc.

  Auch wenn Hilfe nur bei Verschlüssen erforderlich ist, trifft die Bewertung „überwiegend selbständig" zu, ebenso wenn nur Kontrolle des Sitzes der Kleidung und Aufforderungen zur Vervollständigung der Handlung erforderlich sind.

- **überwiegend unselbständig – 2 Einzelpunkte**

  Die Person kann beispielsweise nur die Hände in die Ärmel eines bereitgehaltenen T-Shirts schieben.

- **unselbständig – 3 Einzelpunkte**

  Die Person kann sich an der Aktivität nicht oder nur minimal beteiligen.

An- und Auskleiden des Unterkörpers (Kriterium 4.6)

Pflegefachliche Konkretisierung lt. BRi

Bereitliegende Kleidungsstücke (z. B. Unterwäsche, Hose, Rock, Strümpfe und Schuhe) an- und ausziehen

Die Beurteilung ist unabhängig davon vorzunehmen, ob solche Kleidungsstücke derzeit getragen werden.

Die situationsgerechte Auswahl der Kleidung ist nicht hier, sondern im Modul 2 bei Kriterium 2.6 zu berücksichtigen.

Das An- und Ablegen von körpernahen Hilfsmitteln ist im Modul 5 bei Kriterium 5.7 zu berücksichtigen (z. B. Kompressionsstrümpfe).

- **selbständig – 0 Einzelpunkte**

  Die Person kann die beschriebene Aktivität ohne personelle Hilfe durchführen.

- **überwiegend selbständig – 1 Einzelpunkt**

  Die Person kann die Aktivität selbständig durchführen, wenn ihre Schuhe bzw. Kleidungsstücke angereicht oder gehalten werden (Einstiegshilfe).

  Auch wenn Hilfe nur bei Verschlüssen, z. B.

  - Schnürsenkel binden,
  - Knöpfe schließen oder
  - Kontrolle des Sitzes der Kleidung

  und Aufforderungen zur Vervollständigung der Handlung erforderlich sind, trifft die Bewertung „überwiegend selbständig" zu.

- **überwiegend unselbständig – 2 Einzelpunkte**

  Die Person kann die Aktivität zu einem geringen Teil selbständig durchführen.

  Beispielsweise gelingt das Hochziehen von Hose, Rock vom Oberschenkel zur Taille selbständig.

- **unselbständig – 3 Einzelpunkte**

  Die Person kann sich an der Aktivität nicht oder nur minimal beteiligen.

Mundgerechtes Zubereiten der Nahrung und Eingießen von Getränken (Kriterium 4.7)

Pflegefachliche Konkretisierung lt. BRi

Zerteilen von Nahrung in mundgerechte Stücke und Eingießen von Getränken

Dazu gehört das

- Zerteilen von belegten Brotscheiben, Obst oder andere Speisen in mundgerechte Stücke (z. B. das Kleinschneiden von Fleisch, das Zerdrücken von Kartoffeln),

- Verschlüsse von Getränkeflaschen öffnen,
- Getränke aus einer Flasche oder Kanne in ein Glas bzw. eine Tasse eingießen,

ggf. unter Nutzung von Hilfsmitteln wie Anti-Rutschbrett oder sonstigem Gegenstand wie Spezialbesteck.

- **selbständig – 0 Einzelpunkte**

  Die Person kann die beschriebene Aktivität ohne personelle Hilfe durchführen.
- **überwiegend selbständig – 1 Einzelpunkt**

  Es ist punktuelle Hilfe erforderlich, z. B. beim Öffnen einer Flasche oder beim Schneiden von harten Nahrungsmitteln.
- **überwiegend unselbständig – 2 Einzelpunkte**

  Die Person kann die Aktivität zu einem geringen Teil selbständig durchführen, beispielsweise schneidet sie zwar belegte Brotscheiben, schafft es aber nicht, mundgerechte Stücke herzustellen. Die Person kann Getränke nicht eingießen.
- **unselbständig – 3 Einzelpunkte**

  Die Person kann sich an der Aktivität nicht oder nur minimal beteiligen.

Essen (Kriterium 4.8)

§ **Pflegefachliche Konkretisierung lt. BRi**

Bereit gestellte, mundgerecht zubereitete Speisen essen

Dies beinhaltet das Aufnehmen, zum Mund Führen, ggf. Abbeißen, Kauen und Schlucken von mundgerecht zubereiteten Speisen,

- die üblicherweise mit den Fingern gegessen werden (z. B. Brot, Kekse, Obst) oder
- das Essen mit Gabel oder Löffel, ggf. mit speziellen Hilfsmitteln wie adaptiertem Besteck.

Zu berücksichtigen ist auch, inwieweit die Notwendigkeit der ausreichenden Nahrungsaufnahme (auch ohne Hungergefühl oder Appetit) erkannt und die empfohlene, gewohnte Menge tatsächlich gegessen wird.

Das Einhalten von Diäten ist nicht hier, sondern im Modul 5 bei Kriterium 5.16 zu bewerten.

Die Beurteilung ist auch dann vorzunehmen, wenn die Nahrungsaufnahme über eine Sonde bzw. parenteral erfolgt.

- **selbständig – 0 Einzelpunkte**

  Die Person kann die beschriebene Aktivität ohne personelle Hilfe durchführen.
- **überwiegend selbständig – 3 Einzelpunkte**

  Die Person kann überwiegend selbständig essen, benötigt aber punktuelle Anleitung, muss beispielsweise aufgefordert werden, mit dem Essen zu beginnen oder weiter zu essen.

  Es sind punktuelle Hilfen erforderlich, z. B. Zurücklegen aus der Hand gerutschter Speisen oder Besteck in die Hand geben.

- **überwiegend unselbständig – 6 Einzelpunkte**

  Es muss aufwendig zur Nahrungsaufnahme motiviert werden oder die Nahrung muss größtenteils gereicht werden oder es ist ständige und unmittelbare Eingreifbereitschaft der Pflegeperson erforderlich, aufgrund von Aspirationsgefahr.

- **unselbständig – 9 Einzelpunkte**

  Die Nahrung muss (nahezu) komplett gereicht werden. Als unselbständig zu bewerten sind auch Personen, die nicht schlucken können.

Trinken (Kriterium 4.9)

Pflegefachliche Konkretisierung lt. BRi

Bereitstehende Getränke aufnehmen, ggf. mit Gegenständen wie Strohhalm, Spezialbecher mit Trinkaufsatz

Zu berücksichtigen ist auch, inwieweit die Notwendigkeit der Flüssigkeitsaufnahme (auch ohne ausreichendes Durstgefühl) erkannt und die empfohlene oder gewohnte Menge tatsächlich getrunken wird.

Die Beurteilung der Selbständigkeit ist auch dann vorzunehmen, wenn die Flüssigkeitsaufnahme über eine Sonde bzw. parenteral erfolgt.

- **selbständig – 0 Einzelpunkte**

  Die Person kann die beschriebene Aktivität ohne personelle Hilfe durchführen.

- **überwiegend selbständig – 2 Einzelpunkte**

  Die Person kann selbständig trinken, wenn über das Bereitstellen hinaus ein Glas, eine Tasse unmittelbar in den Aktionsradius der Person positioniert oder sie ans Trinken erinnert wird.

- **überwiegend unselbständig – 4 Einzelpunkte**

  Das Trinkgefäß muss beispielsweise in die Hand gegeben werden, das Trinken erfolgt jedoch selbständig

  oder

  die Person muss zu fast jedem Schluck motiviert werden

  oder

  es ist ständige und unmittelbare Eingreifbereitschaft der Pflegeperson erforderlich, aufgrund von Aspirationsgefahr.

- **unselbständig – 6 Einzelpunkte**

  Getränke müssen (nahezu) komplett gereicht werden. Als unselbständig zu bewerten sind auch Personen, die nicht schlucken können.

Benutzen einer Toilette oder eines Toilettenstuhls (Kriterium 4.10)

§ **Pflegefachliche Konkretisierung lt. BRi**

Gehen zur Toilette, Hinsetzen und Aufstehen, Sitzen während der Blasen- oder Darmentleerung, Intimhygiene und Richten der Kleidung

Die Beurteilung ist auch dann vorzunehmen, wenn anstelle der Toilettenbenutzung eine Versorgung mit Hilfsmitteln erfolgt, z. B. Inkontinenzmaterial, Katheter, Urostoma, Ileo- oder Colostoma.

- **selbständig – 0 Einzelpunkte**

  Die Person kann die beschriebene Aktivität ohne personelle Hilfe durchführen.

- **überwiegend selbständig – 2 Einzelpunkte**

  Die Person kann die Aktivität überwiegend selbständig durchführen.

  Personelle Hilfe kann sich beispielsweise beschränken auf einzelne Handlungsschritte wie:

  - nur Bereitstellen und Leeren des Toilettenstuhls (alternativ Urinflasche oder anderer Behälter)
  - nur Aufforderung oder Orientierungshinweise zum Auffinden der Toilette oder Begleitung auf dem Weg zur Toilette
  - nur Anreichen von Toilettenpapier oder Waschlappen
  - Intimhygiene nur nach Stuhlgang
  - nur Unterstützung beim Hinsetzen, Aufstehen von der Toilette
  - nur punktuelle Hilfe beim Richten der Bekleidung

- **überwiegend unselbständig – 4 Einzelpunkte**

  Die Person kann nur einen geringen Anteil der Aktivität selbständig durchführen, z. B.

  - nur Richten der Bekleidung oder
  - Intimhygiene nur nach Wasserlassen

- **unselbständig – 6 Einzelpunkte**

  Die Person kann sich an der Aktivität nicht oder nur minimal beteiligen.

4

Bewältigen der Folgen einer Harninkontinenz und Umgang mit Dauerkatheter und Urostoma (Kriterium 4.11)

§ **Pflegefachliche Konkretisierung lt. BRi**

Inkontinenz- und Stomasysteme sachgerecht verwenden, nach Bedarf wechseln und entsorgen

Dazu gehört, Inkontinenzsysteme, z. B. Inkontinenzvorlagen, Inkontinenzhose mit Klebestreifen oder Pants, sachgerecht verwenden, nach Bedarf wechseln und entsorgen und das Entleeren eines Urinbeutels bei Dauerkatheter, Urostoma oder die Anwendung eines Urinalkondoms.

Die regelmäßige Einmalkatheterisierung ist nicht hier sondern im Modul 5 bei Kriterium 5.10 zu erfassen.

- **selbständig – 0 Einzelpunkte**

  Die Person kann Hilfsmittel selbständig benutzen.

- **überwiegend selbständig – 1 Einzelpunkt**

  Die Person kann die Aktivität überwiegend selbständig durchführen, wenn Inkontinenzsysteme angereicht oder entsorgt werden oder die Person an den Wechsel erinnert wird.

- **überwiegend unselbständig – 2 Einzelpunkte**

  Die Person kann sich am Wechsel der Inkontinenzsysteme beteiligen, z. B. nur Vorlagen einlegen oder Inkontinenzhosen nur entfernen.

- **unselbständig – 3 Einzelpunkte**

  Beteiligung ist nicht oder nur minimal möglich.

4

Bewältigen der Folgen einer Stuhlinkontinenz und Umgang mit Stoma (Kriterium 4.12)

§

Pflegefachliche Konkretisierung lt. BRi

Inkontinenz- und Stomasysteme sachgerecht verwenden, nach Bedarf wechseln und entsorgen

Dazu gehört, Inkontinenzsysteme (z. B. große Vorlagen mit Netzhose, Inkontinenzhose mit Klebestreifen oder Pants) sachgerecht verwenden, nach Bedarf wechseln und entsorgen.

Dazu gehört auch die Anwendung eines Analtampons oder das Entleeren oder Wechseln eines Stomabeutels bei Enterostoma.

Die Pflege des Stomas und der Wechsel einer Basisplatte ist im Modul 5 bei Kriterium 5.9 zu berücksichtigen.

- **selbständig – 0 Einzelpunkte**

  Die Person kann Hilfsmittel selbständig benutzen.

- **überwiegend selbständig – 1 Einzelpunkt**

  Die Person kann die Aktivität überwiegend selbständig durchführen, wenn Inkontinenzsysteme bereitgelegt und entsorgt werden oder die Person an den Wechsel erinnert wird.

- **überwiegend unselbständig – 2 Einzelpunkte**

  Die Person kann sich am Wechsel der Inkontinenzsysteme beteiligen, z. B. Mithilfe beim Wechsel eines Stomabeutels.

  Bei Vorliegen einer Stuhlinkontinenz sind Ressourcen beim Wechsel des Inkontinenzmaterials eher selten.

- **unselbständig – 3 Einzelpunkte**

  Beteiligung ist nicht (oder nur minimal) möglich.

Ernährung parenteral oder über Sonde (Kriterium 4.13)

§ **Pflegefachliche Konkretisierung lt. BRi**

Ernährung über einen parenteralen Zugang (z. B. einen Port) oder über einen Zugang in den Magen oder Dünndarm (PEG/PEJ)

- **selbständig – 0 Einzelpunkte**

  Die Person führt die Versorgung ohne Fremdhilfe durch.

- **nicht täglich, nicht auf Dauer – 0 Einzelpunkte**

  Die Person erhält zusätzlich zur oralen Nahrungsaufnahme Nahrung oder Flüssigkeit parenteral oder über Sonde, aber nur gelegentlich oder vorübergehend.

- **täglich, zusätzlich zu oraler Nahrung – 6 Einzelpunkte**

  Die Person erhält in der Regel täglich Nahrung oder Flüssigkeit parenteral oder über Sonde und täglich oral Nahrung.

  Sie wird zum Teil, aber nicht ausreichend über die orale Nahrungsaufnahme ernährt und benötigt zur Nahrungsergänzung bzw. zur Vermeidung von Mangelernährung täglich Sondenkost oder Flüssigkeit.

- **ausschließlich oder nahezu ausschließlich – 3 Einzelpunkte**

  Die Person erhält ausschließlich oder nahezu ausschließlich Nahrung und Flüssigkeit parenteral oder über Sonde.

  Eine orale Gabe erfolgt nicht oder nur in geringem Maße zur Förderung der Sinneswahrnehmung.

So fließen die in Modul 4 erreichten Punkte in den Pflegegrad ein

Mit einer Gewichtung von 40 Prozent können im Modul 4 maximal 40 der insgesamt für den Pflegegrad erreichbaren maximal 100 gewichteten Punkte erreicht werden. Die Anzahl der gewichteten Punkte für dieses Modul können Sie auch hier ganz einfach ermitteln. Zählen Sie die erreichten Einzelpunkte zusammen und ordnen Sie in der Anlage 2 des SGB XI diese Summe der Einzelpunkte einem der Einzelpunktkorridore für dieses Modul zu. In der Zeile darunter lesen Sie dann die Anzahl der erreichten gewichteten Punkte ab. Wurden z. B. im Modul 4 insgesamt 20 Einzelpunkte erreicht, entspricht das 30 gewichteten Punkten für die Berechnung des Pflegegrades.

Punkte im Modul 4	Schweregrad der Beeinträchtigungen der Selbständigkeit oder der Fähigkeiten				
	0 keine	**1 geringe**	**2 erhebliche**	**3 schwere**	**4 schwerste**
Summe der Einzelpunkte	0–2	3–7	8–18	19–36	37–54
Gewichtete Punkte	**0**	**10**	**20**	**30**	**40**

Fallbeispiel: Herr Bodendecker

Herr Bodendecker benötigt die Unterstützung seiner Ehefrau beim Duschen, An- und Auskleiden des ganzen Körpers, beim Toilettengang und der Intimhygiene. Da er nicht frei stehen oder ohne sich abzustützen sitzen kann – auch nicht für kurze Zeit –, benötigt er zudem Unterstützung beim Waschen des vorderen Oberkörpers und bei der Körperpflege im Bereich des Kopfes. Er ist kontinent und wird nicht parenteral ernährt. Seine Ehefrau richtet ihm Getränke und Lebensmittel mundgerecht her. Essen und trinken kann er selbständig, dank des Stuhls mit Armlehnen, auf dem er während der Mahlzeiten sitzt.

Ergebnis: Bis auf die Kriterien Essen und Trinken ist Herr Bodendecker nicht selbständig. Aufgrund seiner körperlichen Einschränkungen muss seine Ehefrau ihn nicht nur punktuell unterstützen, sondern große Teile der in diesem Modul zu bewertenden Aktivitäten übernehmen.

Herr Bodendecker erhält in diesem Modul darum insgesamt **14 Einzelpunkte**. Das entspricht **20 Pflegegrad-Punkten**.

Mögliche Stolpersteine im Modul 4

Stolperstein 1: Tagesform

Gute Zeiten, schlechte Zeiten: Wie im Modul 2 kann die Tagesform auch bei der Selbstversorgung eine große Rolle spielen. Das ist logisch, wenn der Hilfebedarf bei der Selbstversorgung sich aus kognitiven Beeinträchtigungen ergibt. Das kann aber auch ohne kognitive Beeinträchtigungen so sein, z. B. wenn die Beweglichkeit aufgrund der Witterung schwankt („Ich spür's in meinen Knochen.") oder die Symptome körperlicher Erkrankungen unterschiedlich stark auftreten (z. B. Schmerzen, MS, Parkinson). Weisen Sie nach, dass der Unterstützungsbedarf tagesformabhängigen Schwankungen unterliegt. Am einfachsten geht das, indem für mindestens 14 Tage vor dem Begutachtungstermin die Unterstützungsleistungen mit Häufigkeit und Art dokumentiert wurden (z. B. in einem Pflegetagebuch).

Stolperstein 2: Schamgefühl, Fassadenverhalten

Viele Aktivitäten im Modul 4 lösen bei Antragstellern Schamgefühle aus. Zudem ist die Generation der heute über 70-Jährigen darauf geprägt, möglichst keine Schwäche zu zeigen. In der Begutachtungssituation wird das dadurch deutlich, dass der Unterstützungsbedarf bei schambehafteten Aktivitäten und Aktivitäten, die „jedes Kind kann", verneint oder heruntergespielt wird. Begünstigt wird dieses Fassadenverhalten bei der Begutachtung dadurch, dass aufgrund der sehr begrenzten Dauer nicht jede Aktivität demonstriert werden kann. Erklären Sie dem Antragsteller und seinen pflegenden Angehörigen, wie wichtig die Erfassung der tatsächlich notwendigen Unterstützung für die Ermittlung des Pflegegrades ist. Hilfreich ist die Dokumentation der von anderen geleisteten Hilfen und deren Umfang/Intensität über einen Zeitraum von mindestens 14 Tagen vor der Begutachtung. Beim Begutachtungstermin selbst ist viel Fingerspitzengefühl gefragt. Schließlich soll der Antragsteller durch den Verweis auf z. B. das Pflegetagebuch nicht bloßgestellt oder als Lügner überführt werden.

Ich habe die Erfahrung gemacht, dass Antragsteller bei schambehafteten Aktivitäten leichter „über ihren Schatten springen", wenn Sie ihnen noch einmal verdeutlichen, weshalb sie Leistungen der Pflegeversicherung beantragt haben, um Hilfe auch bei schambehafteten Aktivitäten zu erhalten.

Weisen Sie bei dieser Gelegenheit darauf hin, dass sowohl der Gutachter als auch später der Sachbearbeiter der Pflegekasse zur strengen Geheimhaltung der Daten verpflichtet sind. Was im Begutachtungstermin gesprochen wird, wissen nur die Personen, die daran beteiligt sind, sowie die Mitarbeiter bei der Pflegekasse, die über den Antrag entscheiden.

> Erfahrene Gutachter können sehr gut einschätzen, ob die Angaben des Antragstellers zu schambehafteten Aktivitäten überhaupt plausibel sind. Kann ein Antragsteller z. B. nur sitzen, wenn er von einer anderen Person dabei gestützt und gehalten wird, ist seine Angabe, beim Toilettengang keine Hilfe zu brauchen, wenig plausibel.

Stolperstein 3: Handreichungen

Pflegende Angehörige bereiten Utensilien vor, z. B. Waschschüssel, Toilettenstuhl, oder reichen Hilfsmittel ohne das bewusst als pflegegradrelevante Hilfeleistungen zu registrieren. Fragen Sie anhand der pflegefachlichen Konkretisierungen gezielt nach, ob Utensilien und/oder Hilfsmittel von einer anderen Person bereitgestellt/angereicht werden.

Stolperstein 4: Kognitive Beeinträchtigungen

Bei kognitiven Beeinträchtigungen erhöht sich der Bedarf zu erinnern und anzuleiten oft schleichend und über einen langen Zeitraum. Das kann dazu führen, dass pflegende Angehörige diese Unterstützung nicht mehr als solche wahrnehmen. Fragen Sie gezielt nach, ob und in welchem Umfang bei den Aktivitäten im Modul 4 erinnert bzw. angeleitet werden muss.

Stolperstein 5: Zubereitung einfacher Mahlzeiten

Ein Antragsteller ist beim „mundgerechten Zubereiten der Nahrung und Eingießen von Getränken" selbständig, wenn er belegte Brote zerteilen kann. Ich habe mich natürlich gefragt, wer z. B. bei alleinlebenden Antragstellern die Brote belegt. Und, weil ich darauf keine Antwort wusste, habe ich die Frage an das Bundesministerium für Gesundheit weitergeleitet. Die Antwort: Das Belegen von Broten gehört natürlich zur hauswirtschaftlichen Versorgung. Im Modul 8 findet sich dazu das Kriterium „Zubereiten einfacher Mahlzeiten". Obwohl die Kriterien des Moduls 8 nicht in den Pflegegrad einfließen, besteht aus meiner Sicht dennoch keine Veranlassung, hier eine Ungerechtigkeit anzunehmen. Zum einen deshalb, weil das Belegen von Broten auch früher schon der hauswirtschaftlichen Versorgung zugerechnet wurde. Zum anderen darum, weil ein Antragsteller, der selbst keine Brote belegen kann, natürlich auch in den pflegegradrelevanten Modulen 1 bis 6 in seiner Selbständigkeit bzw. seinen Fähigkeiten eingeschränkt ist.

Der eigentliche Knackpunkt ist jedoch, dass das Belegen von Broten und das Zerteilen in mundgerechte Stücke vom Antragsteller und pflegenden Angehörigen häufig als eine Handlung wahrgenommen wird. Das bedeutet, dass der Arbeitsschritt Zerteilen nicht als pflegegradrelevante personelle Unterstützung registriert wird. Fragen Sie hier konkret nach.

Stolperstein 6: Bereitlegung von Kleidungsstücken

Selbständig ist ein Antragsteller bei den Kriterien zum An- und Ausziehen von Ober- und Unterkörper, wenn er bereitliegende Kleidungsstücke ohne personelle Unterstützung anziehen kann. Wie das Kleidungsstück ggf. aus dem Kleiderschrank kommt, an welcher Stelle die personelle Unterstützung in Form des Bereitlegens der Kleidungsstücke berücksichtigt wird, wird in den BRi nicht erwähnt.

Da ungeklärt ist, an welcher Stelle des NBI diese personelle Unterstützung berücksichtigt wird, empfehle ich Ihnen bei diesem Kriterium für den Antragsteller die Bewertung „überwiegend selbständig" einzufordern, auch wenn die Hilfe der anderen Person nur im Bereitlegen der Kleidungsstücke besteht. Begründen Sie diese Forderung damit, dass bei allen anderen Kriterien das Bereitstellen von Utensilien zu dieser Bewertung führt. Kleidungsstücke sind bei diesem Kriterium die benötigten Utensilien. Sofern der Gutachter nicht einlenkt, lassen Sie sich von ihm genau erklären, an welcher Stelle des NBI das Bereitlegen von Kleidungsstücken erfasst wird (in den Inhalten des Moduls 8 „Hauswirtschaft" jedenfalls nicht!).

Modul 5: Umgang mit und selbständige Bewältigung von krankheits- und therapiebedingten Anforderungen und Belastungen

Wenn Sie sich die in diesem Modul enthaltenen Aktivitäten ansehen, werden Sie feststellen, dass diese auf den ersten Blick große Ähnlichkeit mit den im Rahmen der häuslichen Krankenpflege nach SGB V verordnungsfähigen Maßnahmen haben. Und tatsächlich wird der Gutachter in einem ersten Schritt prüfen, ob die vom Antragsteller genannten Maßnahmen ärztlich angeordnet sind und auf Dauer, das heißt für voraussichtlich mindestens 6 Monate, erforderlich sind.

Angeordnet sind die in diesem Modul genannten Maßnahmen, sobald der behandelnde Arzt sie im Rahmen seines Behandlungsplans für notwendig hält. Wer die angeordnete Maßnahme durchführt, spielt grundsätzlich keine Rolle, mit folgender Einschränkung: Wird die Maßnahme vom behandelnden Arzt selbst oder seinem Praxispersonal geleistet, wird diese Unterstützung in diesem Modul nicht berücksichtigt. Das gleiche gilt, wenn angeordnete Maßnahmen von Therapeuten erbracht werden, z. B. im Rahmen einer Heilmittelverordnung. In diesem Modul werden darum auch die unterstützenden Leistungen erfasst, die z. B. durch Angehörige geleistet werden. Die Anordnung kann formlos erfolgen, z. B. in einem Entlassungsbericht. Nur dann, wenn die Maßnahmen von einem Leistungserbringer erbracht werden sollen, der dafür vertraglich zugelassen ist (z. B. Pflegedienst, Krankengymnast, Ergotherapeut, Logopäde), muss die ärztliche Anordnung in Form einer Verordnung auf einem dafür vorgesehenem Vordruck erfolgen.

In diesem Modul geht es allein darum, ob der Antragsteller praktisch in der Lage ist, krankheitsbedingte Anforderungen (z. B. Anziehen von Kompressionsstrümpfen, Fahrten zu Arztbesuchen oder zu Therapeuten) außerhalb der Wohnumgebung selbständig zu bewältigen oder ob er dabei die Unterstützung einer anderen Person braucht. Erfasst werden darum ärztlich angeordnete Maßnahmen, die für mindestens voraussichtlich sechs Monate erforderlich sind, und zwar nur in dem Umfang, in dem eine andere Person unterstützend tätig werden muss.

Beispiel:

Herr Schröder muss dreimal täglich Medikamente einnehmen. Er ist in der Lage die Tabletten aus der Tagesbox selbst herauszunehmen. Seine Ehefrau richtet die Tabletten dafür einmal täglich. Erfasst wird hier der Umfang der personellen Unterstützung, d. h. die Unterstützung durch die Ehefrau im Umfang von 1x täglich Richten der Medikamente.

Der in Modul 5 berücksichtigte Umgang mit krankheits-/therapiebedingten Anforderungen und Belastungen hat großen Einfluss auf die Entstehung und Ausprägung von Pflegebedürftigkeit. Die in diesem Modul enthaltenen Aktivitäten haben jedoch für Antragsteller noch eine weitaus größere Bedeutung. Die therapiekonforme Anwendung von Medikamenten, Injektionen, körpernahen

Hilfsmitteln und die Möglichkeit rechtzeitig Ärzte, Fachärzte und Therapeuten aufzusuchen, sorgen dafür, dass eine Verschlimmerung der Erkrankung vermieden, eine Rehabilitation möglich und eine Verbesserung erreicht werden kann. Sozusagen als Nebeneffekt wird dadurch auch erreicht, dass gesetzliche Krankenkassen weniger für Krankenhausaufenthalte und aufwendigere Therapien bezahlen müssen.

Checkliste zu Modul 5

1. Erfasst wird, ob und in welchem Umfang der zu Begutachtende die Unterstützung anderer Personen braucht, um krankheits- und therapiebedingte Anforderungen zu bewältigen.
2. Unerheblich ist, ob diese anderen Personen Pflegekräfte eines Pflegedienstes oder z. B. Angehörige sind.
3. In den Kriterien von Modul 5 werden nur ärztlich angeordnete Maßnahmen berücksichtigt, die voraussichtlich für mindestens 6 Monate erforderlich sind. Erhoben werden bei der Begutachtung aber alle Maßnahmen.
4. Halten Sie entsprechende medizinische Unterlagen bereit, aus denen die ärztliche Anordnung für die jeweilige Maßnahme zu entnehmen ist.

In diesem Modul bietet sich Ihnen und dem von Ihnen beratenen Antragsteller und seinen Angehörigen eine große Chance, dass der erforderliche Unterstützungsbedarf, der häufig von pflegenden Angehörigen geleistet wird und bislang kaum bei der Feststellung der Pflegebedürftigkeit Berücksichtigung gefunden hat, angemessen bei der Ermittlung des Pflegegrades einbezogen wird. Es macht deshalb aus meiner Sicht Sinn, wenn Sie sich vor den Begutachtungstermin gemeinsamen mit dem Antragsteller und den Angehörigen darüber unterhalten, welche Hilfeleistungen von Angehörigen, welche Hilfeleistungen von Nachbarn oder Bekannten und welche Hilfeleistungen von professionellen Pflegekräften übernommen werden. Gehen Sie dafür einfach die Kriterien in diesem Modul Schritt für Schritt durch. Prüfen Sie, ob sich die erforderliche Unterstützung aufgrund einer ärztlichen Anordnung ergibt und voraussichtlich für mindestens 6 Monate erforderlich sein wird. So haben Sie beim Begutachtungstermin alle erforderlichen Angaben parat. Andernfalls könnte die Vielzahl der in diesem Modul enthaltenen Maßnahmen den Antragsteller und seine Angehörigen im Begutachtungstermin überfordern.

Angaben zur Versorgung

Der Gutachter wird zunächst die Bedarfsaspekte erfassen. Hierzu nimmt er alle ärztlich angeordneten Maßnahmen nach Art und Häufigkeit auf, auch wenn sie nur vorübergehend (d. h. für weniger als 6 Monate) erforderlich sind und deshalb nicht in die Bewertung eingehen.

Angaben zur ärztlichen und medikamentösen Versorgung

Dazu gehören Angaben zur ärztlichen und fachärztlichen Versorgung. Dabei sind die Art des Arztkontaktes (Haus- oder Praxisbesuch) und die Häufigkeit zu dokumentieren, auch wenn diese seltener als einmal monatlich erforderlich sind. Bei Praxisbesuchen ist anzugeben, ob die antragstellende Person die Praxis selbständig oder in Begleitung aufsucht.

Es ist auch die aktuelle medikamentöse Therapie zu erfragen. Aus der Sichtung der Medikamente können ggf. Informationen zu Art und Schwere der Erkrankung abgeleitet werden. Ausreichend ist die Dokumentation der Häufigkeit der Einnahme und der Art der Verabreichung (z. B. selbständig, Richten erforderlich).

Angaben zur laufenden Heilmitteltherapie

Anzugeben sind Art (z. B. physikalische Therapie, Ergotherapie, Stimm-, Sprech- und Sprachtherapie, podologische Therapie), Häufigkeit (wie oft pro Woche oder – wenn seltener – pro Monat) sowie ggf. die Dauer der Heilmittelversorgung. Es ist anzugeben, ob die antragstellende Person die therapeutische Praxis selbständig oder in Begleitung aufsucht oder ob die Therapeutin bzw. der Therapeut zur Behandlung ins Haus kommt.

Angaben zu behandlungspflegerischen und anderen therapeutischen Maßnahmen

Ärztlich angeordnete behandlungspflegerische und andere therapeutische Maßnahmen sind nach Art, Häufigkeit und Dauer anzugeben, unabhängig davon, wer diese Leistungen erbringt. Insbesondere ist anzugeben, ob spezielle Krankenbeobachtung (z. B. bei außerklinischer Intensivpflege oder bei maschinell beatmeten Patienten) durch einen ambulanten Pflegedienst oder gemäß § 37 Abs. 2 Satz 3 SGB V in einer zugelassenen Pflegeeinrichtung erbracht wird.

Wichtig zur Berechnung der Kritieren:

Die Kriterien in diesem Modul sind auf mehrere Kriterien-Blöcke aufgeteilt. Für jeden Kriterienblock sind Einzelpunkte zu ermitteln. Die Einzelpunkte aus den Kriterien-Blöcken werden addiert und erst dann den gewichteten Pflegegradpunkten zugeordnet. Wie die Einzelpunkte je Kriterien-Block berechnet werden sehen Sie unter jedem Kriterien-Block an einem Rechenbeispiel.

Kriterien-Block 1: Kriterien 5.1 bis 5.7

Auszug aus Anlage 1 zu § 15 SGB XI:

	Kriterien in Bezug auf	entfällt oder selbständig	Anzahl der Maßnahmen		
			pro Tag	pro Woche	pro Monat
5.1	Medikation	0			
5.2	Injektionen (subcutan oder intramuskulär)	0			
5.3	Versorgung intravenöser Zugänge	0			
5.4	Absaugen und Sauerstoffgabe	0			
5.5	Einreibungen oder Kälte- und Wärmeanwendungen	0			
5.6	Messungen und Deutung von Körperzuständen	0			
5.7	Körpernahe Hilfsmittel	0			
Summe der Maßnahmen aus 5.1 bis 5.7		0			
Umrechnung in Maßnahmen pro Tag		0			

§

4

Pflegefachliche Konkretisierung lt. BRi

5.1 **Medikation**

Orale Medikation, Augen- oder Ohrentropfen, Dosieraerosole oder Pulverinhalatoren, Zäpfchen und Medikamentenpflaster

Das Ausmaß der Hilfestellung kann von einmal wöchentlichem Stellen der Medikamente im Wochendispenser bis zu mehrfach täglicher Einzelgabe differieren. Werden Medikamente verabreicht, ist das Stellen nicht gesondert zu berücksichtigen.

Berücksichtigt wird der einzelne Applikationsort (Ohren und Augen zählen als jeweils ein Ort) und die Applikationshäufigkeit (unabhängig von der Anzahl der dort applizierten Arzneimittel). Die Applikation von Dosieraerosolen oder Pulverinhalatoren zählt als eine weitere Maßnahme. Unter oraler Medikation wird auch die Medikamentengabe über PEG berücksichtigt. Analog zu Zäpfchen sind auch andere rektal zu verabreichende Medikamente zu bewerten. Abführmethoden sind im Kriterium 5.10 „regelmäßige Einmalkatetherisierung und Nutzung von Abführmethoden" zu bewerten.

5.2 **Injektionen (subcutan oder intramuskulär)**

Subkutane und intramuskuläre Injektionen und subkutane Infusionen

Dazu gehören z. B. Insulininjektionen oder auch die Versorgung mit Medikamentenpumpen über einen subkutanen Zugang.

5.3 **Versorgung intravenöser Zugänge**

Versorgung und Verbände venöser Zugänge (zum Beispiel Shaldon, Broviac und andere) sowie die Port-Versorgung

Hierunter fallen die Versorgung und Verbände venöser Zugänge (zum Beispiel Shaldon, Broviac und andere), auch die Port-Versorgung. Ebenso wird das Einbringen von Medikamenten in einen vorhandenen venösen Zugang berücksichtigt. Das Anhängen von Nährlösungen (gegebenenfalls auch mit Medikamentenzusatz) zur parenteralen Ernährung wird im Modul 4 unter dem Kriterium 4.13 erfasst.

Analog ist auch die Versorgung intrathekaler Zugänge hier zu erfassen.

5.4 **Absaugen und Sauerstoffgabe**

Absaugen, Sauerstoffgabe über Brille oder Maske

Absaugen kann z. B. bei beatmeten oder tracheotomierten Patienten in sehr unterschiedlicher und wechselnder Häufigkeit notwendig sein. Es ist der durchschnittliche Bedarf anzugeben. Ebenso ist hier das An- und Ablegen von Sauerstoffbrillen oder analog auch von Atemmasken zur nächtlichen Druckbeatmung zu erfassen sowie das Bereitstellen eines Inhalationsgerätes (inkl. dessen Reinigung). Jede Maßnahme ist auch einzeln zu berücksichtigen.

5.5 **Einreibungen sowie Kälte- und Wärmeanwendungen**

Anwendungen von ärztlich angeordneten Salben, Cremes, Emulsionen etc., außerdem Kälte- und Wärmeanwendungen

Hier sind alle externen Anwendungen mit ärztlich angeordneten Salben, Cremes, Emulsionen etc. abzubilden, außerdem Kälte- und Wärmeanwendungen, die zum Beispiel bei rheumatischen Erkrankungen angeordnet werden. Einreibungen gegebenenfalls mit verschiedenen Produkten, Kälte- oder Wärmeanwendungen sind jeweils als eine Maßnahme zu berücksichtigen, unabhängig von der Anzahl der Applikationsorte.

Aber: Die allgemeine Hautpflege – auch zur Prophylaxe – ist nicht zu berücksichtigen.

5.6 **Messung und Deutung von Körperzuständen**

Ärztlich angeordnete Messungen von Körperzuständen und deren Deutung

Die Aktivität umfasst Messungen wie z. B. Blutdruck, Puls, Blutzucker, Temperatur, Körpergewicht, Flüssigkeitshaushalt, soweit diese auf ärztliche Anordnung erfolgen. Dabei geht es nicht nur darum, die Messung durchzuführen, sondern auch notwendige Schlüsse zu ziehen, etwa zur Festlegung der erforderlichen Insulindosis oder zur Notwendigkeit anderer Maßnahmen, wie das Umstellen der Ernährung oder auch das Aufsuchen einer Ärztin oder eines Arztes. Dies gilt beispielsweise auch für Menschen mit erhöhtem Blutdruck, die je nach Blutdruckwerten ihre Medikation anpassen müssen.

Aber: Eine Routinemessung von Körperzuständen, die nicht gezielt auf eine bestehende Erkrankung ausgerichtet ist, kann nicht bewertet werden.

5.7 **Körpernahe Hilfsmittel**

An- oder Ablegen von Prothesen, Orthesen, Epithesen, Sehhilfen, Hörgeräten, kieferorthopädischen Apparaturen und Kompressionsstrümpfen für Arme und Beine (inklusive deren Reinigung)

Hierunter versteht man beispielsweise das An- und Ablegen von Prothesen, kieferorthopädischen Apparaturen; Orthesen, Brille, Hörgerät oder Kompressionsstrümpfen (inkl. deren Reinigung).

Aber: Das alleinige Reinigen ist nicht zu berücksichtigen. Der Umgang mit Zahnprothesen ist unter dem Kriterium 4.2 (Modul 4: Selbstversorgung) zu erfassen.

Einzelpunkte für die Kriterien der Ziffern 5.1 bis 5.7				
Maßnahme pro Tag	**keine oder seltener als 1x täglich**	**mindestens 1x bis max. 3x täglich**	**mehr als 3x bis max. 8x täglich**	**mehr als 8x täglich**
Einzelpunkte	0	1	2	3

4

Rechenbeispiel zur Ermittlung der Einzelpunkte:

Zur Bewältigung ärztlich angeordneter Maßnahmen ist personelle Unterstützung in folgendem Umfang erforderlich:

Richten der Medikamente 1x pro Woche

Injektion s.c. 4x pro Tag

Blutzuckermessung 3x pro Tag

Insgesamt pro Tag erforderlich: 1x pro Woche/7 + 4 + 3 = 0,1429 + 4 + 3 = 7,1429

Der Blick in die Bewertungstabelle oben zeigt, dass 7,1429 Maßnahmen pro Tag im Bewertungsbereich „mehr als dreimal bis maximal achtmal täglich" liegen. Dafür gibt es 2 Einzelpunkte.

4

Kriterien-Block 2: Kriterien 5.8 bis 5.11

Auszug aus Anlage 1 zu § 15 SGB XI:

	Kriterien in Bezug auf	entfällt oder selbständig	Anzahl der Maßnahmen		
			pro Tag	pro Woche	pro Monat
5.8	Verbandswechsel und Wundversorgung	0			
5.9	Versorgung mit Stoma	0			
5.10	Regelmäßige Einmalkatheterisierung und Nutzung von Abführmethoden	0			
5.11	Therapiemaßnahmen in häuslicher Umgebung	0			
Summe der Maßnahmen aus 5.8 bis 5.11		0			
Umrechnung in Maßnahmen pro Tag		0			

Pflegefachliche Konkretisierung lt. BRi

5.8 **Verbandswechsel und Wundversorgung**

Versorgung chronischer Wunden

Die Aktivität beinhaltet die Versorgung chronischer Wunden, wie z. B. Ulcus cruris oder Dekubitus.

5.9 **Versorgung mit Stoma**

Pflege künstlicher Körperöffnungen

Gemeint ist hier die Pflege künstlicher Körperöffnungen wie Tracheostoma, PEG, subrapubischer Blasenkatheter, Urostoma, Colo- oder Ileostoma. Hierbei ist auch das Reinigen des Katheters, die Desinfektion der Einstichstelle der PEG und falls notwendig auch der Verbandswechsel zu bewerten. Die Pflege eines Urostoma, Colo- oder Ileostoma ist in der Regel mit dem Wechsel der Basisplatte oder dem Wechsel eines einteiligen Systems verbunden. Der einfache Wechsel oder das Entleeren eines Stoma- oder Katheterbeutels oder das Anhängen von Sondennahrung sind unter den Kriterien 4.11 ff. (Modul 4: Selbstversorgung) zu werten.

5.10 **Regelmäßige Einmalkatheterisierung und Nutzung von Abführmethoden**

Einmalkatheterisierung und Abführmethoden

Regelmäßige Einmalkatheterisierungen kommen insbesondere bei neurogenen Blasenentleerungsstörungen vor. Mit Abführmethoden sind Anwendungen von Klistier, Einlauf, digitale Ausräumung gemeint.

Wichtig: Die alleinige Gabe von Abführmitteln (Laxantien) ist unter 5.1 zu berücksichtigen.

5.11 **Therapiemaßnahmen in häuslicher Umgebung**

Eigenübungen aus einer Heilmitteltherapie, aufwendige therapeutische Maßnahmen zur Sekretelimination, Peritonealdialyse

Bei vielen Erkrankungen werden aus einer Heilmitteltherapie heraus Anweisungen zu einem häuslichen Eigenübungsprogramm gegeben, welches dauerhaft und regelmäßig durchgeführt werden soll. Hierzu zählen zum Beispiel krankengymnastische Übungen, Atemübungen oder logopädische Übungen sowie die Durchführung spezifischer Therapien nach Bobath oder Vojta.

Wichtig: Nicht gemeint sind hier die Therapien im Rahmen der Heilmittelverordnung durch Therapeuten im Hausbesuch sowie deren Unterstützung.

Des Weiteren sind aufwendige therapeutische Maßnahmen zur Sekretelimination (ausgenommen Absaugen) und die Durchführung ambulanter Peritonealdialyse (CAPD) zu nennen.

Aber: Prophylaktische Maßnahmen und aktivierende Pflege werden hier nicht berücksichtigt.

Einzelpunkte für die Kriterien der Ziffern 5.8 bis 5.11				
Maßnahme pro Tag	**keine oder seltener als 1x wöchentlich**	**1x bis mehrmals wöchentlich**	**1x bis unter 3x täglich**	**mindestens 3x täglich**
Einzelpunkte	0	1	2	3

Rechenbeispiel zur Ermittlung der Einzelpunkte:

Zur Bewältigung ärztlich angeordneter Maßnahmen ist personelle Unterstützung in folgendem Umfang erforderlich:

Versorgung mit Stoma 1x pro Woche

4

Therapiemaßnahmen in häuslicher Umgebung 3x pro Tag

Insgesamt pro Tag erforderlich: 1x pro Woche/7 + 3 = 0,1429 + 3 = 3,1429

Der Blick in die Bewertungstabelle oben zeigt, dass 3,1429 Maßnahmen pro Tag im Bewertungsbereich „mindestens dreimal täglich" liegen. Dafür gibt es 3 Einzelpunkte.

Kriterien-Block 3: Kriterien 5.12 bis 5.15

Auszug aus Anlage 1 zu § 15 SGB XI:

	Kriterium in Bezug auf	**entfällt oder selbständig**	**täglich**	**wöchentliche Häufigkeit multipliziert mit**	**monatliche Häufigkeit multipliziert mit**
5.12	Zeit- und technikintensive Maßnahmen in häuslicher Umgebung	0	60	8,6	2

	Kriterien	entfällt oder selbständig	wöchentliche Häufigkeit multipliziert mit	monatliche Häufigkeit multipliziert mit
5.13	Arztbesuche	0	4,3	1
5.14	Besuch anderer medizinischer oder therapeutischer Einrichtungen (bis zu drei Stunden)	0	4,3	1
5.15	Zeitlich ausgedehnte Besuche anderer medizinischer oder therapeutischer Einrichtungen (länger als drei Stunden)	0	8,6	2

Pflegefachliche Konkretisierung lt. BRi

5.12 **Zeit- und technikintensive Maßnahmen in häuslicher Umgebung**

Therapiemaßnahmen, die sowohl zeit- als auch technikintensiv durch geschulte Pflegepersonen durchgeführt werden

Gemeint sind hier spezielle Therapiemaßnahmen wie Hämodialyse oder Beatmung, die im häuslichen Umfeld durchgeführt werden können, wenn ständige Überwachung während der Maßnahme durch geschulte Pflegepersonen gewährleistet wird.

Ausschlaggebend ist, dass sowohl ein zeit- als auch ein technikintensiver Aufwand besteht.

Bei einer maschinellen invasiven Beatmung ist dies mit einmal täglich einzutragen. Die technische Messung von Vitalparametern ist unter dem Kriterium 5.6 zu berücksichtigen, auch wenn diese rund um die Uhr erfolgt.

5.13 **Arztbesuche**

Besuche bei niedergelassenen Ärzten zu diagnostischen oder therapeutischen Zwecken

Hierunter fallen regelmäßige Besuche bei der niedergelassenen Hausärztin bzw. beim niedergelassenen Hausarzt oder Fachärztin bzw. Facharzt zu diagnostischen oder therapeutischen Zwecken. Wenn eine

Unterstützung auf dem Weg zu oder bei Arztbesuchen erforderlich ist, ist diese in durchschnittlicher Häufigkeit zu erfassen.

Aber: Unterstützung beim Hausbesuch des Arztes im Wohnumfeld ist nicht zu berücksichtigen.

5.14 **Besuch anderer medizinischer oder therapeutischer Einrichtungen (bis zu drei Stunden)**

Besuche von Therapeuten, medizinischer oder anderer Einrichtungen des Gesundheitswesens (bis zu drei Stunden)

Hier ist das Aufsuchen anderer Therapeuten, z. B. Physiotherapeuten/Krankengymnasten, Ergotherapeuten, Logopäden, Psychotherapeuten, von Krankenhäusern zur ambulanten Behandlung oder Diagnostik oder anderer Einrichtungen des Gesundheitswesens zu berücksichtigen.

Sollte der Gesamtzeitaufwand bei der Nutzung dieser Einrichtungen einschließlich der Fahrtzeiten für die Pflegeperson mehr als drei Stunden umfassen, so ist dies unter dem Kriterium 5.15 zu berücksichtigen.

5.15 **Zeitlich ausgedehnte Besuche anderer medizinischer oder therapeutischer Einrichtungen (länger als drei Stunden)**

Besuche von Therapeuten, medizinischer oder anderer Einrichtungen des Gesundheitswesens (länger als drei Stunden)

Bei manchen Erkrankungen kann es notwendig sein, spezialisierte Einrichtungen aufzusuchen, wodurch erhebliche Fahrtzeiten anfallen können. Auch kann es erforderlich sein, sich zeitaufwändiger diagnostischer oder therapeutischer Maßnahmen zu unterziehen z. B. onkologische Behandlung oder Dialyse. Der dafür erforderliche Zeitaufwand für die Pflegeperson muss pro Termin mehr als drei Stunden betragen.

Sollte der Zeitaufwand bei der Nutzung dieser Einrichtungen (einschl. Fahrtzeiten) unter drei Stunden liegen, so ist dies unter Kriterium 5.13 oder 5.14 zu berücksichtigen.

Summe	Einzelpunkte
0 bis unter 4,3	0
4,3 bis unter 8,6	1
8,6 bis unter 12,9	2
12,9 bis unter 60	3
60 und mehr	6

Rechenbeispiel zur Ermittlung der Einzelpunkte:

Zur Bewältigung ärztlich angeordneter Maßnahmen ist personelle Unterstützung in folgendem Umfang erforderlich:

Arztbesuche 2x pro Monat

Zeitlich ausgedehnte Besuche anderer medizinischer und therapeutischer Einrichtungen (länger als drei Stunden) 3x pro Woche

Bemessungsgrundlage für die Einzelpunkte:

Arztbesuche 2x pro Monat x 1 + ausgedehnte Besuche therapeutischer Einrichtungen 3x pro Woche x 8,6

= 2 + 25,8

= 27,8

Der Blick in die Bewertungstabelle oben zeigt, dass 27,8 im Bewertungsbereich „12,9 bis unter 60" liegt. Dafür gibt es 3 Einzelpunkte.

Kriterien-Block 4: Kriterium 5.16

Auszug aus Anlage 1 zu § 15 SGB XI:

	Kriterium	**entfällt oder selbständig**	**überwiegend selbständig**	**überwiegend unselbständig**	**unselbständig**
5.16	Einhaltung einer Diät und anderer krankheits- oder therapiebedingter Verhaltensvorschriften	0	1	2	3

§

Pflegefachliche Konktretisierung lt. BRi

Fähigkeit, die Notwendigkeit einer Diät oder einer ärztlich angeordneten Vorschrift, die sich auf vitale Funktionen bezieht, einzusehen

In diesem Kriterium geht es um die Einsichtsfähigkeit der Person zur Einhaltung von ärztlich angeordneten Diäten sowie Vorschriften, die sich auf vitale Funktionen (insbesondere Atmung und Herzkreislauffunktion) beziehen.

Wichtig: Es geht nicht um die Vorbereitung oder Durchführung einer Verhaltensvorschrift oder Diät.

Ausschlaggebend für eine Wertung ist, ob die Person mental in der Lage ist, die Notwendigkeit zu erkennen und die Verhaltensvorschrift einzuhalten. Zu werten ist, wie häufig aufgrund des Nichtbeachtens ein direktes Eingreifen erforderlich ist, sofern dies nicht in anderen Modulen berücksichtigt wurde. Bei manchen Erkrankungen werden bestimmte Diäten oder Essvorschriften oder andere Verhaltensvorschriften von der Ärztin oder vom Arzt angeordnet. Dazu gehören auch die ärztlich angeordnete Nahrungs- und Flüssigkeitszufuhr, in der sowohl die Art und Menge der Lebensmittel wie auch die Art und der Zeitpunkt der Aufnahme aus therapeutischen Gründen geregelt sind, zum Beispiel bei Stoffwechselstörungen, Nahrungsmittelallergien, bei Essstörungen wie Anorexie oder Prader-Willi-Syndrom. Verhaltensvorschriften zur gesunden Lebensführung im Sinne von zum Beispiel einer ausgewogenen Ernährung und einer ausreichenden Flüssigkeitsmenge sowie die Vermeidung von Suchtmitteln sind hier nicht zu berücksichtigen. Andere Verhaltensvorschriften können sich zum Beispiel auf die Sicherstellung einer Langzeit-Sauerstoff-Therapie bei unruhigen Personen beziehen.

Diese Vorschriften sind im Einzelnen zu benennen. Im Weiteren sind der Grad der Selbständigkeit bei der Einhaltung dieser Vorschriften und der daraus resultierende Bedarf an personeller Unterstützung zu beurteilen. Nicht gemeint ist die selbstbestimmte Ablehnung von ärztlichen Vorschriften bei erhaltenen mentalen Funktionen.

Liegen keine Vorschriften vor, ist das Feld „entfällt, nicht erforderlich" anzukreuzen.

- **entfällt oder selbstständig – 0 Einzelpunkte**

  Die Person kann die Vorschriften selbständig einhalten. Das Bereitstellen einer Diät reicht aus.

- **überwiegend selbstständig – 1 Einzelpunkt**

  Die Person benötigt Erinnerung, Anleitung. In der Regel reicht das Bereitstellen der Diät nicht aus. Darüber hinausgehendes Eingreifen ist maximal einmal täglich erforderlich.

- **überwiegend unselbstständig – 2 Einzelpunkte**

  Die Person benötigt meistens Anleitung, Beaufsichtigung. Das Bereitstellen der Diät reicht nicht aus. Darüber hinausgehendes Eingreifen ist mehrmals täglich erforderlich.

- **unselbstständig – 3 Einzelpunkte**

  Die Person benötigt immer Anleitung, Beaufsichtigung. Das Bereitstellen der Diät reicht nicht aus. Darüber hinausgehendes Eingreifen ist (fast) durchgehend erforderlich.

Rechenbeispiel zur Ermittlung der Einzelpunkte:

In diesem Kriterien-Block gibt es nur ein Kriterium. Die Anzahl der Einzelpunkte lässt sich darum einfach ermitteln, indem der zutreffende Grad der Selbständigkeit gewählt wird. Bei „überwiegend unselbständig" ergeben sich z. B. 2 Einzelpunkte.

Gesamtergebnis aus den Rechenbeispielen:

Aus den Rechenbeispielen zu den einzelnen Kriterien-Blöcken ergibt sich folgendes Gesamtergebnis:

Kriterien-Block	Anzahl der ermittelten Einzelpunkte
5.1 bis 5.7	2
5.8 bis 5.11	3
5.12 bis 5.15	3
5.16	2
Gesamtergebnis:	**10 Einzelpunkte**

So fließen die in Modul 5 erreichten Punkte in den Pflegegrad ein

Im Modul 5 können maximal 20 der insgesamt maximal möglichen 100 gewichteten Punkte erreicht werden. Auch hier ordnen Sie einfach die Summe der im Modul 5 erreichten Einzelpunkte in der Anlage 2 des SGB XI einem Einzelpunktekorridor zu und lesen in der Zeile darunter ab, wie viele gewichtete Punkte sich für Modul 5 darauf ergeben. Wurden wie im obigen Beispiel insgesamt 10 Einzelpunkte erzielt, entspricht das 20 gewichteten Punkten für den Pflegegrad.

Punkte im Modul 5	**Schweregrad der Beeinträchtigungen der Selbständigkeit oder der Fähigkeiten**				
	0 keine	**1 geringe**	**2 erhebliche**	**3 schwere**	**4 schwerste**
Summe der Einzelpunkte	0	1	2–3	4–5	6–15
Gewichtete Punkte	**0**	**5**	**10**	**15**	**20**

Fallbeispiel: Herr Bodendecker

Herr Bodendecker muss 3x täglich Medikamente einnehmen. Da die Feinmotorik seiner rechten Hand gestört ist, richtet ihm seine Ehefrau 1x täglich die Medikamente. Sein behandelnder Arzt hat ihm 1x pro Woche Krankengymnastik sowie 1x alle 14 Tage Ergotherapie verordnet. Um zu den Therapeuten zu gelangen, ist er auf die Hilfe seiner Ehefrau angewiesen. Zudem soll er auf Anordnung seines Arztes täglich krankengymnastische Übungen zu Hause durchführen, um die Beweglichkeit des rechten Armes und Beins zu verbessern. Auch hierbei benötigt er die Unterstützung seiner Ehefrau.

Ergebnis: In die Bewertung fließen nur die ärztlich angeordneten Maßnahmen ein, die voraussichtlich für mindestens 6 Monate erforderlich sind. Dazu gehört nach Auffassung des Gutachters die Einnahme der als Dauermedikation verordneten Medikamente, die mit 1x pro Tag in die Bewertung eingeht. Auch die täglichen krankengymnastischen Übungen zu Hause zählt der Gutachter dazu. Nicht in die Bewertung gehen die außerhäusliche Krankengymnastik und die Ergotherapie ein, da diese nach Überzeugung des Gutachters nicht dauerhaft – also nicht für voraussichtlich mindestens sechs Monate – erforderlich sein werden.

Herr Bodendecker erhält in diesem Modul darum insgesamt **3 Einzelpunkte**. Das entspricht **10 Pflegegrad-Punkten**.

Mögliche Stolpersteine

Stolperstein 1: Richten der Medikamente

Der Gutachter wird danach fragen, ob der Antragsteller z. B. Tabletten selbst einnehmen kann, wenn eine andere Person ihm 1x täglich oder, wie es bei Leistungen der häuslichen Krankenpflege nach § 37 SGB V üblich ist, 1x wöchentlich die Medikamente richtet. Die Anzahl der erfassten Hilfestellungen würde dann entweder eine 1 bei „pro Tag" sein oder eine 1 bei „pro Woche".

Denken Sie beim Begutachtungstermin und in der Vorbereitung daran, mit dem Antragsteller und pflegenden Angehörigen auch bei der Medikation zu klären, was der Antragsteller selbständig übernehmen kann.

Stolperstein 2: Umrechnungsvorschriften Woche/Monat

Aus den BRi geht hervor, dass auch bei den in Modul 5 genannten Maßnahmen pro Zeile nur ein Eintrag vorgenommen werden soll. Das Prinzip, das wie bei den anderen Modulen jeweils nur ein Eintrag pro

Zeile möglich ist, sollte im Modul 5 nicht unterbrochen werden, bestätigte das Bundesgesundheitsministerium auf meine Nachfrage.

In den BRi führt das zu einer paradoxen und aus meiner Sicht mathematisch nicht korrekten Umwandlungsvorschrift, mit der pro Tag erforderliche Maßnahmen bei Bedarf in Maßnahmen pro Woche und pro Woche erforderliche Maßnahmen bei Bedarf in Maßnahmen pro Monat hochgerechnet werden. Am Ende verliert der Antragsteller durch die in der BRI vorgeschriebene Hochrechnung eventuell 5 wichtige Pflegegrad-Punkte. In der folgenden Tabelle sehen Sie, weshalb.

Beispiel:

Der Antragsteller erhält 3x pro Tag eine Insulininjektion s.c. durch eine Pflegekraft des Pflegedienstes. Zusätzlich erhält er 1x pro Monat eine Injektion i. m. mit Vitamin B12.

Vergleich der Einzelpunktberechnung nach der BRi-Vorgabe mit der Vorgabe lt. Gesetz (vgl. Anlage 1 zu § 15 SGB XI)

	Berechnung lt. BRi	**Berechnung lt. Gesetz**
Insulininjektion s.c.	3 x pro Tag wird hochgerechnet auf den Monat: 3 x 7 Tage x 4 Wochen = 84	3 x pro Tag bleibt unverändert
Injektion i.m. Vitamin B12	1 x pro Monat bleibt unverändert	1 x pro Monat
Eintrag bei pro Tag	kein Eintrag	3
Eintrag bei pro Monat	85 (84 + 1)	1
Ermittlung der in diesem Kriterien-Block pro Tag erforderlichen Maßnahmen	85 / 30	3 + 1/30
Ergebnis Einzelpunkte in diesem Kriterien-Block	2,8333 1 Einzelpunkt (mindestens einmal bis maximal dreimal täglich)	3,0333 2 Einzelpunkte (mehr als dreimal bis maximal achtmal täglich)

4

Es muss nicht sein, dass der Unterschied von einem Einzelpunkt zu einem anderen Pflegegrad führt. Es kann aber sein. Aus diesem Grund: Achten Sie bitte darauf, dass der Gutachter die tatsächlich erforderlichen Maßnahmen pro Tag erfasst und, soweit Maßnahmen pro Monat dazu kommen, diese zusätzlich durch 30 teilt, sowie Maßnahmen, die pro Woche dazu kommen, durch 7 teilt. Rechnen Sie damit, dass der Gutachter das mit der ihm zur Verfügung stehenden Software nicht kann; ich gehe davon aus, dass die aus meiner Sicht mathematisch falsche Rechnungsformel in dieser Software hinterlegt ist. Weisen Sie den Gutachter direkt beim Begutachtungstermin auf den Fehler hin und rechnen Sie ggf. die tatsächliche Anzahl der pro Tag erforderlichen Maßnahmen mit Zettel, Bleistift und Taschenrechner aus.

Stolperstein 3: Anlegen unterschiedlicher körpernaher Hilfsmittel

Zum gleichen Kriterien-Block wie die Medikation und die Injektion zählt auch das Anlegen von körpernahen Hilfsmitteln. Hier stellt sich ebenfalls die Frage, welche Unterstützung als Maßnahme bei pro Tag, pro Woche oder pro Monat erfasst wird.

Ich gehe davon aus, dass beim Anlegen von körpernahen Hilfsmitteln die Hilfestellung je unterschiedlichem Hilfsmittel erfasst wird. Erhält der Antragsteller z. B. morgens 1x Hilfe beim Anlegen eines Hörgeräts und 1x Hilfe beim Anziehen von Kompressionsstrümpfen, würde eine 2 bei pro Tag erfasst werden. Hingegen wird der Gutachter das morgendliche Anziehen der Kompressionsstrümpfe am rechten und am linken Bein nicht als 2 Maßnahmen pro Tag akzeptieren. Hier wird der Zeitverlauf zeigen (und natürlich auch die Rechtsprechung, die ich zu diesem Thema erwarte), was konkret zu erfassen ist.

Stolperstein 4: Arztbesuche in größeren Abständen

Denken Sie vor allem bei den in größeren Abständen (z. B. im Quartal oder Halbjahr) notwendigen Besuchen von Ärzten und Fachärzten daran, dass es um die Erfassung der durchschnittlich erforderlichen Arztbesuche pro Tag, Woche und Monat geht. Achten Sie deshalb darauf, dass Antragsteller hierzu nicht einfach 1x pro Quartal angeben und so eventuell Einzelpunkte einbüßen.

Rechnen Sie stattdessen einfach alle in einem Jahr erforderlichen Arztbesuche zusammen und teilen Sie diese durch 12. So erhalten Sie die durchschnittlich erforderliche Anzahl der Arztbesuche pro Monat.

Modul 6: Gestaltung des Alltagslebens und sozialer Kontakte

Die in diesem Modul enthaltenen Kriterien enthalten zentrale Aspekte der Gestaltung des Alltagslebens und sozialer Kontakte. Dazu gehört u. a. die zeitliche Strukturierung des Tages, die Einhaltung eines Schlaf-Wach-Rhythmus, das sinnvolle Ausfüllen von verfügbarer Zeit und die Pflege sozialer Beziehungen. Ebenso wie bei den Kriterien im Modul 2 „Kognitive und kommunikative Fähigkeiten" soll der Gutachter sich bei seiner Erhebung in diesem Modul an der konkreten Lebenswelt des Einzelnen orientieren. Darum sollen für diesen Bereich nur diejenigen Aktivitäten zugrunde gelegt werden, die bereits bisher zum Alltagsleben des Antragstellers gehören.

Wichtig: Die Orientierung an der bisherigen Lebenswelt ist zwar grundsätzlich zu begrüßen, weil es z. B. im Versorgungsplan darum geht, den Antragsteller bei Aktivitäten zu unterstützen, die zu seinem Alltag gehören. Allerdings haben die meisten Antragsteller zum Zeitpunkt der Begutachtung bereits ihre Aktivitäten ihrer abnehmenden Selbständigkeit angepasst. Defizite ihrer Selbständigkeit haben sie durch Weglassen der für sie problematischen Aktivitäten kompensiert und nicht – wie es der neue Pflegebedürftigkeitsbegriff vorsieht – durch Ausgleichen, indem sie sich die erforderliche Hilfe anderer Personen geholt haben. Achten Sie darum beim Begutachtungstermin darauf, dass die Einschätzung der folgenden Kriterien zu diesem Modul für die Aktivitäten vorgenommen wird, die zum Alltag des Antragstellers gehörten, als er noch vollkommen selbständig war.

Hier noch einige wichtige Prinzipien für die Bearbeitung dieses Moduls:

- Erfasst wird, ob und in welchem Maße der Antragsteller praktisch dazu in der Lage ist, sein gewohntes Alltagsleben selbständig zu gestalten und Kontakte mit nahestehenden Personen (z. B. Angehörigen, Nachbarn, Bekannten und Freunden) aufrechtzuerhalten sowie bei Bedarf neue Kontakte aufzubauen.
- Unerheblich ist hierbei, ob die Selbständigkeit aufgrund körperlicher oder kognitiver Beeinträchtigungen eingeschränkt ist.
- Maßgebend für den Grad der Selbständigkeit sind Umfang und Intensität von Hilfestellungen durch andere Personen.

Wie dem Auszug der Anlage 1 von § 15 SGB XI zu entnehmen ist, besteht das Modul 6 aus 6 Kriterien:

	Kriterien	**selbständig**	**überwiegend selbständig**	**überwiegend unselbständig**	**unselbständig**
6.1	Gestaltung des Tagesablaufs und Anpassung an Veränderungen	0	1	2	3
6.2	Ruhen und Schlafen	0	1	2	3
6.3	Sich beschäftigen	0	1	2	3
6.4	Vornehmen von in die Zukunft gerichteten Planungen	0	1	2	3
6.5	Interaktion mit Personen im direkten Kontakt	0	1	2	3
6.6	Kontaktpflege zu Personen außerhalb des direkten Umfelds	0	1	2	3

Gestaltung des Tagesablaufs und Anpassung an Veränderungen (Kriterium 6.1)

Pflegefachliche Konkretisierung lt. BRi

Den Tagesablauf nach individuellen Gewohnheiten und Vorlieben einteilen und bewusst gestalten und ggf. an äußere Veränderungen anpassen

Grundsätzlich geht es in diesem Kriterium um die planerische Fähigkeit und nicht um die praktische Umsetzung dieser geplanten Aktivitäten. Zu beurteilen ist, ob die Person von sich aus festlegen kann, ob und welche Aktivitäten sie im Laufe des Tages durchführen möchte, z. B. wann sie baden, essen oder zu Bett gehen oder ob und wann sie Fernsehen oder spazieren gehen möchte. Solche Festlegungen setzen voraus, dass die zeitliche Orientierung zumindest teilweise erhalten ist. Der Gutachter kann dies prüfen, indem er sich z. B. den bisherigen oder künftigen Tagesablauf schildern lässt.

- **selbständig – 0 Einzelpunkte**

  Die Person kann die beschriebene Aktivität ohne personelle Hilfe durchführen.

- **überwiegend selbständig – 1 Einzelpunkt**

  Die Routineabläufe können weitgehend selbständig gestaltet werden, bei ungewohnten Veränderungen ist Unterstützung notwendig.

  Es reichen z. B. Erinnerungshilfen an einzelne vereinbarte Termine.

  Abweichend davon ist als überwiegend selbständig auch eine Person zu bewerten, die zwar selbständig planen und entscheiden kann, deren Kommunikationsfähigkeit oder Sinneswahrnehmung aber so stark beeinträchtigt ist, dass sie Hilfe benötigt, um den geplanten Tagesablauf mit anderen Menschen abzustimmen. 4

- **überwiegend unselbständig – 2 Einzelpunkte**

  Die Person benötigt Hilfe beim Planen des Routinetagesablaufs. Sie ist aber in der Lage, Zustimmung oder Ablehnung zu Strukturierungsangeboten zu signalisieren. Sie kann eigene Planungen häufig nicht einhalten, da diese wieder vergessen werden. Deshalb ist über den ganzen Tag hinweg eine Erinnerung bzw. Aufforderung erforderlich.

  Abweichend davon ist als überwiegend unselbständig auch eine Person zu bewerten, die zwar selbst planen und entscheiden kann, die aber so stark beeinträchtigt ist, dass sie für jegliche Umsetzung der selbst geplanten Aktivitäten personelle Hilfe benötigt. Betroffen sein können vor allem Personen mit entsprechenden Beeinträchtigungen der Selbständigkeit in den Modulen 1 und 4.

- **unselbständig – 3 Einzelpunkte**

  Mitwirkung an der Planung der Tagesstruktur oder Orientierung an vorgegebenen Strukturen ist nicht oder nur minimal möglich.

Ruhen und Schlafen (Kriterium 6.2)

§

Pflegefachliche Konkretisierung lt. BRi

Nach individuellen Gewohnheiten einen Tag-Nacht-Rhythmus einhalten und für ausreichende Ruhe- und Schlafphasen sorgen

Dazu gehört die Fähigkeit, die Notwendigkeit von Ruhephasen zu erkennen, sich auszuruhen und mit Phasen der Schlaflosigkeit umzugehen, aber auch somatische Funktionen, um ins Bett zu kommen und die Ruhephasen insbesondere nachts einhalten zu können.

Aber: Nächtliche Maßnahmen, die die Bewältigung von und den selbständigen Umgang mit krankheits- oder therapiebedingten Anforderungen und Belastungen betreffen, werden nicht in diesem Kriterium bewertet, da sie nicht der Sorge für eine ausreichende Ruhe- und Schlafphase dienen.

- **selbständig – 0 Einzelpunkte**

  Die Person kann die beschriebene Aktivität ohne personelle Hilfe durchführen.

- **überwiegend selbständig – 1 Einzelpunkt**

  Die Person benötigt personelle Hilfe beim Aufstehen oder Zu-Bett-Gehen z. B. Transferhilfen oder zeitliche Orientierungshilfen beim Wecken oder Aufforderung schlafen zu gehen. Oder in der Regel wöchentlich, aber nicht täglich, entsteht nachts ein Hilfebedarf.

- **überwiegend unselbständig – 2 Einzelpunkte**

  Es treten regelmäßig (nahezu jede Nacht) Einschlafprobleme oder nächtliche Unruhe auf, die die Person größtenteils nicht allein bewältigen kann. Deshalb sind aufwendige Einschlafrituale oder beruhigende Ansprache in der Nacht erforderlich.

  Überwiegend unselbständig ist auch eine Person, die nahezu in jeder Nacht personeller Hilfe bedarf, um weiterschlafen zu können, z. B. bei Lagewechsel oder Toilettengängen in der Nacht.

- **unselbständig – 3 Einzelpunkte**

  Die Person verfügt über keinen oder einen gestörten Schlaf-Wach-Rhythmus. Dies gilt u. a. für mobile gerontopsychiatrisch erkrankte Personen und auch für Menschen, die keinerlei Aktivitäten ausüben (z. B. im Wachkoma) oder Personen, die regelmäßig mindestens dreimal in der Nacht personelle Unterstützung benötigen.

Sichbeschäftigen (Kriterium 6.3)

§

Pflegefachliche Konkretisierung lt. BRi

Die verfügbare Zeit nutzen, um Aktivitäten durchzuführen, die den eigenen Vorlieben und Interessen entsprechen

„Verfügbare Zeit" ist in diesem Zusammenhang definiert als Zeit, die nicht durch Notwendigkeiten wie Ruhen, Schlafen, Essen, Mahlzeitenzubereitung, Körperpflege, Arbeit etc. gebunden ist („freie" Zeit).

Bei der Beurteilung geht es vorrangig um die Fähigkeit nach individuellen kognitiven, manuellen, visuellen oder auditiven Fähigkeiten und Bedürfnissen, geeignete Aktivitäten der Freizeitbeschäftigung auszuwählen und auch praktisch durchzuführen, z. B. Handarbeiten, Bücher oder Zeitschriften lesen, Unterhaltungselektronik und Mobilgeräte nutzen.

Dies gilt auch für Personen, die Angebote auswählen und steuern können, aber aufgrund somatischer Einschränkungen für die praktische Durchführung personelle Unterstützung benötigen. Voraussetzung für die Beurteilung ist, dass die Umgebung an die Fähigkeiten der Person angepasst ist.

- **selbständig – 0 Einzelpunkte**

  Die Person kann die beschriebene Aktivität ohne personelle Hilfe durchführen.

- **überwiegend selbständig – 1 Einzelpunkt**

  Es ist nur in geringem Maße Hilfe erforderlich, z. B. Vorbereiten, unmittelbares Zurechtlegen und Richten von Gegenständen, zum Beispiel Utensilien wie Tageszeitung, Kopfhörer, o. ä. oder Erinnerung an gewohnte Aktivitäten, Motivation oder Unterstützung bei der Entscheidungsfindung (Vorschläge unterbreiten).

- **überwiegend unselbständig – 2 Einzelpunkte**

  Die Person kann sich an Beschäftigungen beteiligen, aber nur mit umfassender Anleitung, Begleitung oder motorischer Unterstützung.

- **unselbständig – 3 Einzelpunkte**

  Die Person kann an der Entscheidung oder Durchführung nicht nennenswert mitwirken. Sie zeigt keine Eigeninitiative, kann Anleitungen und Aufforderungen nicht kognitiv umsetzen, beteiligt sich nicht oder nur minimal an angebotenen Beschäftigungen. 4

Vornehmen von in die Zukunft gerichteten Planungen (Kriterium 6.4)

§ **Pflegefachliche Konkretisierung lt. BRi**

Längere Zeitabschnitte überschauend über den Tag hinaus planen

Dies kann beispielsweise anhand der Frage beurteilt werden, ob Vorstellungen oder Wünsche zu anstehenden Festlichkeiten wie Geburtstag oder Jahresfeste bestehen, ob die Zeitabläufe eingeschätzt werden können, z. B. vorgegebene Strukturen wie regelmäßige Termine nachvollzogen werden können oder ob die körperlichen Fähigkeiten vorhanden sind, um eigene Zukunftsplanungen mit anderen Menschen kommunizieren zu können.

Es ist auch zu berücksichtigen, wenn stark ausgeprägte psychische Problemlagen (z. B. Ängste) es verhindern, sich mit Fragen des zukünftigen Handelns auseinanderzusetzen.

- **selbständig – 0 Einzelpunkte**

  Die Person kann die beschriebene Aktivität ohne personelle Hilfe durchführen.

- **überwiegend selbständig – 1 Einzelpunkt**

  Die Person nimmt sich etwas vor, muss aber erinnert werden, dies auch durchzuführen. Als überwiegend selbständig ist auch eine Person zu bewerten, die zwar selbständig planen und entscheiden kann, deren Kommunikationsfähigkeit oder Sinneswahrnehmung aber stark beeinträchtigt ist und sie daher Hilfe benötigt, um den geplanten Ablauf mit den Personen des näheren Umfelds abzustimmen.

- **überwiegend unselbständig – 2 Einzelpunkte**

  Die Person plant von sich aus nicht, entscheidet aber mit Unterstützung durch andere Personen. Sie muss an die Umsetzung der eigenen Entscheidungen erinnert werden oder benötigt bei der Umsetzung emotionale oder körperliche Unterstützung.

  Abweichend davon ist als überwiegend unselbständig auch eine Person zu bewerten, die zwar selbst planen und entscheiden kann, die aber so stark somatisch beeinträchtigt ist, dass sie für jegliche Umsetzung der selbst geplanten Aktivitäten personelle Hilfe benötigt. Dies gilt nur für Personen, die in den Modulen 1 und 4 schwerste Beeinträchtigungen der Selbständigkeit aufweisen.

- **unselbständig – 3 Einzelpunkte**

  Die Person verfügt nicht über Zeitvorstellungen für Planungen über den Tag hinaus, auch bei Vorgabe von Auswahloptionen wird weder Zustimmung noch Ablehnung signalisiert.

Interaktion mit Personen im direkten Kontakt (Kriterium 6.5)

§

Pflegefachliche Konkretisierung lt. BRi

Im direkten Kontakt mit Angehörigen, Pflegepersonen, Mitbewohnern oder Besuchern umgehen, Kontakt aufnehmen, Personen ansprechen, auf Ansprache reagieren

- **selbständig – 0 Einzelpunkte**

  Die Person kann die beschriebene Aktivität ohne personelle Hilfe durchführen.

- **überwiegend selbständig – 1 Einzelpunkt**

  Im direkten Kontakt mit vertrauten Personen erfolgt die Interaktion selbständig. Bei Interaktion mit nicht vertrauten Personen ist Unterstützung erforderlich, z. B. an der Haustür.

  Auch eine punktuelle Unterstützung bei der Überwindung von Sprech-, Sprach- oder Hörproblemen ist hier zu werten.

- **überwiegend unselbständig – 2 Einzelpunkte**

  Die Person ergreift von sich aus kaum Initiative. Sie muss angesprochen oder aufwendig motiviert werden, reagiert dann aber verbal oder deutlich erkennbar durch andere Formen der Kommunikation (Blickkontakt, Mimik, Gestik). Überwiegend unselbständig ist auch eine Person, die auf umfassende Unterstützung bei der Überwindung von Sprech-, Sprach- oder Hörproblemen angewiesen ist.

- **unselbständig – 3 Einzelpunkte**

  Die Person reagiert nicht auf Ansprache. Auch nonverbale Kontaktversuche, z. B. Berührungen führen zu keiner nennenswerten Reaktion.

Kontaktpflege zu Personen außerhalb des direkten Umfelds (Kriterium 6.6)

§ **Pflegefachliche Konkretisierung lt. BRi**

Bestehende Kontakte zu Freunden, Bekannten, Nachbarn aufrechterhalten, beenden oder zeitweise ablehnen

Dazu gehört auch die Fähigkeit, mit technischen Kommunikationsmitteln wie Telefon umgehen zu können z. B. Besuche verabreden oder Telefon- oder Brief- oder Mail-Kontakte.

- **selbständig – 0 Einzelpunkte**

  Die Person kann die beschriebene Aktivität ohne personelle Hilfe durchführen.

- **überwiegend selbständig – 1 Einzelpunkt**

  Die Person kann planen, braucht aber Hilfe beim Umsetzen wie z. B. Erinnerungszettel bereitlegen oder Telefonnummern mit Namen oder mit Bild versehen, Erinnern und Nachfragen, ob Kontakt hergestellt wurde, oder Erinnern an Terminabsprachen. Pflegeperson wählt die Telefonnummer, die Person führt dann das Gespräch; oder die Person beauftragt die Pflegeperson, ein Treffen mit Freunden, Bekannten zu verabreden.

- **überwiegend unselbständig – 2 Einzelpunkte**

  Die Kontaktgestaltung der Person ist eher reaktiv. Sie sucht von sich aus kaum Kontakt, wirkt aber mit, wenn beispielsweise die Pflegeperson die Initiative ergreift. Überwiegend unselbständig ist auch, wer aufgrund von somatischen Beeinträchtigungen während der Kontaktaufnahme personelle Unterstützung durch die Bezugsperson, z. B. bei der Nutzung von Kommunikationshilfen (Telefon halten) oder bei der Überwindung von Sprech-, Sprach- oder Hörproblemen, benötigt.

- **unselbständig – 3 Einzelpunkte**

  Die Person nimmt keinen Kontakt außerhalb des direkten Umfeldes auf und reagiert nicht auf Anregungen zur Kontaktaufnahme.

4

So fließen die in Modul 6 erreichten Punkte in den Pflegegrad ein

Im Modul 6 können maximal 15 der insgesamt maximal 100 gewichteten Punkte für den Pflegegrad erreicht werden. Zählen Sie einfach die Einzelpunkte dieses Moduls zusammen und ordnen die Summe der Einzelpunkte in der Anlage 2 des SGB XI dem passenden Einzelpunktekorridor zu. In der Zeile darunter lesen Sie dann ab, wie viele gewichtete Punkte im Modul 6 erreicht wurden. Wurden z. B. 5 Einzelpunkte erreicht, ergeben sich daraus 7,5 gewichtete Punkte für die Berechnung des Pflegegrades.

Punkte im Modul 6	**Schweregrad der Beeinträchtigungen der Selbständigkeit oder der Fähigkeiten**				
	0 keine	**1 geringe**	**2 erhebliche**	**3 schwere**	**4 schwerste**
Summe der Einzelpunkte	0	1–3	4–6	7–11	12–18
Gewichtete Punkte	**0**	**3,75**	**7,5**	**11,25**	**15**

Fallbeispiel: Herr Bodendecker

Herr Bodendecker braucht die Unterstützung seiner Ehefrau beim Zubettgehen und Aufstehen.

Ergebnis: Die Unterstützung der Ehefrau beschränkt sich auf punktuelle Hilfen beim Ruhen und Schlafen.

Dafür erhält Herr Bodendecker in diesem Modul 6 **1 Einzelpunkt**. Dies entspricht **3,75 Pflegegrad-Punkten**.

Mögliche Stolpersteine

Stolperstein 1: Tagesform

Gute Zeiten, schlechte Zeiten: Wie im Modul 2 kann die Tagesform auch in diesem Modul eine große Rolle spielen. Eigentlich logisch, denn bei den hier zu beurteilenden Aktivitäten sind auch kognitive und kommunikative Fähigkeiten gefragt. Weisen Sie nach, dass der Unterstützungsbedarf tagesformabhängigen Schwankungen unterliegt. Am einfachsten geht das, indem für mindestens 14 Tage vor dem Begutachtungstermin die Unterstützungsleistungen mit Häufigkeit und Art dokumentiert wurden (z. B. in einem Pflegetagebuch).

Stolperstein 2: Unbewusste Hilfestellungen

Pflegende Angehörige bereiten Utensilien vor, z. B. für Bastelarbeiten und Handarbeiten, oder reichen Hilfsmittel ohne das bewusst als Hilfeleistungen zu registrieren. Fragen Sie anhand der pflegefachlichen Konkretisierungen gezielt nach, ob solcherart Hilfestellungen gegeben werden, ohne dass die Pflegeperson groß darüber nachdenkt.

Stolperstein 3: Schleichende Erhöhung des Bedarfs

Bei kognitiven Beeinträchtigungen erhöht sich der Bedarf zu erinnern und anzuleiten oft schleichend und über einen langen Zeitraum. Das kann dazu führen, dass pflegende Angehörige diese Unterstützung nicht mehr als solche wahrnehmen. Fragen Sie gezielt nach, ob und in welchem Umfang bei den Aktivitäten im Modul 6 erinnert bzw. angeleitet werden muss.

Gesamtergebnis für Herrn Bodendecker

Für jedes Modul wurde für Herrn Bodendecker eine gewichtete Gesamtzahl aus der Summe der Einzelpunkte ermittelt. Das Gesamtergebnis stellt sich wie folgt dar:

Modul	Gewichtete Punkte
1	7,5
2	0
3	0
4	20
5	10
6	3,75
Gesamt:	**41,25**

Mit der erreichten Punktzahl von 41,25 ist bei Herrn Bodendecker eine erhebliche Beeinträchtigung und damit Pflegegrad 2 festgestellt.

Modul 7 und Modul 8: Hauswirtschaft und außerhäusliche Aktivitäten

Neben den eben dargestellten Modulen 1 bis 6, die für die Pflegegradberechnung relevant sind, werden vom Gutachter weitere versorgungsrelevante Informationen eingeholt.

Bewertet wird für die Kriterien in diesen beiden Modulen lediglich, ob der Antragsteller diese selbständig bewältigen kann oder nicht selbständig. Konkretisiert wird das wie folgt:

- **selbständig**

  Die Person kann die Handlung beziehungsweise Aktivität in der Regel selbständig durchführen. Möglicherweise ist die Durchführung erschwert oder verlangsamt oder nur unter Nutzung von Hilfsmittel und Pflegehilfsmittel möglich. Entscheidend ist jedoch, dass die Person keine personelle Hilfe benötigt. Vorübergehende oder nur vereinzelt auftretende Beeinträchtigungen sind nicht zu berücksichtigen.

- **nicht selbständig**

  Die Person kann die Handlung beziehungsweise Aktivität in der Regel nur mit personeller Hilfe oder nicht durchführen. Das Ausmaß der personellen Hilfe ist unerheblich.

Modul 7: Außerhäusliche Aktivitäten

Wie gesagt, für die Beurteilung der Pflegebedürftigkeit bzw. die Ermittlung des Pflegegrades ist dieses Modul nicht relevant. Die Feststellungen in diesem Modul sind dennoch aus folgenden Gründen wichtig:

- Der festgestellte Unterstützungsbedarf ist eine gute Grundlage, um im Versorgungsplan z. B. Maßnahmen zur Teilhabe zu planen und deren Notwendigkeit gegenüber dem dafür zuständigen Kostenträger zu begründen.
- Ist ein Antragsteller bei Kriterien dieses Moduls auf die Hilfe anderer Personen angewiesen, kann diese Information auch zur Plausibilitätsprüfung der vom Gutachter getroffenen Bewertungen in den pflegegradrelevanten Modulen 1 bis 6 genutzt werden.

Anders als im Modul 1 „Mobilität", bei dem nur die körperlichen Fähigkeiten zur Fortbewegung bewertet werden, sind für die Beurteilung der Kriterien in Modul 7 sowohl die motorischen Fähigkeiten als auch die örtliche Orientierungsfähigkeit sowie die Orientierung innerhalb der Zeit und die damit verbundenen Sicherheitsaspekte zu berücksichtigen.

Wie in den Modulen 2 und 6 soll sich der Gutachter bei der Beurteilung der in diesem Modul genannten außerhäuslichen Aktivitäten an der bisherigen Lebenswelt des Einzelnen orientieren.

Wichtig: Die Orientierung an der bisherigen Lebenswelt ist zwar grundsätzlich zu begrüßen, weil es z. B. im Versorgungsplan darum geht, den Antragsteller bei Aktivitäten zu unterstützen, die zu seinem Alltag gehören. Allerdings haben die meisten Antragsteller zum Zeitpunkt der Begutachtung bereits ihre Aktivitäten – auch die außerhäuslichen – ihrer abnehmenden Selbständigkeit angepasst. Wie bereits an anderer Stelle geschrieben, haben sie so Defizite ihrer Selbständigkeit durch Weglassen kompensiert und nicht so wie es der neue Pflegebedürftigkeitsbegriff vorsieht, durch Ausgleichen. Achten Sie darum beim Begutachtungstermin darauf, dass die Einschätzung anhand der folgenden Kriterien für die Aktivitäten vorgenommen wird, die zum Alltag des Antragstellers gehörten, als er noch vollkommen selbständig war

Beurteilt werden folgende außerhäusliche Aktivitäten:

- **Fortbewegen im außerhäuslichen Bereich**

  Hier sind auch die örtliche Orientierungsfähigkeit sowie Sicherheitsaspekte zu berücksichtigen.

  Pflegefachlich konkretisiert sind diese Aktivitäten in den folgenden Kriterien 7.1 bis 7.4

Verlassen des Bereichs der Wohnung oder der Einrichtung (Kriterium 7.1)

Fähigkeit, den konkreten individuellen Wohnbereich verlassen zu können, also von den Wohnräumen bis vor das Haus gelangen zu können

Fortbewegen außerhalb der Wohnung oder Einrichtung (Kriterium 7.2)

Fähigkeit, sich in einem Bewegungsradius von ca. 500 Metern sicher und zielgerichtet zu bewegen: Gemeint ist der Umkreis, der von den meisten Menschen üblicherweise zu Fuß bewältigt wird (z. B. für kurze Spaziergänge an der frischen Luft oder um Nachbarn oder naheliegende Geschäfte aufzusuchen). Die Person kann dabei ein Hilfsmittel, z. B. einen Rollator, Rollstuhl oder sonstigen Gegenstand, z. B. einen Stock, benutzen.

Nutzung öffentlicher Verkehrsmittel im Nahverkehr (Kriterium 7.3)

Fähigkeit, in einen Bus oder eine Straßenbahn einzusteigen und an der richtigen Haltestelle wieder auszusteigen

Mitfahren in einem Kraftfahrzeug (Kriterium 7.4)

Fähigkeit, in einen Pkw ein- und auszusteigen und Selbständigkeit während der Fahrt

Die Beaufsichtigungsnotwendigkeit während der Fahrt aus Sicherheitsgründen ist zu berücksichtigen.

Teilnahme an Aktivitäten

Hier findet in den Kriterien 7.5 bis 7.7 eine Beurteilung ohne Berücksichtigung von Wegstrecken statt. Es ist nur die selbständige Teilnahme an außerhäuslichen Aktivitäten zu berücksichtigen.

Teilnahme an kulturellen, religiösen oder sportlichen Veranstaltungen (Kriterium 7.5)

Hier geht es um die Teilnahme an Veranstaltungen, bei denen in der Regel eine größere Anzahl an Personen versammelt ist, beispielsweise Veranstaltungen wie Theater, Konzert, Gottesdienst oder Sportveranstaltungen.

Zur Teilnahme gehört die Fähigkeit, sich über die Dauer der Veranstaltung selbständig in einer größeren Ansammlung von Menschen aufhalten zu können.

Besuch eines Arbeitsplatzes, einer Werkstatt für Menschen mit Behinderung oder einer Einrichtung der Tages- und Nachtpflege oder eines Tagesbetreuungsangebotes (Kriterium 7.6)

Hierbei geht es um Lebensbereiche, die der Bildung, Arbeit und Beschäftigung dienen.

Bei einigen dieser Aktivitäten übernehmen in der Regel andere Betreuungspersonen (in der Regel geschultes Personal) in den entsprechenden Einrichtungen beaufsichtigende und ggf. steuernde Funktionen.

Maßgeblich ist, ob zur Teilnahme während der Aktivität eine Begleitperson benötigt wird.

Teilnahme an sonstigen Aktivitäten mit anderen Menschen (Kriterium 7.7)

Damit sind soziale Aktivitäten außerhalb des engeren Familienkreises in kleineren Gruppen mit bekannten Personen gemeint. Hierunter fallen Besuche bei Freunden, Bekannten oder Verwandten sowie die Teilnahme an Sitzungen in Vereinen oder Selbsthilfegruppen.

Maßgeblich ist, ob zur Teilnahme während der Aktivität eine Begleitperson benötigt wird.

Praxis-Tipp:

Sofern der Antragsteller die Hilfe und Begleitung einer anderen Person benötigt, um niedergelassene Ärzte oder andere therapeutische Einrichtungen aufzusuchen, ist diese Unterstützung im Modul 5 zu erfassen. Sie fließt dadurch in den Pflegegrad ein.

Modul 8: Haushaltsführung

Bei der Beratung potenzieller Antragsteller und deren Angehöriger haben Sie sicher schon erlebt, dass diese enttäuscht sind, wenn sie erfahren, dass der Hilfebedarf im Zusammenhang mit der Bewältigung der Haushaltstätigkeiten nicht in den Pflegegrad einfließt.

Schließlich – so die Kritiker – zeige sich ein Hilfebedarf oft zuerst in der hauswirtschaftlichen Versorgung. Bei genauer Betrachtung frage ich mich allerdings: Ist das wirklich so?

Beispiele:

Ist ein Antragsteller, der nicht mehr dazu in der Lage ist, seine Wohnung zu verlassen, um einkaufen zu gehen, tatsächlich nur in der Aktivität „Einkaufen für das tägliche Leben“ eingeschränkt? Nein, natürlich nicht. Dieser Antragsteller wird wahrscheinlich im Modul 1 „Mobilität“ ebenfalls eine eingeschränkte Selbständigkeit aufweisen (z. B. bei den Aktivitäten „Fortbewegen innerhalb der Wohnumgebung“ und „Treppensteigen“).

Ist ein Antragsteller, der körperlich zwar dazu in der Lage ist, in den nächsten Supermarkt zu gehen, dort aber regelmäßig desorientiert die Regalreihen durchstreift und am Ende ohne den täglichen Bedarf eingekauft zu haben wieder nach Hause zurückkehrt, tatsächlich ausschließlich in der hauswirtschaftlichen Versorgung beeinträchtigt? Natürlich nicht. Dieser Antragsteller wird bei einigen der in Modul 2 zu erfassenden Kriterien Einschränkungen der kognitiven Fähigkeiten aufweisen und damit natürlich auch eine eingeschränkte Selbständigkeit bei den in den Modulen 4 bis 6 erfassten Aktivitäten.

Ist ein Antragsteller, der in diesem Modul 8 eine eingeschränkte Selbständigkeit dabei hat, Lebensmittel aus Gefäßen (z. B. Dosen, Büchsen, Flaschen) zu entnehmen, ausschließlich in der hauswirtschaftlichen Versorgung eingeschränkt? Nein, natürlich nicht! Kann dieser Antragsteller etwa aufgrund fehlender Kraft in den Fingern oder einer eingeschränkten Feinmotorik die Lebensmittel nicht aus den Gefäßen entnehmen, wird er mit großer Wahrscheinlichkeit auch Probleme in den pflegegradrelevanten Modulen 1 bis 6 haben, z. B. im Modul 5 bei der Entnahme von Tabletten aus der Verpackung.

Praxis-Tipp:

Wie Sie an den drei Beispielen gesehen haben, lassen sich aus dem Unterstützungsbedarf in diesem Modul unmittelbare Rückschlüsse für die in den pflegegradrelevanten Modulen 1 bis 6 zu bewertenden Kriterien ziehen. Nutzen Sie darum die Feststellungen des Gutachters in diesem Modul, um nicht plausiblen Bewertungen der Selbständigkeit und der Fähigkeiten in den Modulen 1 bis 6 auf die Spur zu kommen.

Zudem können die Angaben des Antragstellers zu den Kriterien in diesem Modul wertvolle Hinweise geben, die Ihnen dabei helfen, die Selbständigkeit des Antragstellers auch in den Modulen 1 bis 6 einzuschätzen. Nach meiner Erfahrung fällt es Antragstellern nämlich wesentlich leichter, einen Unterstützungsbedarf bei hauswirtschaftlichen Aktivitäten zuzugeben als bei körperbezogenen Pflegemaßnahmen.

Dieses Modul umfasst sowohl hauswirtschaftliche Tätigkeiten als auch die Fähigkeit, im Bedarfsfall Dienstleistungsangebote nutzen zu können. Ist die Selbständigkeit in diesen Bereichen beeinträchtigt, geht es allerdings nicht in erster Linie um pflegerische Unterstützung, sondern um hauswirtschaftliche oder soziale Hilfen.

Für den Antragsteller handelt es sich dabei gleichwohl um elementare Aspekte seines Alltagslebens. Von seinen Fähigkeiten zur selbständigen Haushaltsführung hängt schließlich in hohem Maße ab, ob er weiterhin in seinen eigenen vier Wänden leben kann.

Zu bewerten ist bei jedem Kriterium, ob die untersuchte Person die jeweilige Aktivität praktisch durchführen kann. Dabei ist es unerheblich, ob die Beeinträchtigungen der Selbständigkeit aufgrund von Schädigungen somatischer oder mentaler Funktionen bestehen.

Einkaufen für den täglichen Bedarf (Kriterium 8.1)

Einkäufe für den täglichen Bedarf (z. B. Lebensmittel, Hygieneartikel, Zeitung) tätigen

Zubereitung einfacher Mahlzeiten (Kriterium 8.2)

Vorbereitete Speisen erwärmen, je nach individuellen Gegebenheiten auf dem Herd, im Backofen oder in der Mikrowelle oder einfache Mahlzeiten zubereiten

Dies umfasst die Zubereitung eines Heißgetränkes oder kleiner Speisen wie z. B. eines Spiegeleies. Ebenso sind das Entnehmen der Speisen aus Aufbewahrungsort und -behältnis sowie das Belegen von Brotscheiben oder Brötchen, Öffnen von Konserven zu berücksichtigen.

Einfache Aufräum- und Reinigungsarbeiten (Kriterium 8.3)

Einfache und körperlich leichte Haushaltstätigkeiten ausführen; darunter fallen z. B. Tisch decken, abräumen, spülen, Spülmaschine nutzen, Wäsche falten, Staub wischen.

Aufwändige Aufräum- und Reinigungsarbeiten einschließlich Wäschepflege (Kriterium 8.4)

Aufwändige und körperlich schwere Haushaltstätigkeiten ausführen; darunter fallen z. B. Böden wischen, Staubsaugen, Fenster putzen, Wäsche waschen, Bett beziehen.

Nutzung von Dienstleistungen (Kriterium 8.5)

Pflegerische oder haushaltsnahe Dienstleistungen organisieren und steuern; darunter fallen z. B. Pflegedienst, Haushaltshilfen, Essen auf Rädern, Wäscherei, Handwerker, Friseur oder Fußpflege.

Umgang mit finanziellen Angelegenheiten (Kriterium 8.6)

Alltägliche finanzielle Angelegenheiten erledigen

Darunter fallen z. B. Führen eines Girokontos, Überweisungen vornehmen oder entscheiden, ob genügend Bargeld im Hause ist, eine Rechnung bezahlt werden muss und ggf. die dazu notwendigen Schritte einzuleiten oder durchzuführen.

Umgang mit Behördenangelegenheiten (Kriterium 8.7)

Umgang mit staatlichen und kommunalen Behörden sowie Sozialversicherungsträgern

Darunter fallen z. B. die Entscheidung, ob ein Antrag gestellt oder ein Behördenbrief beantwortet werden muss, und ggf. die dazu notwendigen Schritte einzuleiten oder durchzuführen.

Praxis-Tipp:

Bei den Stolpersteinen im Modul 4 (S. 116) haben Sie erfahren, dass Antragsteller bei den Kriterien „An- und Auskleiden des Oberkörpers" sowie „An- und Auskleiden des Unterkörpers" als selbständig bewertet werden, wenn sie bereitliegende Kleidungsstücke anziehen können. Der Blick in die oben stehenden Kriterien des Moduls 8 zeigt, dass dieses Modul keine Antwort auf die Frage gibt, wer die Kleidungsstücke bereitlegt. Das bestätigt meine Empfehlung zu Modul 4, das Bereitlegen von Kleidungsstücken als Bereitlegen von Utensilien zu werten, das in der Regel zur Einschätzung „überwiegend selbständig" führt und dem Antragsteller somit je Kriterium mindestens 1 zusätzlichen Einzelpunkt bringt.

Fallbeispiele mit Pflegegradberechnung

5

Vorbemerkung

In den folgenden Fallbeispielen können Sie sehen, welche Ergebnisse bei einer Begutachtung mithilfe des NBI zu erwarten sind. Obwohl die Namen und Umstände in den Fallbeispielen frei erfunden sind, erkennen Sie sicher die eine oder andere Fallkonstellation aus Ihrer eigenen Tätigkeit.

Anhand des ersten Fallbeispiels erfahren Sie zudem, welche Diskussionen sich im Begutachtungsverfahren ergeben können.

Die Fallbeispiele erheben keinen Anspruch darauf, dass alle denkbaren Facetten dieser Einzelfälle hundertprozentig bei der Bewertung berücksichtigt wurden. Vielmehr sollen sie zum Nachdenken, zum Diskutieren und zum Bessermachen einladen.

Fallbeispiel 1: Frau Pommerenke

75 Jahre alt, 152 cm groß, Gewicht 48 kg

Ausgangslage und Begutachtungstermin

Anamnese: Zustand nach Oberschenkelhalsbruch (konservativ behandelt) mit dauerhaften Bewegungseinschränkungen im Bereich des rechten Hüftgelenks

Situation aus Sicht von Frau Pommerenke

Frau Pommerenke schildert kurz ihr Leben vor dem Oberschenkelhalsbruch. Mit ihrem Ehemann hat sie keine Karnevalssaison im Verein verpasst. Immer aktiv, fröhlich, voller guter Ideen und ein wenig überdreht, so kennen und lieben sie ihre Verwandten und Freunde. Immer auf dem Sprung war es eigentlich keine Überraschung, dass sie beim Treppenputzen zu rasch die noch wischnassen Stufen hinauf wollte, ausrutschte und stürzte. Dabei zog sie sich einen Oberschenkelhalsbruch zu. Dieser sei konservativ behandelt worden (ohne OP). Direkt danach sei Frau Pommerenke bei der Anschlussheilbehandlung gewesen. Leider ist das rechte Hüftgelenk dennoch dauerhaft in seiner Bewegung eingeschränkt. Frau Pommerenke benötigt darum vor allem Unterstützung bei den Tätigkeiten, bei denen sie sich nach vorn beugen und bis zu den Füßen reichen müsste, was sie aber nicht kann. Dazu gehören z. B. das An- und Ausziehen des Unterkörpers sowie die Körperpflege im Bereich der Füße. Innerhalb der Wohnung hat ihr Ehemann Haltegriffe angebracht und ihr einen Rollator gekauft. So kann sie sich in der Wohnung selbstständig fortbewegen. Die Unterstützung ihres Ehemannes beschränkt sich hier auf das Bereitstellen des Rollators, das Reichen seiner Hand beim Aufstehen und Hinsetzen sowie das Stützen beim Überwinden der Treppe im Hausflur. Außerdem begleitet ihr Ehemann sie 1x monatlich zum Arzt sowie 1x pro Woche zur Krankengymnastik und führt mit ihr 1x täglich die ärztlich angeordneten krankengymnastischen Übungen durch.

Befunde des Gutachters

Frau Pommerenke sitzt im Wohnzimmer am Esstisch. Sie ist gepflegt und hat Tageskleidung an. Sie begrüßt den Gutachter und ist hinsichtlich der Zeit und des Ortes uneingeschränkt orientiert. Frau Pommerenke kann die Begutachtungssituation vollständig einordnen.

Die obereren Extremitäten weisen keine Beeinträchtigungen auf. Die Hände sind frei beweglich und weisen ausreichend Kraft auf. Die Feinmotorik ist nicht eingeschränkt.

Das rechte Hüftgelenk ist nur eingeschränkt beweglich. Frau Pommerenke kann das rechte Bein darum nur wenig vom Boden heben. Nach vorn beugen kann sich Frau Pommerenke im Stehen nur geringfügig. Im Sitzen kann sie sich so weit nach vorn beugen, dass sie mit den Händen die Waden erreicht. Sofern keine Haltegriffe bzw. andere Gegenstände zum Festhalten vorhanden sind, benötigt sie beim Aufstehen und Hinsetzen personelle Unterstützung in Form von Reichen der Hand. Beim Treppensteigen muss Frau Pommerenke gestützt werden. Mittels Rollator kann sie sich selbständig in der Wohnung fortbewegen. Der Rollator wird jeweils von ihrem Ehemann bereit gestellt.

Frau Pommerenke muss 1x pro Monat zum Arztbesuch begleitet werden und 2x pro Woche zur Krankengymnastik. 1x pro Tag unterstützt der Ehemann sie bei den ärztlich angeordneten krankengymnastischen Übungen.

Auswertung der pflegegradrelevanten Module 1 bis 6

Modul 1: Mobilität

Kriterien	selbständig	überwiegend selbständig	überwiegend unselbständig	unselbständig
Positionswechsel im Bett	x			
Halten einer stabilen Sitzposition	x			
Umsetzen		x		
Fortbewegen innerhalb des Wohnbereichs		x		
Treppensteigen			x	

5

Auswertung:

Summe der Einzelpunkte: 4

Pflegegrad-Punkte: 5

Begründung:

Unterstützungsbedarf besteht beim Umsetzen. Hier braucht Frau Pommerenke die gereichte Hand ihres Ehemannes, um aufzustehen und sich zu setzen. Ferner muss ihr Ehemann ihr den Rollator zurecht stellen, damit sie sich in ihrer Wohnung fortbewegen kann. Zudem muss ihr Ehemann sie beim Treppensteigen stützen und halten, Begleitung aus Sicherheitsgründen reicht nicht aus.

Modul 2: kognitive und kommunikative Fähigkeiten und Modul 3: Verhaltensweisen und psychische Problemlagen

Auswertung:

Jeweils 0 Einzelpunkte / 0 Pflegegrad-Punkte

Begründung:

Die kognitiven und kommunikativen Fähigkeiten Frau Pommerenkes sind uneingeschränkt vorhanden. Sie zeigt keine Verhaltensauffälligkeiten oder psychische Problemlagen.

Modul 4: Selbstversorgung

Kriterien	selbständig	überwiegend selbständig	überwiegend unselbständig	unselbständig
Waschen des vorderen Oberkörpers	x			
Körperpflege im Bereich des Kopfes (Kämmen, Zahnpflege/ Prothesenreinigung, Rasieren)	x			
Waschen des Intimbereichs	x			
Duschen und Baden einschließlich Waschen der Haare		x		
An- und Auskleiden des Oberkörpers	x			
An- und Auskleiden des Unterkörpers			x	
Mundgerechtes Zubereiten der Nahrung und Eingießen von Getränken	x			
Essen	x			
Trinken	x			
Benutzen einer Toilette oder eines Toilettenstuhls		x		

5

Kriterien	selbständig	überwiegend selbständig	überwiegend unselbständig	unselbständig
Bewältigen der Folgen einer Harninkontinenz und Umgang mit Dauerkatheter und Urostoma				
Bewältigen der Folgen einer Stuhlinkontinenz und Umgang mit Stoma				

Kriterium	entfällt	teilweise	vollständig
Ernährung parenteral oder über Sonde	x		

Auswertung:

Summe der Einzelpunkte: 5

Pflegegrad-Punkte: 10

Begründung:

Frau Pommerenke kann im Sitzen selbständig duschen. Die Unterstützung durch ihren Ehemann beschränkt sich dabei auf wenige Handgriffe, z. B. das Vorbereiten der Dusche (Bereitstellen des Duschhockers, Zurechtlegen der Utensilien in Griffhöhe, Reichen des Handtuchs nach dem Duschvorgang), Hilfe beim Hineinsteigen und Setzen bzw. Aufstehen und Hinaussteigen sowie das Waschen und Abtrocknen der Füße. Darüber hinaus unterstützt der Ehemann beim An- und Auskleiden des Unterkörpers, z. B. Socken, Hose, Rock, Strumpfhose bis Wadenhöhe anziehen, Schuhe anziehen und ggf. Schnürsenkel binden bzw. Klettverschlüsse schließen. Beim Toilettengang hilft der Ehemann beim Hinsetzen und Aufstehen und unterstützt gelegentlich beim Hochziehen von Kleidungsstücken, wenn diese unterhalb der Wade gerutscht sind.

Modul 5: Umgang mit und selbständige Bewältigung von krankheits- und therapiebedingten Anforderungen und Belastungen

Kriterienblock 1

Medikation: selbständig

Injektionen (subcutan und intramuskulär), Versorgung intravenöser Zugänge (Port), Absaugen und Sauerstoffgabe, Einreibungen oder Kälte- und Wärmeanwendungen, Messung und Deutung von Körperzuständen, Körpernahe Hilfsmittel: entfällt

Einzelpunkte Kriterienblock 1: 0

Kriterienblock 2

Kriterien in Bezug auf	entfällt	selbständig	Anzahl pro Maßnahme		
			pro Tag	pro Woche	pro Monat
Verbandswechsel und Wundversorgung	x				
Versorgung mit Stoma	x				
Regelmäßige Einmalkatheterisierung und Nutzung von Abführmethoden	x				
Therapiemaßnahmen in der häuslichen Umgebung			1		

Ergebnis Kriterienblock 2: 2 Einzelpunkte

5

Kriterienblock 3

Kriterien	entfällt	selbständig	Anzahl pro Maßnahme		
			pro Tag	pro Woche	pro Monat
Zeit- und technikintensive Maßnahmen in häuslicher Umgebung	x				

Kriterium	entfällt	selbständig	Anzahl pro Woche	Anzahl pro Monat
Arztbesuche				1
Besuch anderer medizinischer oder therapeutischer Einrichtungen (bis zu drei Stunden)			2	
Zeitlich ausgedehnte Besuche anderer medizinischer und therapeutischer Einrichtungen (länger als drei Stunden)				

Ergebnis Kriterienblock 3: 2 Einzelpunkte

Kriterienblock 4

Einhaltung einer Diät und anderer krankheits- oder therapiebedingter Verhaltensvorschriften: entfällt

Ergebnis Kriterienblock 4: 0 Einzelpunkte

Auswertung:
Summe der Einzelpunkte: 4
Pflegegrad-Punkte: 15

Begründung:

Frau Pommerenke muss von ihrem Ehemann 2x pro Woche zur Krankengymnastik und 1x pro Monat zum Arzt begleitet werden. Zudem kann sie die vom Arzt angeordneten krankengymnastischen Übungen zu Hause nur mit Unterstützung ihres Ehemannes 1x pro Tag durchzuführen.

Modul 6: Gestaltung des Alltagslebens und sozialer Kontakte

Kriterien	**selbständig**	**überwiegend selbständig**	**überwiegend unselbständig**	**unselbständig**
Gestaltung des Tagesablaufs und Anpassen an Veränderungen	x			
Ruhen und Schlafen		x		
Sichbeschäftigen	x			
Vornehmen von in die Zukunft gerichteten Planungen	x			
Interaktion mit Personen im direkten Kontakt	x			
Kontaktpflege zu Personen außerhalb des direkten Umfelds	x			

Auswertung:

Summe der Einzelpunkte: 1

Pflegegrad-Punkte: 3,75

Begründung:

Beim Schlafen und Ruhen unterstützt der Ehemann Frau Pommerenke beim Aufstehen und Hinlegen.

Einstufungsergebnis

Pflegegrad aufgrund der erreichten Punktzahl
Gewichtete Punkte gesamt: 33,75 Pflegegrad-Punkte
Empfohlene Einstufung: Pflegegrad 2

Bedeutung der Hilfsmittel in diesem Fall

Frau Pommerenke hatte bereits vor ihrem Antrag auf Leistungen der Pflegeversicherung ihr Wohnumfeld hinsichtlich ihrer Mobilitätseinschränkungen verbessert (Haltegriffe; Lichtschalter, die auf akkustisches Signal reagieren). Außerdem hatte sie sich bereits einen Rollator gekauft. Wirkt sich das auf den Pflegegrad aus? In diesem Fall lautet die Antwort: Ja.

Sehen Sie sich dazu den Hilfebedarf an, der **ohne diese Hilfsmittel** vorhanden wäre:

Modul 1: 10 Einzelpunkte = 10 Pflegegrad-Punkte

Der Ehemann müsste bei allen Aktivitäten Frau Pommerenke durch Stützen, Heben und Ziehen unterstützen.

Module 2 und 3: 0 Einzelpunkte = 0 Pflegegrad-Punkte (unverändert)

Modul 4: 14 Einzelpunkte = 20 Pflegegrad-Punkte

Dadurch, dass Frau Pommerenke nichts hat, um sich festzuhalten, bleibt ihr dafür nur ihr Ehemann. Das beeinträchtigt ihre Selbständigkeit sowohl bei der Körperpflege als auch beim An- und Ausziehen vor allem des Unterkörpers sowie beim Toilettengang erheblich.

Modul 5: 4 Einzelpunkte = 15 Pflegegrad-Punkte (unverändert)

Modul 6: 5 Einzelpunkte = 7,5 Pflegegrad-Punkte

Aufgrund ihrer Mobilitätseinschränkung braucht Frau Pommerenke die Unterstützung ihres Ehemannes beim Ruhen und Schlafen. Zudem muss er ihr die erforderlichen Utensilien bereits stellen, legen, die sie benötigt, um ihren Tagesablauf zu gestalten, sich zu beschäftigen und mit Personen innerhalb und außerhalb des direkten Umfelds Kontakte zu pflegen bzw. aufzubauen.

Pflegegrad-Punkte gesamt: 52,5

Empfohlener Pflegegrad: Pflegegrad 3

Fallbeispiel 2: Frau Briske

86 Jahre alt, 158 cm groß, Gewicht 57 kg

Ausgangslage und Begutachtungstermin

Anamnese: fortgeschrittene Demenz, Immobilität, Harninkontinenz, teilweise Stuhlinkontinenz, momentan Pflegegrad 4

Situation aus Sicht der Pflegefachkraft des Pflegeheimes

Aufgrund der fortgeschrittenen Demenz kann Frau Briske Fragen zu ihrer Situation weder verstehen noch beantworten. Die Pflegefachkraft des Pflegeheimes gibt deshalb Auskunft. Frau Briske lebe seit 3 Monaten im Pflegeheim. Die Versorgung zu Hause sei aufgrund ihrer fortschreitenden Demenz für den bereits 91-jährigen Ehemann nicht mehr möglich gewesen. Frau Briske sei weder zeitlich noch örtlich dazu in der Lage, sich zu orientieren. Eine Kommunikation sei mit ihr nicht möglich, weder verbal noch nonverbal. Hinzu komme, dass sie inzwischen komplett immobil sei. Innerhalb und außerhalb der Einrichtung werde sie im Rollstuhl geschoben. Die Körperpflege sowie das An- und Auskleiden und der Wechsel der Inkontinenzvorlagen müsse komplett von Pflegekräften übernommen werden, da Frau Briske den Sinn der Utensilien nicht erkennt und selbst die erforderlichen Handlungen weder beginnen noch zielgerichtet bewältigen könne. Die Übernahme der Tätigkeiten werde zudem dadurch erschwert, dass Frau Briske nicht kooperiere. Im Gegenteil, sie fühle sich von den Pflegekräften häufig bedroht und reagiere durch Schreien und/oder Anspucken, Kratzen und Treten abwehrend, wenn sich die Pflegekräfte nähern oder sie berühren (3 bis 4x pro Woche). Beim Umsetzen könne sie für kurze Zeit stehen. Die Nahrung muss mundgerecht zubereitet und angereicht werden. Getränke werden eingegossen und ebenfalls angereicht. Von sich aus äußert Frau Briske keine Grundbedürfnisse (z. B. Hunger, Durst). 2x wöchentlich führt der hauseigene Physiotherapeut Übungen mit Frau Briske durch. Frau Briske erhält abends 2 Medikamente und morgens und mittags jeweils 1 Medikament. Diese werden von den Pflegefachkräften der Einrichtung gestellt und verabreicht.

Befunde des Gutachters

Frau Briske hat Tageskleidung an. Sie wirkt gepflegt. Ihr Allgemeinzustand und ihr Ernährungszustand sind beeinträchtigt. Die Begutachtungssituation kann sie nicht einordnen und auf Fragen nicht antworten. Frau Briske reagiert auf die Ansprache des Gutachters mit Blickkontakt. Bei Berührung reagiert sie abwehrend. Pflegepersonen werden nicht erkannt. Der Oberkörper ist einschließlich der Arme frei beweglich. Die Rumpfkontrolle ist jedoch eingeschränkt. Bewegungen, die zuvor demonstriert werden, ahmt Frau Briske nicht nach. Auf Aufforderungen, wie z. B. aus dem bereit gestellten Glas zu trinken, reagiert sie nicht. Die Nahrung muss Löffel für Löffel angereicht werden, dabei ist für jeden Schluckvorgang Anleitung und Motivation notwendig. Frau Briske kann beim Umsetzen nur kurzzeitig stehen. Während der Begutachtung sackt sie mehrfach im Rollstuhl in sich zusammen und muss wieder in eine stabile Sitzposition gerückt werden.

Auswertung der pflegegradrelevanten Module 1 bis 6

Modul 1: Mobilität

Kriterien	selbständig	überwiegend selbständig	überwiegend unselbständig	unselbständig
Positionswechsel im Bett				x
Halten einer stabilen Sitzposition			x	
Umsetzen			x	
Fortbewegen innerhalb des Wohnbereichs				x
Treppensteigen				x

Auswertung:

Summe der Einzelpunkte: 13

Pflegegrad-Punkte: 10

Begründung:

Frau Briske hat eine eingeschränkte Rumpfkontrolle. Sie kann nur für kurze Zeit die Sitzposition halten, benötigt dafür aber Korrekturen. Beim Umsetzen kann sie für kurze Zeit stehen. Ansonsten ist Frau Briske bei den in diesem Modul erfassten Aktivitäten komplett unselbständig.

Modul 2: kognitive und kommunikative Fähigkeiten

Kriterien	Fähigkeit vorhanden/ unbeeinträchtigt	Fähigkeit größtenteils vorhanden	Fähigkeit in geringem Maße vorhanden	Fähigkeit nicht vorhanden
Erkennen von Personen aus dem näheren Umfeld				x
Örtliche Orientierung				x
Zeitliche Orientierung				x
Erinnern an wesentliche Ereignisse oder Beobachtungen				x
Steuern von mehrschrittigen Alltagshandlungen				x
Treffen von Entscheidungen im Alltagsleben				x
Verstehen von Sachverhalten und Informationen				x
Erkennen von Risiken und Gefahren				x
Mitteilen von elementaren Bedürfnissen				x
Verstehen von Aufforderungen				x
Beteiligen an einem Gespräch				x

Auswertung:

Summe der Einzelpunkte: 33

Pflegegrad-Punkte: 15

5

Begründung:

Frau Briske weist in diesem Modul keine Fähigkeiten auf. Ressourcen sind nicht vorhanden.

Modul 3: Verhaltensweisen und psychische Problemlagen

Kriterien	nie oder sehr selten	selten (1- bis 3x innerhalb von 2 Wochen)	häufig (2x bis mehrmals wöchentlich aber nicht täglich)	täglich
Motorisch geprägte Verhaltensauffälligkeiten	x			
Nächtliche Unruhe	x			
Selbstschädigendes und autoaggressives Verhalten	x			
Beschädigen von Gegenständen	x			
Physisch aggressives Verhalten gegenüber anderen Personen			x	
Verbale Aggression	x			
Andere pflegerelevante vokale Auffälligkeiten	x			
Abwehr pflegerischer und anderer unterstützender Maßnahmen	x			
Wahnvorstellungen	x			
Ängste	x			
Antriebslosigkeit bei depressiver Stimmungslage	x			

5

Kriterien	nie oder sehr selten	selten (1- bis 3x innerhalb von 2 Wochen)	häufig (2x bis mehrmals wöchentlich aber nicht täglich)	täglich
Sozial inadäquate Verhaltensweisen	x			
Sonstige pflegerelevante inadäquate Handlungen	x			

Auswertung:

Summe der Einzelpunkte: 3

Pflegegrad-Punkte: 3,75

Begründung:

Frau Briske wehrt häufig pflegerische Maßnahmen und Hilfestellungen ab (3 bis 4x wöchentlich). Da sowohl die körperliche Aggression als auch die vokalen Auffälligkeiten damit unmittelbar in Verbindung stehen, werden diese nicht gesondert erfasst.

Modul 4: Selbstversorgung

Kriterien	selbständig	überwiegend selbständig	überwiegend unselbständig	unselbständig
Waschen des vorderen Oberkörpers				x
Körperpflege im Bereich des Kopfes (Kämmen, Zahnpflege/ Prothesenreinigung, Rasieren)				x

Kriterien	selbständig	überwiegend selbständig	überwiegend unselbständig	unselbständig
Waschen des Intimbereichs				x
Duschen und Baden einschließlich Waschen der Haare				x
An- und Auskleiden des Oberkörpers				x
An- und Auskleiden des Unterkörpers				x
Mundgerechtes Zubereiten der Nahrung und Eingießen von Getränken				x
Essen				x
Trinken				x
Benutzen einer Toilette oder eines Toilettenstuhls				x
Bewältigen der Folgen einer Harninkontinenz und Umgang mit Dauerkatheter und Urostoma				x
Bewältigen der Folgen einer Stuhlinkontinenz und Umgang mit Stoma				x

Kriterium	entfällt	teilweise	vollständig
Ernährung parenteral oder über Sonde	x		

Auswertung:

Summe der Einzelpunkte: 48

Pflegegrad-Punkte: 40

Begründung:

Alle körperbezogenen Pflegemaßnahmen werden (nahezu) vollständig von den Pflegekräften der Einrichtung übernommen.

Modul 5: Umgang mit und selbständige Bewältigung von krankheits- und therapiebedingten Anforderungen und Belastungen

Kriterienblock 1

Kriterien in Bezug auf	**entfällt**	**selbständig**	**Anzahl pro Maßnahme**		
			pro Tag	**pro Woche**	**pro Monat**
Medikation			3		
Injektionen (subcutan und intramuskulär)	x				
Versorgung intravenöser Zugänge (Port)	x				
Absaugen und Sauerstoffgabe	x				
Einreibungen oder Kälte- und Wärmeanwendungen	x				
Messung und Deutung von Körperzuständen	x				
Körpernahe Hilfsmittel	x				

Ergebnis Kriterienblock 1: 1 Einzelpunkt

Kriterienblock 2

Kriterien in Bezug auf	entfällt	selbständig	Anzahl pro Maßnahme		
			pro Tag	pro Woche	pro Monat
Verbandswechsel und Wundversorgung	x				
Versorgung mit Stoma	x				
Regelmäßige Einmalkatheterisierung und Nutzung von Abführmethoden	x				
Therapiemaßnahmen in der häuslichen Umgebung				2	

Ergebnis Kriterienblock 2: 2 Einzelpunkte

Kriterienblock 3

Kriterien	entfällt	selbständig	Anzahl pro Maßnahme		
			pro Tag	pro Woche	pro Monat
Zeit- und technikintensive Maßnahmen in häuslicher Umgebung	x				

Kriterium	**entfällt**	**selbständig**	**Anzahl pro Woche**	**Anzahl pro Monat**
Arztbesuche	x			
Besuch anderer medizinischer oder therapeutischer Einrichtungen (bis zu drei Stunden)	x			
Zeitlich ausgedehnte Besuche anderer medizinischer und therapeutischer Einrichtungen (länger als drei Stunden)	x			

Ergebnis Kriterienblock 3: 0 Einzelpunkte

Kriterienblock 4

Einhaltung einer Diät und anderer krankheits- oder therapiebedingter Verhaltensvorschriften: entfällt

Ergebnis Kriterienblock 4: 0 Einzelpunkte

Auswertung:

Summe der Einzelpunkte: 3

Pflegegrad-Punkte: 10

Begründung:

Frau Briske bekommt von den Pflegekräften 3x pro Tag insgesamt 4 Tabletten verabreicht. 2x pro Woche führt der hauseigene Physiotherapeut mit ihr die ärztlich angeordneten Übungen durch.

Modul 6: Gestaltung des Alltagslebens und sozialer Kontakte

5

Kriterien	selbständig	überwiegend selbständig	überwiegend unselbständig	unselbständig
Gestaltung des Tagesablaufs und Anpassen an Veränderungen				x
Ruhen und Schlafen				x
Sichbeschäftigen				x
Vornehmen von in die Zukunft gerichteten Planungen				x
Interaktion mit Personen im direkten Kontakt			x	
Kontaktpflege zu Personen außerhalb des direkten Umfelds				x

Auswertung:

Summe der Einzelpunkte: 17

Pflegegrad-Punkte: 15

Begründung:

Frau Briske benötigt nachts regelmäßig die Unterstützung der Pflegekräfte beim Positionswechsel im Bett (Lagerung) und beim Wechsel der Inkontinenzvorlagen und wird daher im Kriterium Ruhen und Schlafen als unselbständig eingeordnet. Auf Ansprache reagiert sie mit Blickkontakt, kann also noch zumindest sehr eingeschränkt interagieren.

Einstufungsergebnis

Pflegegrad aufgrund der erreichten Punktzahl
Gewichtete Punkte gesamt: 90 Pflegegrad-Punkte
Empfohlene Einstufung: Pflegegrad 5
Hinweis: Der Abgleich zwischen Modul 2 und Modul 3 ergibt eine höhere Punktzahl (15) bei Modul 2. Nur diese Pflegegrad-Punkte sind im Weiteren zu berücksichtigen; die Punkte von Modul 3 fließen nicht in die Pflegegradberechnung ein.

Fallbeispiel 3: Herr Melchior

78 Jahre alt, 185 cm groß, Gewicht 75 kg

Ausgangslage und Begutachtungstermin

Anamnese: fortgeschrittene Gonarthrose beidseits (Kniegelenksarthrose) , Schmerzlinderung medikamentös

Situation aus Sicht von Herrn Melchior

Herr Melchior hat Leistungen der Pflegeversicherung beantragt, weil er aufgrund seiner Arthrose in beiden Kniegelenken Probleme hat, selbständig Treppen zu bewältigen und z. B. für den täglichen Bedarf einzukaufen. Er hat gehört, dass es seit dem 01.01.2017 einfacher ist, Leistungen der Pflegeversicherung zu bekommen. Sein erster Antrag im Jahr 2016 auf Pflegestufe I war damals abgelehnt worden. Zu seiner Situation teilt er mit, dass seine Kniegelenke bei jeder Bewegung schmerzen und nur unzureichend gebeugt werden können. Dadurch benötigt Herr Melchior vor allem Unterstützung beim An- und Ausziehen des Unterkörpers, z. B. von Socken und Schuhen. Zudem kann er nur unter Schmerzen aufstehen und sich hinsetzen, das aber selbständig. In seiner 3-Zimmer-Wohnung bewegt er sich mithilfe eines Gehstocks selbstständig fort. Beim Treppensteigen muss er von einer anderen Person gestützt werden. Gleiches gilt für den Ein- und Ausstieg in die Dusche. Für den Fall, dass er beim Duschen stürzt, benötigt er eine Person in Rufnähe. Herr Melchior ist begeisterter Modell-Eisenbahner. Er hat für dieses Hobby ein ganzes Zimmer in seiner Wohnung eingerichtet, in dessen Mitte eine große Modelleisenbahn steht. Er hält seinen Geist fit, indem er die Fahrpläne der Regionalbahnen auswendig lernt. Herr Melchior muss 3x pro Tag Medikamente einnehmen. Einmal pro Quartal muss er zum Arzt begleitet werden.

Befunde des Gutachters

Herr Melchior öffnet selbst die Tür und führt den Gutachter in das Wohnzimmer. Er hat Tageskleidung an, wirkt gepflegt. Sein Ernährungszustand ist mit gut zu bewerten. Herr Melchior kann die Begutachtungssituation vollständig einordnen und beantwortet jede Frage gern und ausschweifend. Er wirkt in jeder Hinsicht zeitlich und örtlich uneingeschränkt orientiert. Sein Erinnerungsvermögen ist hervorragend. Er kennt den aktuellen Regionalfahrplan komplett auswendig und kann auch länger zurück liegende Ereignisse detailliert beschreiben. Der Händedruck ist bei beiden Händen kraftvoll, der Faustschluss funktioniert. Die Feinmotorik ist nicht beeinträchtigt. Nacken-, Scheitel- und Schürzengriff werden ohne Einschränkung bewältigt. Herr Melchior geht langsam. Er stützt sich dabei auf einen Gehstock und hebt seine Füße nur kurz über den Boden. Im Sitzen kann Herr Melchior sich so weit nach vorn beugen, dass seine Hände die Waden erreichen. Das Aufstehen aus dem Sitz und aus dem Liegen ist erschwert, aber selbständig möglich. Herr Melchior kann frei sitzen. Beim Treppensteigen und beim Ein- und Aussteigen in bzw. aus der Dusche muss er gestützt werden.

5

Auswertung der pflegegradrelevanten Module 1 bis 6

Modul 1: Mobilität

Kriterien	selbständig	überwiegend selbständig	überwiegend unselbständig	unselbständig
Positionswechsel im Bett	x			
Halten einer stabilen Sitzposition	x			
Umsetzen	x			
Fortbewegen innerhalb des Wohnbereichs	x			
Treppensteigen			x	

Auswertung:

Summe der Einzelpunkte: 2

Pflegegrad-Punkte: 2,5

Begründung:

Herr Melchior kann sich in der Wohnung selbständig bewegen. Lediglich beim Treppensteigen benötigt er jemanden, der ihn stützt und hält.

Modul 2: kognitive und kommunikative Fähigkeiten und Modul 3: Verhaltensweisen und psychische Problemlagen

Auswertung:

Jeweils 0 Einzelpunkte / 0 Pflegegrad-Punkte

Begründung:

Die kognitiven und kommunikativen Fähigkeiten von Herrn Melchior sind uneingeschränkt vorhanden. Er zeigt keine Verhaltensauffälligkeiten oder psychische Problemlagen.

Modul 4: Selbstversorgung

Kriterien	selbständig	überwiegend selbständig	überwiegend unselbständig	unselbständig
Waschen des vorderen Oberkörpers	x			
Körperpflege im Bereich des Kopfes (Kämmen, Zahnpflege/Prothesenreinigung, Rasieren)	x			
Waschen des Intimbereichs	x			

5

Kriterien	selbständig	überwiegend selbständig	überwiegend unselbständig	unselbständig
Duschen und Baden einschließlich Waschen der Haare		x		
An- und Auskleiden des Oberkörpers	x			
An- und Auskleiden des Unterkörpers		x		
Mundgerechtes Zubereiten der Nahrung und Eingießen von Getränken	x			
Essen	x			
Trinken	x			
Benutzen einer Toilette oder eines Toilettenstuhls	x			
Bewältigen der Folgen einer Harninkontinenz und Umgang mit Dauerkatheter und Urostoma				
Bewältigen der Folgen einer Stuhlinkontinenz und Umgang mit Stoma				

Kriterium	entfällt	teilweise	vollständig
Ernährung parenteral oder über Sonde	x		

Auswertung:

Summe der Einzelpunkte: 2

Pflegegrad-Punkte: 0

Begründung:

Herr Melchior benötigt beim Duschen Hilfe beim Einstieg in bzw. beim Aussteigen aus der Dusche. Zudem ist eine Anwesenheit während des Duschens erforderlich, um im Fall eines Sturzes eingreifen zu können. Beim An- und Auskleiden des Unterkörpers ist punktuell Hilfe erforderlich: An- und Ausziehen von Socken, Binden von Schnürsenkeln, Bereithalten der Hose in Form einer Einstiegshilfe.

Modul 5: Umgang mit und selbständige Bewältigung von krankheits- und therapiebedingten Anforderungen und Belastungen

Medikation: selbständig

Injektionen (subcutan und intramuskulär), Versorgung intravenöser Zugänge (Port), Absaugen und Sauerstoffgabe, Einreibungen oder Kälte- und Wärmeanwendungen, Messung und Deutung von Körperzuständen, Körpernahe Hilfsmittel: entfällt

Arztbesuche: zu geringe Besuchsfrequenz

Auswertung:

Summe der Einzelpunkte: 0

Pflegegrad-Punkte: 0

Begründung:

Herr Melchior ist körperlich und kognitiv dazu in der Lage, seine Tabletten 3x täglich selbst einzunehmen. Der Arztbesuch 1x pro Quartal wird nicht erfasst, da die Häufigkeit zu gering ist.

Modul 6: Gestaltung des Alltagslebens und sozialer Kontakte

Gestaltung des Tagesablaufs und Anpassen an Veränderungen, Ruhen und Schlafen, Sichbeschäftigen, Vornehmen von in die Zukunft gerichteten Planungen, Interaktion mit Personen im direkten Kontakt, Kontaktpflege zu Personen außerhalb des direkten Umfelds: selbständig

Auswertung:

Summe der Einzelpunkte: 0

Pflegegrad-Punkte: 0

Begründung:

Herr Melchior ist in diesem Lebensbereich (Gestaltung des Alltagslebens und sozialer Kontakte) ohne Einschränkung selbständig.

Einstufungsergebnis

Pflegegrad aufgrund der erreichten Punktzahl
Gewichtete Punkte gesamt: 2,5 Pflegegrad-Punkte **Empfohlene Einstufung: kein Pflegegrad**

Fallbeispiel 4: Frau Lobelin

83 Jahre alt, 163 cm groß, Gewicht 58 kg

Ausgangslage und Begutachtungstermin

Anamnese: degenerative Wirbelsäulenerkrankung, Zustand nach Knie-Totalendoprothese (Diagnose Gonarthrose beidseits, OP vor 12 Monaten), Coxarthrose rechtes Hüftgelenk, Polyneuropathie, leichte kognitive Beeinträchtigungen, mehrere Stürze in der Vergangenheit belegt

Situation aus Sicht von Frau Lobelin und der anwesenden Tochter

Frau Lobelin nimmt seit zwei Monaten ein neues Schmerzmedikament. Seither könne sie sich fast ohne Schmerzen bewegen. Aufgrund mehrerer Stürze in der Vergangenheit bewege sie sich nur noch in ihrer Wohnung, gestützt auf ihren Rollator. Dabei müsse sie jedoch, so die Tochter, aus Sicherheitsgründen beobachtet werden. Selbst mithilfe des Rollators bestehe eine erhebliche Sturzgefahr. Frau Lobelin sitzt darum tagsüber am liebsten in ihrem Sessel und sieht fern. Manchmal liest sie Zeitschriften. Treppensteigen kann

Frau Lobelin nur, wenn ihre Tochter sie stützt und festhält. Aufgrund der Polyneuropathie könne Frau Lobelin keine Handarbeiten mehr durchführen. Zudem benötige sie die Hilfe ihrer Tochter bei Tätigkeiten wie z. B. dem Öffnen und Schließen von Verschlüssen (z. B. Knöpfe, Haken, Schraubverschlüsse), dem Zerteilen von harten Lebensmitteln, dem Eingießen von Getränken und der Entnahme von Medikamenten aus der Verpackung (11 Medikamente 4x täglich). Jeweils 1x täglich ziehe die Tochter Frau Lobelin Kompressionsstrümpfe an und aus. Zudem begleite sie ihre Mutter 1x pro Monat zum Arzt und 2x pro Woche zur Krankengymnastik. Zusätzlich weist die Tochter auf den geistigen Leistungsabbau ihrer Mutter hin. Dieser führe dazu, dass sie ihre Mutter vor allem bei mehrschrittigen Tätigkeiten wiederholt an den jeweils nächsten Handlungsschritt erinnern müsse. Frau Lobelin könne am Tag selbständig die Toilette benutzen. Für die Nacht stelle die Tochter ihr am Abend einen Toilettenstuhl neben das Bett, den sie morgens entleert und reinigt.

Befunde des Gutachters

Frau Lobelin hat Tageskleidung an. Sie wirkt gepflegt. Ihr Allgemeinzustand ist beeinträchtigt. Sie wirkt normal ernährt. Frau Lobelin kann die Begutachtungssituation nicht vollständig einordnen, antwortet aber auf einfache Fragen. Schwierige Sachverhalte versteht sie nur nach mehrmaliger Wiederholung und Erklärung. Sie kann den Tagesablauf schildern und teilweise über aktuelle Ereignisse berichten. Dabei treten teilweise Lücken bei der Erinnerung an kurz zurückliegende Ereignisse auf. Das Langzeitgedächtnis ist nicht beeinträchtigt. Frau Lobelin kann ihren Namen und ihr Geburtsdatum nennen. Innerhalb ihres Wohnumfeldes ist sie orientiert. Um sich zeitlich zu orientieren, nutzt sie teilweise Orientierungshilfen, z. B. Notizzettel am Kühlschrank oder auf dem Tisch im Wohnzimmer. Entscheidungen im Alltagsleben trifft Frau Lobelin in der Regel sicher. Bei unbekannten Situationen benötigt sie Entscheidungshilfen, z. B. in Form von Auswahlmöglichkeiten. Bei mehrschrittigen Handlungen benötigt Frau Lobelin, wie von ihrer Tochter beschrieben, Aufforderungen bzw. Hinweise zum jeweils nächsten Handlungsschritt.

Ihr Händedruck ist bei beiden Händen reduziert, der Faustschluss funktioniert. Die Fingergelenke weisen degenerative Veränderungen auf. Der Nacken- und Scheitelgriff ist links und rechts eingeschränkt. Frau Lobelin erreicht mit den Händen die Stirn. Der Schürzengriff ist mit beiden Armen nur bis zur jeweiligen Körperseite möglich. Frau Lobelin kann die Knöpfe ihrer Bluse nicht öffnen oder schließen. Im Sitzen kann Frau Lobelin sich so weit nach vorn beugen, dass ihre Hände die Waden erreichen. Das Aufstehen aus dem Sitz und aus dem Liegen ist erschwert, aber selbständig möglich. Frau Lobelin muss sich beim Sitzen nicht abstützen. Das Gehen mit Hilfe des Rollators ist selbständig möglich, jedoch unsicher und in „Tippelschritten“. Beim Treppensteigen muss Frau Lobelin gestützt werden. Eine Inkontinenz besteht nicht.

Auswertung der pflegegradrelevanten Module 1 bis 6

Modul 1: Mobilität

Kriterien	selbständig	überwiegend selbständig	überwiegend unselbständig	unselbständig
Positionswechsel im Bett	x			
Halten einer stabilen Sitzposition	x			
Umsetzen	x			
Fortbewegen innerhalb des Wohnbereichs		x		
Treppensteigen			x	

Auswertung:

Summe der Einzelpunkte: 3

Pflegegrad-Punkte: 2,5

Begründung:

Frau Lobelin geht allein am Rollator, muss aber wegen der Sturzgefahr beobachtet werden. Beim Treppensteigen benötigt Frau Lobelin die Unterstützung einer anderen Person in Form von Stützen und Festhalten.

Modul 2: kognitive und kommunikative Fähigkeiten

Kriterien	Fähigkeit vorhanden/ unbeeinträchtigt	Fähigkeit größtenteils vorhanden	Fähigkeit in geringem Maße vorhanden	Fähigkeit nicht vorhanden
Erkennen von Personen aus dem näheren Umfeld	x			
Örtliche Orientierung	x			
Zeitliche Orientierung		x		
Erinnern an wesentliche Ereignisse oder Beobachtungen		x		
Steuern von mehrschrittigen Alltagshandlungen		x		
Treffen von Entscheidungen im Alltagsleben		x		
Verstehen von Sachverhalten und Informationen		x		
Erkennen von Risiken und Gefahren	x			
Mitteilen von elementaren Bedürfnissen	x			
Verstehen von Aufforderungen	x			
Beteiligen an einem Gespräch		x		

Auswertung:

Summe der Einzelpunkte: 6

Pflegegrad-Punkte: 7,5

Begründung:

Frau Lobelin benötigt Orientierungshilfen, um sich zeitlich zu orientieren (Notizzettel). Sie hat Schwierigkeiten sich an kurz zurückliegende Ereignisse zu erinnern, bei länger zurückliegenden Ereignissen besteht diese Beeinträchtigung nicht. Bei mehrschrittigen Alltagshandlungen benötigt Frau Lobelin wiederholte Aufforderungen und Erinnerung an den jeweils nächsten Handlungsschritt. Unbekannte Situationen kann sie bewältigen, wenn sie Vorschläge erhält zwischen denen sie wählen kann. Einfache Informationen versteht Frau Lobelin, bei komplizierten Sachverhalten ist das erst nach mehrmaliger Wiederholung und Erklärung der Fall.

Modul 3: Verhaltensweisen und psychische Problemlagen

Kriterien	nie oder sehr selten	selten (1- bis 3x innerhalb von 2 Wochen)	häufig (2x bis mehrmals wöchentlich aber nicht täglich)	täglich
Motorisch geprägte Verhaltensauffälligkeiten	x			
Nächtliche Unruhe	x			
Selbstschädigendes und autoaggressives Verhalten	x			
Beschädigen von Gegenständen	x			
Physisch aggressives Verhalten gegenüber anderen Personen	x			
Verbale Aggression	x			
Andere pflegerelevante vokale Auffälligkeiten	x			

Kriterien	nie oder sehr selten	selten (1- bis 3x innerhalb von 2 Wochen)	häufig (2x bis mehrmals wöchentlich aber nicht täglich)	täglich
Abwehr pflegerischer und anderer unterstützender Maßnahmen	x			
Wahnvorstellungen	x			
Ängste	x			
Antriebslosigkeit bei depressiver Stimmungslage	x			
Sozial inadäquate Verhaltensweisen	x			
Sonstige pflegerelevante inadäquate Handlungen	x			

Auswertung:

Summe der Einzelpunkte: 0

Pflegegrad-Punkte: 0

Modul 4: Selbstversorgung

Kriterien	selbständig	überwiegend selbständig	überwiegend unselbständig	unselbständig
Waschen des vorderen Oberkörpers		x		
Körperpflege im Bereich des Kopfes (Kämmen, Zahnpflege/Prothesenreinigung, Rasieren)			x	
Waschen des Intimbereichs			x	
Duschen und Baden einschließlich Waschen der Haare			x	
An- und Auskleiden des Oberkörpers			x	
An- und Auskleiden des Unterkörpers			x	
Mundgerechtes Zubereiten der Nahrung und Eingießen von Getränken		x		
Essen		x		
Trinken		x		
Benutzen einer Toilette oder eines Toilettenstuhls		x		
Bewältigen der Folgen einer Harninkontinenz und Umgang mit Dauerkatheter und Urostoma				
Bewältigen der Folgen einer Stuhlinkontinenz und Umgang mit Stoma				

5

Kriterium	entfällt	teilweise	vollständig
Ernährung parenteral oder über Sonde	x		

Auswertung:

Summe der Einzelpunkte: 19

Pflegegrad-Punkte: 30

Begründung:

Frau Lobelin kann mehrschrittige Handlungen im Bereich der Körperpflege und beim An- und Ausziehen bewältigen, benötigt dazu aber die wiederholte Aufforderung bzw. Erinnerung an den jeweils nächsten Handlungsschritt. Zudem muss sie aufgrund ihrer eingeschränkten Beweglichkeit und der beeinträchtigten Feinmotorik durch teilweise Übernahme der Handlungen unterstützt werden. Lediglich beim Waschen des vorderen Oberkörpers genügen punktuelle Hilfen. Das Zerteilen harter Nahrungsmittel bewältigt Frau Lobelin nicht. Zum Essen und Trinken muss sie aufgefordert werden. Die Toilette und den Toilettenstuhl benutzt sie selbständig. Die Hilfe durch ihre Tochter beschränkt sich hier auf das Bereitstellen des Toilettenstuhls am Abend und das Leeren und Reinigen am Morgen.

Modul 5: Umgang mit und selbständige Bewältigung von krankheits- und therapiebedingten Anforderungen und Belastungen

Kriterienblock 1

Kriterien in Bezug auf	entfällt	selbständig	Anzahl pro Maßnahme		
			pro Tag	pro Woche	pro Monat
Medikation			1		
Injektionen (subcutan und intramuskulär)	x				

Kriterien in Bezug auf	entfällt	selbständig	Anzahl pro Maßnahme		
			pro Tag	pro Woche	pro Monat
Versorgung intravenöser Zugänge (Port)	x				
Absaugen und Sauerstoffgabe	x				
Einreibungen oder Kälte- und Wärmeanwendungen	x				
Messung und Deutung von Körperzuständen	x				
Körpernahe Hilfsmittel	x		2		

5

Ergebnis Kriterienblock 1: 1 Einzelpunkt

Kriterienblock 2

Kriterien in Bezug auf	entfällt	selbständig	Anzahl pro Maßnahme		
			pro Tag	pro Woche	pro Monat
Verbandswechsel und Wundversorgung	x				
Versorgung mit Stoma	x				
Regelmäßige Einmalkatheterisierung und Nutzung von Abführmethoden	x				

Kriterien in Bezug auf	entfällt	selbständig	Anzahl pro Maßnahme		
			pro Tag	pro Woche	pro Monat
Therapiemaßnahmen in der häuslichen Umgebung	x				

Ergebnis Kriterienblock 2: 0 Einzelpunkte

Kriterienblock 3

Kriterien	entfällt	selbständig	Anzahl pro Maßnahme		
			pro Tag	pro Woche	pro Monat
Zeit- und technikintensive Maßnahmen in häuslicher Umgebung	x				

Kriterium	entfällt	selbständig	Anzahl pro Woche	Anzahl pro Monat
Arztbesuche				1
Besuch anderer medizinischer oder therapeutischer Einrichtungen (bis zu drei Stunden)			2	
Zeitlich ausgedehnte Besuche anderer medizinischer und therapeutischer Einrichtungen (länger als drei Stunden)				

Ergebnis Kriterienblock 3: 2 Einzelpunkte

Kriterienblock 4

Einhaltung einer Diät und anderer krankheits- oder therapiebedingter Verhaltensvorschriften: entfällt

Ergebnis Kriterienblock 4: 0 Einzelpunkte

Auswertung:

Summe der Einzelpunkte: 3

Pflegegrad-Punkte: 10

Begründung:

Frau Lobelin muss 4x pro Tag insgesamt 11 Tabletten einnehmen. Momentan stellt ihre Tochter die Medikamente 4x pro Tag. Das ist in diesem Umfang jedoch nicht notwendig. Es reicht aus, dass die Medikamente 1x pro Tag in einer für Frau Lobelin gut greifbaren Art und Weise (z. B. auf einem Teller oder in einer Tagesbox) gerichtet werden. Die Einnahmezeiten können von Frau Lobelin mit Hilfe von Notizen oder auch mittels eines Weckers selbständig eingehalten werden. Darüber hinaus zieht ihre Tochter Frau Lobelin jeweils 1x pro Tag Kompressionsstrümpfe an und aus. Bei dem einmal pro Monat erforderlichen Arztbesuch und den zweimal pro Woche stattfindenden Besuch beim Krankengymnasten muss Frau Lobelin begleitet werden.

Modul 6: Gestaltung des Alltagslebens und sozialer Kontakte

Kriterien	selbständig	überwiegend selbständig	überwiegend unselbständig	unselbständig
Gestaltung des Tagesablaufs und Anpassen an Veränderungen		x		
Ruhen und Schlafen	x			
Sichbeschäftigen		x		

Kriterien	selb- ständig	über- wiegend selb- ständig	über- wiegend unselb- ständig	unselb- ständig
Vornehmen von in die Zukunft gerichteten Planungen		x		
Interaktion mit Personen im direkten Kontakt	x			
Kontaktpflege zu Personen außerhalb des direkten Umfelds	x			

Auswertung:

Summe der Einzelpunkte: 3

Pflegegrad-Punkte: 3,75

Begründung:

Frau Lobelin benötigt beim Anpassen des Tagesablaufs an Veränderung Entscheidungshilfen. Zudem benötigt sie teilweise Erinnerungshilfen und Unterstützung in Form von Bereitlegen von Utensilien. Kontakte pflegt sie sowohl innerhalb ihres Umfeldes als auch außerhalb selbständig.

Einstufungsergebnis

Pflegegrad aufgrund der erreichten Punktzahl
Gewichtete Punkte gesamt: 53,75 Pflegegrad-Punkte **Empfohlene Einstufung: Pflegegrad 3**

Fallbeispiel 5: Herr Schöngart

82 Jahre alt, 176 cm groß, Gewicht 75 kg

Ausgangslage und Begutachtungstermin

Anamnese: Zustand nach Schlaganfall mit unvollständig zurückgebildeter Hemiparese rechtsseitig

Situation aus Sicht von Herrn Schöngart

Das Hauptproblem aus Sicht von Herrn Schöngart ist, dass er als Rechtshänder nach dem Schlaganfall im vergangenen Sommer seine rechte Hand nur sehr eingeschränkt gebrauchen kann. Die Kraft in den Fingern sei so stark eingeschränkt, dass er z. B. ein Glas Wasser nur unter Zuhilfenahme der linken Hand sicher halten könne. Zudem sei die Feinmotorik der rechten Hand sowie die Beweglichkeit des rechten Armes erheblich eingeschränkt. Dadurch benötige er umfangreiche Hilfe bei der Körperpflege (z. B. der Rasur) sowie beim An- und Ausziehen von Ober- und Unterkörper. Mit Hilfe eines Gehstocks kann Herr Schöngart sich innerhalb seiner Wohnung selbständig fortbewegen. Beim Umsetzen und bei der Positionsänderung im Bett sowie beim Aufstehen und Zu-Bett-Gehen braucht er die helfende Hand seiner Ehefrau. Ziehen und Stützen muss sie ihn nur in Ausnahmen. Treppen überwindet er nur, wenn er dabei von seiner Ehefrau gestützt wird. Herr Schöngart muss 3x täglich Medikamente einnehmen. Er bekommt die kleinen Tabletten nicht selbst aus der Verpackung. Seine Ehefrau übernimmt das für ihn, pult 3x täglich die kleinen Tabletten heraus und legt sie ihm in die Hand. 1x pro Monat begleitet ihn seine Ehefrau zum Arzt und jede zweite Woche 1x zur Krankengymnastik.

Befunde des Gutachters

Herr Schöngart hat Tageskleidung an. Er wirkt gepflegt. Sein Allgemeinzustand und Ernährungszustand sind gut. Herr Schöngart kann die Begutachtungssituation vollständig einordnen. Er wirkt jederzeit uneingeschränkt orientiert, Fragen beantwortet er spontan und zutreffend.

Der Faustschluss der rechten Hand ist unvollständig, die in dieser Hand feststellbare Kraft gering. Herr Schöngart kann den Pinzettengriff mit der linken jedoch nicht mit der rechten Hand nachahmen. Scheitel- und Nackengriff sind ebenfalls nur mit der linken Hand möglich. Den rechten Arm kann Herr Schöngart nur geringfügig anheben. Das rechte Bein wird beim Gehen nachgezogen. Der von Herrn Schöngart beschriebene Unterstützungsbedarf durch die Ehefrau bei Umsetzen, Aufrichten und Treppensteigen ist nachvollziehbar. 3x pro Tag werden Tabletten durch die Ehefrau gerichtet. 1x pro Monat begleitet ihn die Ehefrau zum Arzt und jede zweite Woche 1x zur Krankengymnastik.

Auswertung der pflegegradrelevanten Module 1 bis 6

Modul 1: Mobilität

Kriterien	selbständig	überwiegend selbständig	überwiegend unselbständig	unselbständig
Positionswechsel im Bett	x			
Halten einer stabilen Sitzposition	x			
Umsetzen		x		
Fortbewegen innerhalb des Wohnbereichs	x			
Treppensteigen			x	

Auswertung:

Summe der Einzelpunkte: 3

Pflegegrad-Punkte: 2,5

Begründung:

Herr Schöngart kann sich in der Wohnung selbständig bewegen. Lediglich beim Aufstehen und Zubettgehen sowie beim Umsetzen muss ihn seine Ehefrau unterstützen. In der Regel (im Durchschnitt) genügt es, dass sie ihm ihre Hand reicht. Beim Treppensteigen muss er gestützt werden.

Modul 2: kognitive und kommunikative Fähigkeiten und Modul 3: Verhaltensweisen und psychische Problemlagen

Auswertung:

Jeweils 0 Einzelpunkte = 0 Pflegegrad-Punkte

Begründung:

Die kognitiven und kommunikativen Fähigkeiten Herrn Schöngarts sind uneingeschränkt vorhanden. Er zeigt keine Verhaltensauffälligkeiten oder psychische Problemlagen.

Modul 4: Selbstversorgung

5

Kriterien	**selbständig**	**überwiegend selbständig**	**überwiegend unselbständig**	**unselbständig**
Waschen des vorderen Oberkörpers		x		
Körperpflege im Bereich des Kopfes (Kämmen, Zahnpflege/ Prothesenreinigung, Rasieren)		x		
Waschen des Intimbereichs		x		
Duschen und Baden einschließlich Waschen der Haare			x	
An- und Auskleiden des Oberkörpers			x	
An- und Auskleiden des Unterkörpers			x	
Mundgerechtes Zubereiten der Nahrung und Eingießen von Getränken		x		

Kriterien	selbständig	überwiegend selbständig	überwiegend unselbständig	unselbständig
Essen	x			
Trinken	x			
Benutzen einer Toilette oder eines Toilettenstuhls		x		
Bewältigen der Folgen einer Harninkontinenz und Umgang mit Dauerkatheter und Urostoma				
Bewältigen der Folgen einer Stuhlinkontinenz und Umgang mit Stoma				

5

Kriterium	entfällt	teilweise	vollständig
Ernährung parenteral oder über Sonde	x		

Auswertung:

Summe der Einzelpunkte: 12

Pflegegrad-Punkte: 20

Begründung:

Bei der Körperpflege genügt es, wenn die Ehefrau Utensilien bereitlegt oder wenige Handlungsschritte übernimmt. Ausgenommen davon ist das Duschen. Hier ist die Unterstützung der Ehefrau umfangreicher, ebenso beim An- und Ausziehen. Zudem bereitet die Ehefrau das Essen mundgerecht vor und gießt Getränke ein. Aufgrund des im Modul 1 festgestellten Hilfebedarfes beim Umsetzen, ist eine entsprechende Unterstützung auch beim Toilettengang erforderlich.

Modul 5: Umgang mit und selbständige Bewältigung von krankheits- und therapiebedingten Anforderungen und Belastungen

Kriterien in Bezug auf	entfällt	selb-ständig	Anzahl pro Maßnahme		
			pro Tag	pro Woche	pro Monat
Medikation				1	
Injektionen (subcutan und intramuskulär)	x				
Versorgung intravenöser Zugänge (Port)	x				
Absaugen und Sauerstoffgabe	x				
Einreibungen oder Kälte- und Wärmeanwen-dungen	x				
Messung und Deutung von Körperzuständen	x				
Körpernahe Hilfsmittel	x				

5

Kriterienblock 2 : entfällt

Kriterienblock 3

Kriterien	entfällt	selb-ständig	Anzahl pro Maßnahme		
			pro Tag	pro Woche	pro Monat
Zeit- und technik-intensive Maß-nahmen in häus-licher Umgebung	x				

Kriterium	entfällt	selbständig	Anzahl pro Woche	Anzahl pro Monat
Arztbesuche				1
Besuch anderer medizinischer oder therapeutischer Einrichtungen (bis zu drei Stunden)				2
Zeitlich ausgedehnte Besuche anderer medizinischer und therapeutischer Einrichtungen (länger als drei Stunden)				

Kriterienblock 4: entfällt

Auswertung:

Summe der Einzelpunkte: 0

Pflegegrad-Punkte: 0

Begründung:

Herr Schöngart ist kognitiv uneingeschränkt dazu in der Lage, die erforderliche Einnahme der Medikamente 3x täglich selbstständig zu bewältigen. Das scheitert lediglich daran, dass er die Tabletten nicht aus der Blisterverpackung entnehmen kann. Mit dem 1x wöchentlichen Richten der Medikamente in einer Wochendosierbox könnte dieses Defizit ausreichend ausgeglichen werden. Momentan richtet seine Ehefrau die Tabletten 3x pro Tag. Das ist jedoch nicht notwendig und kann darum in dieser Häufigkeit nicht bei der Ermittlung des Pflegegrades berücksichtigt werden. Zudem begleitet seine Ehefrau ihn 1x pro Monat zum Arzt sowie alle 2 Wochen zur Krankengymnastik. Diese wird hier entsprechend der in der BRi enthaltenen Hochrechnungsvorschrift auf 2x pro Monat umgerechnet.

5

Modul 6: Gestaltung des Alltagslebens und sozialer Kontakte

Kriterien	selbständig	überwiegend selbständig	überwiegend unselbständig	unselbständig
Gestaltung des Tagesablaufs und Anpassen an Veränderungen	x			
Ruhen und Schlafen		x		
Sichbeschäftigen	x			
Vornehmen von in die Zukunft gerichteten Planungen	x			
Interaktion mit Personen im direkten Kontakt	x			
Kontaktpflege zu Personen außerhalb des direkten Umfelds	x			

Auswertung:

Summe der Einzelpunkte: 1

Pflegegrad-Punkte: 3,75

Begründung:

Beim Ruhen und Schlafen unterstützt die Ehefrau Herrn Schöngart beim Aufstehen und Hinlegen.

Einstufungsergebnis

Pflegegrad aufgrund der erreichten Punktzahl
Gewichtete Punkte gesamt: 26,25 Pflegegrad-Punkte **Empfohlene Einstufung: Pflegegrad 1**

Das Gutachten

6

Überblick zu den Inhalten des Gutachtens

Am Ende des Begutachtungstermins ist der Gutachter dazu verpflichtet, den Antragsteller auf die Bedeutung des Gutachtens für die umfassende Beratung und den Versorgungsplan hinzuweisen. Er erhält das Gutachten zusammen mit dem Bescheid der Pflegekasse, sofern er der Zusendung nicht widerspricht.

Im Gutachten hat der Gutachter das Ergebnis der Begutachtung und die von ihm ggf. empfohlenen Maßnahmen zu erklären. Dazu muss er

- allgemein verständliche Begriffe verwenden und Fachbegriffe erklären,
- eine einfache Sprache mit kurzen Sätzen verwenden,
- die Informationen übersichtlich strukturieren, barrierefrei und adressatengerecht gestalten sowie
- Hinweise auf Ansprechpartner für weitergehende Fragen nennen.

6

Ich bin gespannt, wie die Gutachter den Spagat zwischen der geforderten einfachen Erklärung der Ergebnisse aus dem neuen Begutachtungsverfahren und der ebenso erforderlichen Rechtssicherheit dieser Ergebnisse bewältigen. Wir werden es in den kommenden Monaten gemeinsam sehen.

Zusammen mit seiner Empfehlung zur Pflegebedürftigkeit und zum Pflegegrad beinhaltet das Gutachten Empfehlungen für Maßnahmen, die aus Sicht des Gutachters geeignet sind, die Selbständigkeit zu erhalten und zu fördern sowie vorhandene Beeinträchtigungen der Fähigkeiten auszugleichen. Damit soll die Pflegebedürftigkeit verringert werden, was sicher auch im Sinne des Antragstellers ist.

Mitwirkungspflichten des Antragstellers

Bevor ich zu den Maßnahmen komme, die der Gutachter empfehlen kann, nachfolgend einige Anmerkungen zum Thema Mitwirkungspflichten. Die Mitwirkungspflichten und die Folgen für Versicherte, die dagegen verstoßen, sind für alle in den Sozialgesetzbüchern geregelten Rechtsgebiete gleich, gelten also auch für die Kranken-

und Pflegeversicherung. Diese Mitwirkungspflichten sind im Ersten Buch Sozialgesetzbuch (SGB I) in den §§ 60 bis 67 verankert.

Danach haben Versicherte, die Leistungen beantragen oder Leistungen erhalten, folgende Mitwirkungspflichten:

- Angabe aller Tatsachen, die für die Leistung erheblich sind
- Zustimmung zur Erteilung der erforderlichen Auskünfte durch Dritte auf Verlangen des zuständigen Leistungsträgers (z. B. Leistungen anderer Sozialleistungsträger oder Bestätigung der Berufsgenossenschaft, dass ein Unfall ursächlich für die gesundheitlichen Beeinträchtigungen ist, die zur Pflegebedürftigkeit geführt haben)
- Unverzügliche Mitteilung der Änderungen in den Verhältnissen, die für die Leistung erheblich sind oder über die im Zusammenhang mit der Leistung Erklärungen abgegeben worden sind (z. B. erhebliche Verbesserungen der gesundheitlichen Beeinträchtigungen, die zum Pflegegrad geführt haben)
- Bezeichnung von Beweismitteln, Vorlage von Beweisurkunden auf Verlangen des zuständigen Leistungsträgers bzw. Zustimmung zur Vorlage (z. B. bei Wechsel der Pflegekasse Weiterleitung der Gutachten und Leistungsbescheide durch die bisherige Pflegekasse)
- Erscheinen zu persönlichen Untersuchungen (z. B. beim Begutachtungstermin persönlich anwesend sein, Fragen des Gutachters soweit möglich wahrheitsgemäß beantworten und im Rahmen der Befunderhebung die Funktionstests zu absolvieren, ebenfalls soweit möglich)
- Sich einer Heilbehandlung unterziehen, wenn zu erwarten ist, dass diese zur Verringerung der Pflegebedürftigkeit beiträgt

Wird gegen diese Mitwirkungspflichten verstoßen, kann die Pflegekasse das natürlich nicht in irgendeiner Form strafrechtlich ahnden. Sie kann aber die Leistungen kürzen oder sogar ganz entziehen, bis der Versicherte seinen Mitwirkungspflichten nachgekommen ist. Dazu muss sie dem Versicherten zunächst im Rahmen einer schriftlichen Anhörung Gelegenheit geben, sich dazu zu äußern, weshalb er nicht mitwirkt, sowie ihn in dieser Anhörung über die Konsequenzen fehlender Mitwirkung informieren.

Die Pflegekasse kann diese Mitwirkungspflichten nicht unbegrenzt einfordern. Der Versicherte ist von der Mitwirkungspflicht entbunden, soweit

- die Erfüllung der Mitwirkungspflicht nicht in einem angemessenen Verhältnis zu der in Anspruch genommenen Sozialleistung oder ihrer Erstattung steht, oder
- ihre Erfüllung dem Betroffenen aus einem wichtigen Grund nicht zugemutet werden kann, oder
- die Pflegekasse sich durch einen geringeren Aufwand als der Antragsteller oder Leistungsberechtigte die erforderlichen Kenntnisse selbst beschaffen kann.

Zudem können Behandlungen und Untersuchungen ganz oder teilweise abgelehnt werden,

- bei denen im Einzelfall ein Schaden für Leben oder Gesundheit mit hoher Wahrscheinlichkeit nicht ausgeschlossen werden kann,
- die mit erheblichen Schmerzen verbunden sind, oder
- die einen erheblichen Eingriff in die körperliche Unversehrtheit bedeuten (z. B. Operationen).

Sofern durch Angaben, die eigentlich im Rahmen der Mitwirkungspflicht abzugeben sind, nahestehende Personen der Gefahr einer strafrechtlichen Verfolgung oder der Ahndung einer Ordnungswidrigkeit ausgesetzt sind, brauchen diese Angaben nicht gemacht werden. Mit „nahestehende Personen" sind die in § 383 Abs. 1 Nr. 1 bis 3 der Zivilprozessordnung genannten Personen gemeint:

- der Verlobte oder derjenige, mit dem ein Versprechen eingegangen wurde, eine Lebenspartnerschaft zu begründen
- der Ehegatte, auch wenn die Ehe nicht mehr besteht
- der Lebenspartner, auch wenn die eingetragene Lebenspartnerschaft nicht mehr besteht
- diejenigen, die in gerader Linie verwandt oder verschwägert, in der Seitenlinie bis zum dritten Grad verwandt oder bis zum zweiten Grad verschwägert sind oder waren

Wichtig: Behalten Sie diese Mitwirkungspflichten und deren Grenzen im Hinterkopf, wenn Sie die Empfehlungen des Gutachters im Gutachten lesen.

Empfehlungen zur medizinischen Rehabilitation und zur Hilfsmittelversorgung

Sofern der Antragsteller zustimmt, leitet der Gutachter Empfehlungen zur medizinischen Rehabilitation sowie zu Hilfsmitteln, die dazu geeignet sind die Pflege zu erleichtern, zu ermöglichen oder die Selbständigkeit zu fördern, direkt als Antrag an den zuständigen Kostenträger weiter.

In diesem Fall kann die Pflegekasse natürlich eine entsprechende Mitwirkung des Antragstellers erwarten. Weshalb hätte dieser sonst der automatischen Weiterleitung der Empfehlung als Antrag zugestimmt?

Unabhängig davon gibt der Gutachter diese Empfehlung nur dann, wenn er davon überzeugt ist, dass die empfohlene Rehabilitation bzw. das empfohlene Hilfsmittel notwendig und dazu geeignet sind, die Selbständigkeit zu fördern und so die Pflegebedürftigkeit zu verringern. Letzteres muss nicht unbedingt dazu führen, dass z. B. bei einer Wiederholungsbegutachtung ein geringerer Pflegegrad festgestellt wird. Der Grad der Selbständigkeit kann sich auch innerhalb eines Pflegegrades positiv verändern.

Medizinische Rehabilitation

Leistungen zur medizinischen Rehabilitation wird der Gutachter nur dann empfehlen, wenn

- ambulante Heilmaßnahmen nicht ausreichen,
- der Antragsteller rehabilitationsfähig ist und
- eine positive Rehabilitationsprognose besteht (z. B. höhere Selbständigkeit nach Ende der Rehabilitationsmaßnahme).

Mögliche Rehabilitationsziele können sein:

- Erlernen eines selbständigen Bett-Rollstuhl-Transfers
- Verbesserung der Rollstuhlfähigkeit (z. B. durch Ausdauersteigerung der Sitzfähigkeit)
- Erreichen des Toilettenganges/persönliche Hygiene
- selbständige Nahrungsaufnahme
- selbständiges An- und Auskleiden
- Erreichen der Stehfähigkeit

- Verbesserung der Gehfähigkeit innerhalb und außerhalb der Wohnung
- Gehfähigkeit über mehrere Treppenstufen
- Tagesstrukturierung

Hilfsmittelversorgung

Bei Hilfsmitteln und Pflegehilfsmitteln, die den Zielen von § 40 SGB XI dienen, gelten die Empfehlungen jeweils als Antrag auf Leistungsgewährung, sofern der Antragsteller zustimmt.

Eine zusätzliche ärztliche Verordnung für das empfohlene Hilfsmittel ist nicht erforderlich. Eine erneute Prüfung der Notwendigkeit des empfohlenen Hilfsmittels erfolgt durch die Pflege- und ggf. Krankenkassen nicht.

Was sind Hilfsmittel, die den Zielen des § 40 SGB XI dienen? Dazu zunächst die Ziele des § 40 SGB XI:

- Erleichterung der Pflege oder
- Linderung der Beschwerden des Antragstellers oder
- Ermöglichen einer selbständigeren Lebensführung

Sie können sich sicher vorstellen, dass dazu sehr viele Hilfsmittel gehören. Im Bereich der Pflege sind insbesondere doppelfunktionale Hilfsmittel wichtig. Dies sind Hilfsmittel und Pflegehilfsmittel, die

- sowohl Vorsorgezwecken (§ 23 SGB V), der Krankenbehandlung, der Vorbeugung einer drohenden Behinderung oder dem Behinderungsausgleich (§ 33 SGB V),
- als auch der Pflegeerleichterung, der Linderung von Beschwerden des Pflegebedürftigen oder der Ermöglichung einer selbständigeren Lebensführung (§ 40 SGB XI)

dienen.

Diese Hilfsmittel fallen also gleichzeitig in die Leistungsbereiche von Kranken- und Pflegeversicherung; die Kosten werden daher zwischen Krankenversicherung und Pflegeversicherung pauschal aufgeteilt.

Hier im Folgenden eine Auflistung von doppelfunktionalen Hilfsmitteln nach Anlage 1 der „Richtlinien zur Festlegung der doppelfunktionalen Hilfsmittel"; angegeben ist die Nummer der Produktart nach dem Hilfsmittelverzeichnis (HMV) sowie die dortige Bezeichnung:

Produktgruppe 04 des HMV: Badehilfen

Bis zum **Abschluss der Gesamtfortschreibung des Hilfsmittelverzeichnisses aufgrund des HHVG (§ 139 Abs. 9 Satz 2 SGB V)**		*Nach* **Abschluss der Gesamtfortschreibung des Hilfsmittelverzeichnisses aufgrund des HHVG (§ 139 Abs. 9 Satz 2 SGB V)**	
04.40.01.	Badewannenlifter	04.40.01.	Badewannenlifter
04.40.02.	Badewannensitze	04.40.02.	Badewannensitze
04.40.03.	Duschhilfen	04.40.03.	Duschhilfen
04.40.04.	Badewanneneinsätze	04.40.04.	Badewanneneinsätze
04.40.05.	Sicherheitsgriffe und Aufrichtehilfen	04.40.05.	Sicherheitsgriffe und Aufrichtehilfen
04.99.99.	Sonstige Abrechnungspositionen	04.99.99.	Sonstige Abrechnungspositionen

6

Produktgruppe 18 des HMV: Kranken-/Behindertenfahrzeuge

Bis zum **Abschluss der Gesamtfortschreibung des Hilfsmittelverzeichnisses aufgrund des HHVG (§ 139 Abs. 9 Satz 2 SGB V)**		*Nach* **Abschluss der Gesamtfortschreibung des Hilfsmittelverzeichnisses aufgrund des HHVG (§ 139 Abs. 9 Satz 2 SGB V)**	
		18.46.01.	Dusch-/Toilettenrollstühle
18.46.02.	Toilettenrollstühle	18.46.02.	Toilettenrollstühle
18.46.03.	Duschrollstühle	18.46.03.	Duschrollstühle
18.50.01.	Schieberollstühle	18.50.01.	Schieberollstühle
18.50.02.0	Standardrollstühle, große Räder hinten	18.50.02.	Rollstühle mit Greifreifenantrieb

Bis zum **Abschluss der Gesamtfortschreibung des Hilfsmittelverzeichnisses aufgrund des HHVG (§ 139 Abs. 9 Satz 2 SGB V)**		*Nach* **Abschluss der Gesamtfortschreibung des Hilfsmittelverzeichnisses aufgrund des HHVG (§ 139 Abs. 9 Satz 2 SGB V)**	
18.50.02.2	Leichtgewichtroll-stühle		
18.50.02.3	verstärkte Rollstühle		
18.50.02.5	Rollstühle mit Rückenlehnen-verstellung um 15 bis 30 Grad		
18.50.02.6	Rollstühle mit Rückenlehnenver-stellung um 15 bis 30 Grad, verstärkte Ausführung		
18.50.02.7	Rollstühle mit Rückenlehnen-verstellung über 30 Grad		
18.50.02.8	Rollstühle mit Rückenlehnen-verstellung über 30 Grad, verstärkte Ausführung		
		18.50.03.2	Spezialrollstühle zur aktiven Nutzung durch Kinder
18.99.01.1	Buggys	18.99.01.1	Buggys
18.99.01.2	Reha-Karren	18.99.01.2	Reha-Karren
18.99.02.	Spezialrollstühle zur aktiven Nutzung durch Kinder		
18.99.04.	Rollstuhl-Zug-/ Schubgeräte zur Eigen-/Fremd-nutzung	18.99.04.	Rollstuhl-Zug-geräte/-Schub-geräte, abnehmbar

6

Bis zum **Abschluss der Gesamtfortschreibung des Hilfsmittelverzeichnisses aufgrund des HHVG (§ 139 Abs. 9 Satz 2 SGB V)**		*Nach* **Abschluss der Gesamtfortschreibung des Hilfsmittelverzeichnisses aufgrund des HHVG (§ 139 Abs. 9 Satz 2 SGB V)**	
18.99.07.	Behinderungs-gerechte Sitz-elemente	18.99.07.	Behinderungs-gerechte Sitz-elemente
		18.99.11.	Rollstuhlzug-/ Rollstuhlschiebe-hilfen, dauerhaft montiert
18.99.99.	Abrechnungs-positionen	18.99.99.	Abrechnungs-positionen

Produktgruppe 19 des HMV: Krankenpflegeartikel

Bis zum **Abschluss der Gesamtfortschreibung des Hilfsmittelverzeichnisses aufgrund des HHVG (§ 139 Abs. 9 Satz 2 SGB V)**		*Nach* **Abschluss der Gesamtfortschreibung des Hilfsmittelverzeichnisses aufgrund des HHVG (§ 139 Abs. 9 Satz 2 SGB V)**	
19.40.01.0	Betten, manuell höhenverstellbar mit manuell verstellbarer Liegefläche	19.40.01.	Behinderten-gerechte Betten
19.40.01.1	Betten, manuell höhenverstellbar mit motorisch verstellbarer Liegefläche		
19.40.01.2	Betten, motorisch höhenverstellbar mit manuell verstell-barer Liegefläche		

6

Bis zum **Abschluss der Gesamtfortschreibung des Hilfsmittelverzeichnisses aufgrund des HHVG (§ 139 Abs. 9 Satz 2 SGB V)**		*Nach* **Abschluss der Gesamtfortschreibung des Hilfsmittelverzeichnisses aufgrund des HHVG (§ 139 Abs. 9 Satz 2 SGB V)**	
19.40.01.3	Betten, motorisch höhenverstellbar mit motorisch verstellbarer Liegefläche		
19.40.01.6	Kinder-/Klein-wüchsigenbetten		
19.40.01.7	NN (geplante Produktart: Betten, motorisch ver-stellbar, mit erhöhter Trag-fähigkeit)		
19.40.01.8	NN (geplante Produktart: Behin-dertengerechte Betten mit Sitz- und Aufricht-funktion)		
19.40.02.	Behinderten-gerechtes Betten-zubehör	19.40.02.	Behinderten-gerechtes Betten-zubehör
19.40.03.	Bettzurichtungen	19.40.03.	Bettzurichtungen
19.40.05.	Bettschutzeinlagen	19.40.05.	Bettschutzeinlagen
19.99.99.	Abrechnungs-position	19.99.99.	Abrechnungs-position

Produktgruppe 20 des HMV: Lagerungshilfen

Bis zum **Abschluss der Gesamtfortschreibung des Hilfsmittelverzeichnisses aufgrund des HHVG (§ 139 Abs. 9 Satz 2 SGB V)**		*Nach* **Abschluss der Gesamtfortschreibung des Hilfsmittelverzeichnisses aufgrund des HHVG (§ 139 Abs. 9 Satz 2 SGB V)**	
20.29.01.	Lagerungskeile	20.29.01.	Lagerungskeile
20.29.02.	Funktionelle Lagerungssysteme für Kinder	20.29.02.	Funktionelle Lagerungssysteme für Kinder
20.99.99.	Abrechnungsposition für Zusätze	20.99.99.	Abrechnungsposition für Zusätze

Produktgruppe 22 des HMV: Mobilitätshilfen

Bis zum **Abschluss der Gesamtfortschreibung des Hilfsmittelverzeichnisses aufgrund des HHVG (§ 139 Abs. 9 Satz 2 SGB V)**		*Nach* **Abschluss der Gesamtfortschreibung des Hilfsmittelverzeichnisses aufgrund des HHVG (§ 139 Abs. 9 Satz 2 SGB V)**	
22.29.01.	Umsetz- und Hebehilfen	22.29.01.	Umsetz- und Hebehilfen
22.29.02.	Aufstehhilfen/ -vorrichtungen für Sessel/Stühle	22.29.02.	Aufstehhilfen/ -vorrichtungen für Sessel/Stühle
22.40.01.	Lifter, fahrbar zur Fremdbedienung	22.40.01.	Lifter, fahrbar zur Fremdbedienung
22.40.02.	Lifter zur Fremdbedienung, wandmontiert	22.40.02.	Lifter zur Fremdbedienung, wandmontiert
22.40.03.	Deckenlifter, freistehend mit Bodenständern		
22.40.04.	Zubehör für Lifter	22.40.04.	Zubehör für Lifter

Bis zum **Abschluss der Gesamtfortschreibung des Hilfsmittelverzeichnisses aufgrund des HHVG (§ 139 Abs. 9 Satz 2 SGB V)**		*Nach* **Abschluss der Gesamtfortschreibung des Hilfsmittelverzeichnisses aufgrund des HHVG (§ 139 Abs. 9 Satz 2 SGB V)**	
		22.40.05.1	Lifter, freistehend mit Bodenständern, ohne Fahrantrieb
		22.40.05.2	Lifter, freistehend mit Bodenständern, mit Fahrantrieb
22.99.99.	Abrechnungs-position für Zusätze	22.99.99.	Abrechnungs-position für Zusätze

Produktgruppe 33 des HMV: Toilettenhilfen

6

Bis zum **Abschluss der Gesamtfortschreibung des Hilfsmittelverzeichnisses aufgrund des HHVG (§ 139 Abs. 9 Satz 2 SGB V)**		*Nach* **Abschluss der Gesamtfortschreibung des Hilfsmittelverzeichnisses aufgrund des HHVG (§ 139 Abs. 9 Satz 2 SGB V)**	
33.40.01.	Toilettensitze	33.40.01.	Toilettensitze
33.40.02.	Toilettenstütz-gestelle	33.40.02.	Toilettenstütz-gestelle
33.40.03.	Toiletten-aufstehhilfen	33.40.03.	Toiletten-aufstehhilfen
33.40.04.	Toilettenstühle	33.40.04.	Toilettenstühle
33.40.05.	WC-Aufsätze mit Wascheinrichtung	33.40.05.	WC-Aufsätze mit Wascheinrichtung
33.99.99.	Abrechnungs-position für Zusätze	33.99.99.	Abrechnungs-position für Zusätze

Produktgruppe 50 des HMV: Pflegehilfsmittel zur Erleichterung der Pflege

Bis zum **Abschluss der Gesamtfortschreibung des Hilfsmittelverzeichnisses aufgrund des HHVG (§ 139 Abs. 9 Satz 2 SGB V)**		*Nach* **Abschluss der Gesamtfortschreibung des Hilfsmittelverzeichnisses aufgrund des HHVG (§ 139 Abs. 9 Satz 2 SGB V)**	
50.45.01.	Pflegebetten	50.45.01.	Pflegebetten
50.45.02.	Pflegebettenzubehör	50.45.02.	Pflegebettenzubehör
50.45.03.	Bettzurichtungen zur Pflegeerleichterung	50.45.03.	Bettzurichtungen zur Pflegeerleichterung
50.45.04.	Spezielle Pflege-betttische	50.45.04.	Spezielle Pflege-betttische
50.45.06.	Sitzhilfen zur Pflegeerleichterung	50.45.06.	Sitzhilfen zur Pflegeerleichterung
50.45.07.	Rollstühle mit Sitzkantelung	50.45.07.	Rollstühle mit Sitzkantelung
50.45.08.	Pflegerollstühle		
50.45.09.	N.N. (eventuell Einzelfälle)	50.45.09.	Lagekorrektur-hilfen für Bettlaken
50.99.99.	Abrechnungs-positionen	50.99.99.	Abrechnungs-positionen

6

Empfehlungen nach Handlungsfeldern

Im Gutachten kann der Gutachter zudem folgende Maßnahmen empfehlen:

- Heilmittel und andere therapeutische Maßnahmen
- wohnumfeldverbessernde Maßnahmen
- edukative Maßnahmen wie Beratung oder Anleitung
- präventive Maßnahmen
- Beratung zu Leistungen zur verhaltensbezogenen Primärprävention nach § 20 Abs. 5 SGB V um individuelle verhaltensbezogene Risikofaktoren zu senken, die für das Entstehen von Erkrankungen verantwortlich sein können (z. B. zu Bewegungsgewohnheiten, Ernährung, Stressmanagement oder Suchtmittelkonsum)

- sonstige Empfehlungen, die über die derzeitige Versorgungssituation hinaus erforderlich und erfolgversprechend sind

Diese Empfehlungen werden jedoch nicht direkt als Antrag an die jeweils zuständigen Kostenträger weitergeleitet.

Zweck dieser Empfehlungen ist vielmehr eine Grundlage für den von einem Pflegeberater zu erstellenden Versorgungsplan zu schaffen – sofern ein Pflegeberater in die Versorgung eingebunden ist.

Zudem können die empfohlenen Maßnahmen z. B. den behandelnden Ärzten Hinweise für die notwendige Verordnung von Heilmitteln geben oder dem Antragsteller und seinen Angehörigen Hinweise zur Verbesserung des Wohnumfeldes. So können gezielt entsprechende Kostenvoranschläge eingeholt werden, die dann dem Antrag auf den Zuschuss der Pflegekasse in Höhe von 4.000 Euro beigefügt werden können.

Hier eine Übersicht einzelner Handlungsfelder und möglicher Art und Umsetzung der Empfehlung:

6

Handlungsfeld: Mobilität, Selbstversorgung und Haushaltsführung	
Art der Empfehlung	**Mögliche Umsetzung der Empfehlung**
Therapie	Physikalische Therapie, vorrangig Krankengymnastik, z. B. (Wieder-) Erlernen des Treppensteigens, Erhalt der Gehfähigkeit, Erlernen bzw. Fördern der Fähigkeit zum Umsetzen oder ähnlichen Transfers
	Ergotherapie, z. B. zur Förderung der Grob- und Feinmotorik, zur Verbesserung der Koordinationsfähigkeit der Bewegungsabläufe, Erlernen von Ersatzhandlungen bspw. mit Hilfsmittelnutzung
	Schmerztherapie im Sinne einer Überprüfung bei eingeschränkter Mobilität und Motorik aufgrund bestehender Schmerzen
	Stimm-, Sprech-, Sprachtherapie, z. B. als Schlucktherapie zur Förderung des selbständigen Essens und Trinkens

Handlungsfeld: Mobilität, Selbstversorgung und Haushaltsführung	
Art der Empfehlung	**Mögliche Umsetzung der Empfehlung**
wohnumfeldverbessernde Maßnahmen	Bad: unterfahrbarer Waschtisch, verstellbare Spiegel, behindertengerechte Toilette
	behindertengerechter Umbau von Dusche oder Wanne
	Türen: Verbreitern, Beseitigen von Schwellen, Anbringen einer automatischen Türöffnung
	Treppen: Treppenlifter, fest installierte Rampen
Hilfs-/Pflegehilfsmitteleinsatz bzw. dessen Optimierung	Hilfen zur Hygiene, wie Bade- oder Toilettenhilfen, Inkontinenzprodukte
	Hilfen im Alltag wie Anziehhilfen, Greifhilfen, Ess- und Trinkhilfen
	Hilfen zur Mobilität wie Gehhilfen und Rollstühle
	Hilfen zum Liegen und Positionieren wie Pflegebetten und Zubehör, Lagerungshilfen
Präventionsmaßnahmen	Training zur Sturzprophylaxe
	Gleichgewichtstraining, Übungen zur Muskelkräftigung
	Beckenbodentraining, Rückenschule und Mobilisierung inaktiver Antragsteller
	Zahnärztliche Beratung zur Mundgesundheit und Prophylaxe
Sonstige Empfehlungen	Teilnahme am Rehabilitationssport, Funktionstraining

<table>
<tr><th colspan="2">Handlungsfeld: Kognitive und kommunikative Fähigkeiten, Verhaltenweisen und psychische Problemlagen sowie Gestaltung des Alltagslebens und sozialer Kontakte</th></tr>
<tr><th>Art der Empfehlung</th><th>Mögliche Umsetzung der Empfehlung</th></tr>
<tr><td rowspan="2">Therapie</td><td>Ergotherapie im Sinne eines Hirnleistungstrainings bzw. einer psychisch funktionellen Behandlung, z. B. als Aufmerksamkeitstraining, Training der Merkfähigkeit, der auditiven und räumlichen Wahrnehmung sowie der Handlungsplanung, Tagesstrukturierung und des Abstraktionsvermögens. Training von Handlungsstrategien zum Ausgleich bestehender Beeinträchtigungen, z. B. Schlüssel immer an dieselbe Stelle legen</td></tr>
<tr><td>Stimm-, Sprech- und Sprachtherapie, zur Verbesserung bzw. zum Erhalt des Sprachverständnisses sowie des Sprechens, ggf. Erlernen von kompensierenden Möglichkeiten zur Kommunikation und Schulung im Umgang mit Hilfsmitteln wie z. B. Sprachcomputer oder Kommunikationsbuch</td></tr>
<tr><td>wohnumfeldverbessernde Maßnahmen</td><td>Schaffung von Orientierungshilfen</td></tr>
<tr><td rowspan="2">Hilfs-/Pflegehilfsmitteleinsatz bzw. dessen Optimierung</td><td>Adaptionshilfen zum Schreiben und Lesen</td></tr>
<tr><td>Signalanlagen, vorrangig bei Gehörlosen bzw. schwerhörigen Antragstellern</td></tr>
<tr><td rowspan="4">Präventionsmaßnahmen</td><td>Beschäftigungsangebote, Hinweise zur Tagesstrukturierung</td></tr>
<tr><td>Gedächtnistraining nach Anleitung</td></tr>
<tr><td>Stressbewältigungstraining, Entspannungsübungen</td></tr>
<tr><td>Kurse zur Depressionsprävention</td></tr>
<tr><td>Sonstige Empfehlungen</td><td>Niedrigschwellige Angebote, z. B. Angebote zur Unterstützung im Alltag, Empfehlungen zur diagnostischen Abklärung durch Fachärzte/Fachtherapeuten</td></tr>
</table>

Handlungsfeld: Bewältigung von und selbständiger Umgang mit krankheits- oder therapiebedingten Anforderungen und Belastungen	
Art der Empfehlung	**Mögliche Umsetzung der Empfehlung**
Edukative Maßnahmen	Schulungen z. B. zu Diabetes mellitus, krankheitsbezogene Ernährungsberatung
	Beratung zum Umgang mit Uro- und Colostoma
	Erlernen entlastender Atemtechniken bei COPD
Einsatz, Anleitung bzw. Vermittlung von Kenntnissen und Fertigkeiten im Umgang mit Hilfs- und Pflegehilfsmitteln und medizinischen Geräten	Anleitungen zur Selbstkatheterisierung Umgang mit Colostoma
	Umgang mit unterstützenden Beatmungstechniken, z. B. CPAP
	Anleitung zum Blutzuckermessen und zur Insulininjektion inklusive Empfehlung technischer Hilfsmittel (z. B. Blutzuckermessgerät)
Präventive Maßnahmen	Anregungen zur Überprüfung der Arzneimittel bei Multimedikation
	Hygienehinweise bei der Verwendung von Medizinprodukten zur Infektionsprophylaxe
	Hinweise zum Umgang mit Suchtmitteln, z. B. Nichtrauchertraining oder Selbsthilfegruppen, zur Vermeidung von Fehl- und Mangelernährung oder zur Gewichtsreduktion
	Anregungen zur Vermeidung von Fehl- und Mangelernährung oder zur Gewichtsreduktion
Sonstige Empfehlungen	Hinweis auf podologische Therapie bei diabetischem Fußsyndrom
	Empfehlung zur Einbindung eines Wundtherapeuten

Nutzen des Gutachtens für die weitere Versorgung

Gutachten und Versorgungsplan

Der Versorgungsplan beinhaltet die im Einzelfall erforderlichen

- Sozialleistungen,
- gesundheitsfördernden, präventiven, kurativen, rehabilitativen Maßnahmen,
- sonstige medizinisch sowie pflegerisch und sozial notwendigen Maßnahmen.

Er gibt konkrete Empfehlungen für die jeweiligen Sozialleistungsträger.

Berater, die diesen Versorgungsplan aufstellen, erhalten dafür wertvolle Informationen aus dem Pflegegutachten. Vor allem die eben dargestellten Empfehlungen sind eine gute Basis, um einen ganzheitlichen Versorgungsplan aufzustellen. Sie sind bereits individuell auf den Bedarf des Antragstellers zugeschnitten.

Bei den Feststellungen zu den Modulen 1 bis 8 ist das hingegen etwas anders. Die Module 1 bis 6 enthalten nur ausgewählte Kriterien, die besonders aussagefähig für die Selbständigkeit bzw. die Fähigkeiten im jeweiligen Modul sind. Die Module 7 bis 8 enthalten zwar alle maßgeblichen Aktivitäten für die darin abgebildeten Lebensbereiche, jedoch keine Angaben zu deren Häufigkeit. Diese Feststellungen dienen lediglich der grundsätzlichen Einschätzung, ob Pflegebedürftigkeit vorliegt und falls ja, mit welchem Pflegegrad. Berater sollten diese Feststellungen darum nicht 1:1 in den Versorgungsplan übernehmen. Sie sollten vielmehr diese Feststellungen zum Anlass nehmen, um den individuellen Unterstützungsbedarf zu hinterfragen, den Antragsteller und ggf. pflegende Angehörige zu beraten und ihnen bei der Antragstellung und Durchsetzung der Maßnahmen bei den jeweiligen Leistungsträgern zu helfen.

Gutachten und Pflegeplanung

Ebenso wie beim Versorgungsplan gilt auch für die Pflegeplanung, dass die Feststellungen zu den in den Modulen 1 bis 8 erfassten Unterstützungsbedarf nicht 1:1 als Pflegeplanung herangezogen werden können.

Besonders die im Rahmen der strukturierten Informationssammlung (SIS) zu erfassenden Bereiche ähneln den im Rahmen der Pflegebegutachtung in den Modulen 1 bis 8 erfassten Lebensbereichen. Das kann Pflegekräfte zu dem Trugschluss verleiten, die im Pflegegutachten zu diesen Modulen getroffenen Aussagen seien ohne weiteres in die Pflegeplanung zu integrieren. Das ist nicht der Fall.

Das Gutachten kann die individuelle Pflegeplanung nicht ersetzen. Es kann diese jedoch erleichtern, indem es hinsichtlich des Unterstützungsbedarfes wertvolle Informationen zu Art und Intensität der von anderen Personen zu leistenden Hilfe sowie zu den noch vorhandenen Ressourcen des Pflegebedürftigen gibt. Es setzt somit in gewisser Weise einen Rahmen, der durch eine individuelle Pflegeplanung zu ergänzen ist.

Gutachten und Hilfe zur Pflege nach dem Zwölften Buch Sozialgesetzbuch (Sozialhilfe)

Im Gutachten wird der Unterstützungsbedarf bei den erfassten Fähigkeiten und Aktivitäten nicht mit Häufigkeit und Dauer in Minuten erfasst. Das stellt besonders die Träger der Hilfe zur Pflege vor eine große Herausforderung. Sie sind nämlich dazu verpflichtet, bei Vorliegen der Voraussetzungen Leistungen der Hilfe zur Pflege nach dem siebenten Kapitel des Zwölften Buches Sozialgesetzbuch (SGB XII) im angemessenen Umfang zu gewähren. Viele Träger fragen sich nun: Wie soll dieser angemessene Umfang ermittelt werden, wenn weder die Häufigkeit noch die Dauer der erforderlichen Maßnahmen aus dem Pflegegutachten hervorgehen?

Wichtig: Die im Gutachten zu den Modulen 1 bis 8 ausgewiesenen Ergebnisse lassen sich nicht 1:1 als angemessener Leistungsumfang der Hilfe zur Pflege interpretieren!

Aus den Ergebnissen im Gutachten kann jedoch darauf geschlossen werden, in welchem Lebensbereich grundsätzlich Unterstützungsbedarf besteht. Ist z. B. im Gutachten ein Unterstützungsbedarf bei den im Modul 4 erfassten Kriterien zur Körperpflege ausgewiesen, kann darauf geschlossen werden, dass Leistungen der Hilfe zur Pflege hier angemessen sein können. Hierbei müssen jedoch vom Träger der Hilfe zur Pflege noch Entscheidungen zur Häufigkeit getroffen werden.

Praxis-Tipp:
Um die Angemessenheit von beantragten Leistungen der Hilfe zur Pflege beurteilen zu können, lohnt sich auch der Blick in die aktuellen Leistungsbeschreibungen der von Pflegediensten und Sozialstationen im Sinne des § 36 SGB XI angebotenen Pflegesachleistungen zu

- körperbezogenen Pflegemaßnahmen,
- pflegerischen Betreuung und
- Hilfe im Haushalt.

Befristeter Bescheid

In einigen Fällen gewährt die Pflegekasse Leistungen der Pflegeversicherung nur für einen befristeten Zeitraum. Doch darf die Pflegekasse das überhaupt? Und, falls ja, was passiert, wenn der Befristungszeitraum abgelaufen ist?

Verringerung der Pflegebedürftigkeit muss wahrscheinlich sein

Gibt der Gutachter z. B. die Empfehlung zu einer medizinischen Rehabilitation, kann die Pflegekasse die Leistungszusage für den im Feststellungsverfahren ermittelten Pflegegrad befristen. Das allerdings nur, wenn die Rehabilitation mit großer Wahrscheinlichkeit dazu führt, dass die Selbständigkeit bzw. die Fähigkeiten des Begutachteten sich so erheblich verbessern, dass er nach Abschluss der Rehabilitation einen geringeren Pflegegrad bzw. keinen Pflegegrad erhalten würde.

Dasselbe gilt, wenn der Gutachter z. B. ein Hilfsmittel oder Pflegehilfsmittel empfiehlt, mit welchem der Begutachtete körperliche Defizite so ausgleichen kann, dass sich dadurch seine Selbständigkeit bzw. seine Fähigkeiten erheblich verbessern.

Die Pflegekasse muss in ihrem Bescheid über die Befristung des Pflegegrades diese Gründe angeben.

Wichtig: Als Begründung für eine befristete Leistungszusage der Pflegekasse reicht es nicht, dass der MD-Gutachter im Gutachten eine Wiederholungsprüfung nach relativ kurzer Zeit empfohlen hat, z. B. bereits 6 Monate nach der ersten Begutachtung!

Gesamtdauer von Mehrfachbefristungen begrenzt

Sofern die Befristung endet und die Pflegekasse nach einer erneuten Begutachtung durch den MD zu dem Schluss gelangt, dass der ursprünglich festgestellte Pflegegrad fortbesteht, kann dieser erneut befristet werden. Auch diese Befristung ist wie zuvor beschrieben zu begründen. Endet auch dieser Befristungszeitraum ohne das erwartete Ergebnis, kann erneut befristet werden.

Alle Befristungszeiträume zusammen dürfen allerdings einen Zeitraum von 3 Jahren nicht überschreiten. Danach ist der Pflegegrad unbefristet zu gewähren. Der Pflegekasse bleibt dann nur noch die Möglichkeit von sich aus im Rahmen von Wiederholungsbegutachtungen prüfen zu lassen, ob sich der Grad der Selbständigkeit erhöht hat.

Versorgung nach Fristende muss nahtlos fortgeführt werden können

Bewilligt die Pflegekasse Leistungen der Pflegeversicherung für einen befristeten Zeitraum, ist sie verpflichtet rechtzeitig vor Ablauf dieser Frist tätig zu werden. Das heißt, sie muss rechtzeitig den Leistungsanspruch gegenüber der Pflegeversicherung für die Zeit nach Ende des Befristungszeitraumes prüfen. In der Regel wird sie zu diesem Zweck eine Wiederholungsprüfung veranlassen.

Wichtig: Ein erneuter Antrag Ihres Klienten ist nicht erforderlich! Allerdings empfehle ich, rechtzeitig vor dem Fristende die Pflegekasse schriftlich zum Handeln aufzufordern. Andernfalls kann es passieren, dass die Pflegekasse den befristet gewährten Pflegegrad sowie die damit verbundenen Leistungen der Pflegeversicherung mit Ablauf der Frist einstellt.

Bei Änderung der tatsächlichen oder rechtlichen Verhältnisse zu beachten

Ihre Klienten sind verpflichtet, der Pflegekasse mitzuteilen, wenn sich die für die Gewährung der Leistungen der Pflegeversicherung maßgebenden Verhältnisse ändern. Das können die tatsächlichen Verhältnisse sein. So kann sich z. B. der Gesundheitszustand Ihres Klienten bereits vor Ablauf des Befristungszeitraumes so erheblich verbessert haben, dass wahrscheinlich kein Pflegegrad mehr vorliegt.

Es können sich aber auch rechtliche Verhältnisse ändern, z. B. wenn ein anderer Kostenträger zuständig wird (bspw. Unfallversicherung).

In beiden Fällen ist die Pflegekasse natürlich nicht mehr an ihre ursprüngliche Bewilligung gebunden, sondern kann diese unter Berücksichtigung der geänderten Verhältnisse auch während des Befristungszeitraumes ändern.

Rechtsmittel gegen den Bescheid

Lohnt sich ein Widerspruch?

Sofern der Antragsteller beim Begutachtungstermin die Zusendung des Gutachtens nicht abgelehnt hat, erhält er das Gutachten zusammen mit dem Bescheid der Pflegekasse zum festgestellten Pflegegrad bzw. zur Ablehnung von Leistungen der Pflegeversicherung. In beiden Fällen entspricht das Ergebnis manchmal nicht den Erwartungen des Antragstellers. Dann kann er Widerspruch gegen den Bescheid seiner Pflegekasse einlegen.

Doch hat so ein Widerspruch überhaupt Aussicht auf Erfolg?

Für den Antragsteller kann es sich durchaus lohnen, den Bescheid der Pflegekasse und das Gutachten des MD sorgfältig zu prüfen, insbesondere:

- Wurden alle Kriterien berücksichtigt, die sich erschwerend auf die Pflege auswirken?
- Stimmen Inhalt, Umfang und Intensität der von anderen Personen übernommenen Handlungen mit denen überein, die im Pflegetagebuch bzw. der in der Pflegeeinrichtung geführten Pflegedokumentation erfasst und dem Gutachter beim Begutachtungstermin vorgelegt wurden?
- Sind die Bewertungen des Gutachters zum Grad der Selbständigkeit bzw. den Fähigkeiten je Kriterium aufgrund der nachgewiesenen körperlichen und/oder kognitiven und kommunikativen Beeinträchtigungen nachvollziehbar und auch modulübergreifend plausibel? Beziehen Sie hierbei auch die Module 7 und 8 in die Plausibilitätsprüfung ein.

7

Notieren Sie sich die eventuell vorhandenen Unterschiede bzw. bei fehlender Plausibilität die betreffenden Module und Kriterien.

Bevor Sie sich entscheiden Widerspruch einzulegen, prüfen Sie bitte, ob tatsächlich bei Berücksichtigung der von Ihnen notierten Unterschiede ein höherer Pflegegrad als das Begutachtungsergebnis zu erwarten ist.

Hintergrund

Jeder Pflegegrad hat einen bestimmten Korridor von Pflegegrad-Punkten (z. B. Pflegegrad 2 den Korridor von 27 bis unter 47,5 Punkten). Erschwerend kommt bei den Pflegegraden hinzu, dass zusätzlich für jedes der Module 1 bis 6 Schwellenwerte festgelegt wurden. Diese führen zum einen dazu, dass nicht jede eventuell in einem Widerspruchsverfahren anerkannte Erhöhung von Einzelpunkten höhere Punkte für den Pflegegrad nach sich zieht. So ist für die Pflegegrad-Punkte im Modul 4 z. B. unerheblich, ob in diesem Modul 19 oder 36 Einzelpunkte erreicht wurden. In beiden Fällen resultieren daraus 30 Pflegegrad-Punkte.

Zum anderen kann mit jedem Modul nur eine bestimmte Anzahl von Pflegegrad-Punkten erreicht werden. Hinsichtlich des Pflegegrades macht es z. B. wenig Sinn, im Modul 6 im Zuge des Widerspruchsverfahrens bei mehr Aktivitäten die Bewertung „unselbständig" einzufordern, wenn im Bescheid bereits 15 Pflegegrad-Punkte für dieses Modul ausgewiesen sind.

Falls das nicht der Fall ist, können Sie natürlich trotzdem Widerspruch einlegen. Dieser führt jedoch mit hoher Wahrscheinlichkeit nicht zu besseren Leistungen der Pflegeversicherung. Aus diesem Grund rate ich Ihnen in diesem Fall nur dann dazu, Widerspruch einzulegen, wenn Sie vom Sozialhilfeträger ergänzende Leistungen der „Hilfe zur Pflege" erhalten.

Wenn jedoch ein höherer Pflegegrad zu erwarten ist, legen Sie auf jeden Fall Widerspruch gegen den Bescheid der Pflegekasse ein!

Wichtig: Einige Pflegekassen versenden vor dem Bescheid mit ihrer Entscheidung zum Pflegegrad zunächst eine Anhörung an den Antragsteller. In dieser Anhörung kündigt die Pflegekasse an, welche Entscheidung sie zu treffen beabsichtigt und fordert den Antragsteller – leider oft eher zwischen den Zeilen – auf, der Pflegekasse Gründe mitzuteilen, die aus seiner Sicht gegen die beabsichtigte Entscheidung sprechen.

Das ist aus zwei Gründen problematisch. Zum einen missverstehen viele Antragsteller diese Anhörung als eine Art Zwischeninformation und reagieren nicht. Das nutzt der Pflegekasse später bei einem eventuellen Widerspruchsverfahren. Zum anderen erhält der Antragsteller das Gutachten erst mit dem Bescheid. Er kann also die Prüfung des Gutachtens nicht vornehmen. Dennoch empfehle ich, auf die Anhörung schriftlich zu reagieren, darauf hinzuweisen, dass das Gutachten nicht vorliegt und auf dem ursprünglich beantragten bzw. erwarteten Pflegegrad zu bestehen.

Widerspruchsfrist, Widerspruchsform

Im Bescheid hat die Pflegekasse mit der sogenannten „Rechtsbehelfsbelehrung" den Antragsteller darauf hinzuweisen, dass er gegen den Bescheid innerhalb eines Monats nach Erhalt Widerspruch einlegen kann. Hält sich der Antragsteller dauerhaft im Ausland auf, verlängert sich die Widerspruchsfrist auf 3 Monate.

Wichtig: Manchmal „vergessen" Pflegekassen diese Rechtsbehelfsbelehrung. In diesem Fall verlängert sich für den Antragsteller die Frist, in der er Widerspruch einlegen kann, auf ein ganzes Jahr.

Für den Widerspruch ist kein bestimmter Vordruck erforderlich. Der Widerspruch kann darum formlos schriftlich eingelegt werden oder direkt bei der Pflegekasse mündlich zur Niederschrift. In der Regel bevorzugen Antragsteller die Schriftform. Diese hat auch den Vorteil, dass der Widerspruch in aller Ruhe zu Hause vorbereitet und ggf. von einer zweiten Person gegengelesen werden kann. So wird auch nichts vergessen.

So könnte ein Widerspruchsschreiben aussehen:

AOK Musterstadt
Schöne Aussicht 13
00000 Musterstadt

Ort, Datum

Betreff: Widerspruch gegen Ihren Bescheid vom ......

Bruno Muster, geb. am: 15.09.1932, KV-Nr. 123456789

Sehr geehrte Damen und Herren,

mit Bescheid vom .... haben Sie den von mir beantragten Pflegegrad bzw. die von mir beantragten Leistungen der Pflegeversicherung abgelehnt. Ich widerspreche dieser Entscheidung und bitte um erneute Prüfung.

Begründung:

Im Pflegegutachten bzw in Ihrem Bescheid wurden folgende Punkte nicht oder nicht vollständig berücksichtigt:

– ....

– ....

Ich bitte Sie deshalb, meinen Antrag erneut zu prüfen.

Mit freundlichen Grüßen

Bruno Muster

Praxis-Tipp:

Grundsätzlich muss der Antragsteller seinen Widerspruch nicht begründen. Ich empfehle trotzdem, dies zu tun. So ist die Pflegekasse verpflichtet auf die dort genannten Gründe einzugehen und diese entweder anzuerkennen oder zu widerlegen. Sofern der Antragsteller sich bei Ablehnung seines Widerspruchs in einem nächsten Schritt an das Sozialgericht wenden möchte, hat er damit eine bessere Grundlage für seine Argumentation vor dem Sozialgericht.

Sofern der Antragsteller Unterlagen hat, die seine Widerspruchsgründe untermauern, empfehle ich, diese in Kopie dem Widerspruchsschreiben beizufügen. Auch das Widerspruchsschreiben selbst sollte sich der Antragsteller kopieren. Am einfachsten behält er alle

Unterlagen im Blick, wenn er dafür einen Ordner anlegt und folgende Papiere dort ablegt:

- Antrag auf Leistungen der Pflegeversicherung
- Pflegetagebuchaufzeichnungen bzw. Auszüge aus der Pflegedokumentation vor dem Begutachtungstermin
- Medizinische Unterlagen, die vor dem Begutachtungstermin zusammengetragen wurden und dem Gutachter vorgelegt wurden
- ggf. kurzes Protokoll zum Begutachtungstermin
- Bescheid der Pflegekasse und Gutachten
- Widerspruchsschreiben in Kopie sowie die Unterlagen, die diesem Schreiben beigefügt wurden
- Weitere Unterlagen, Schriftwechsel, Telefonnotizen etc.

Diese Unterlagen sollten aufbewahrt werden, bis der Antrag endgültig entschieden ist.

Der Aufwand lohnt sich. Und zwar nicht nur deshalb, weil der Antragsteller am Ende einen höheren Pflegrad erhält und so sein Unterstützungsbedarf angemessen berücksichtigt wird. Der Aufwand lohnt sich natürlich auch finanziell. So beträgt z. B. der Unterschied zwischen Leistungen der Pflegekasse für die ambulante Pflege zwischen Pflegegrad 1 und Pflegegrad 2 pro Monat mindestens (bei Pflegegeldbezug) 1.005 Euro bzw. maximal (bei Pflegesachleistungen + Leistungen der teilstationären Pflege) 1.413 Euro. Das sind pro Jahr zwischen 12.060 Euro und 16.956 Euro. Hinzu kommen Leistungsansprüche auf Verhinderungs- und Kurzzeitpflege in Höhe von 1.612 Euro bzw. 1.774 Euro, die erst ab Pflegegrad 2 von der Pflegekasse gezahlt werden.

Praxis-Tipp:

Nicht immer, aber manchmal scheint es so, dass Widerspruchsschreiben bei der Pflegekasse nicht ankommen. Ich empfehle deshalb den Versand des Widerspruchsschreibens und der beigefügten Unterlagen per „Einschreiben mit Rückschein“. Das kostet den Antragsteller 4,70 Euro zusätzlich zum normalen Porto für den Brief (Stand Dezember 2021). So weiß der Antragsteller sicher, dass sein Widerspruch bei der Pflegekasse angekommen ist und hat zudem durch den Rückschein den Nachweis, wann der Widerspruch dort eingegangen ist.

Widerspruchsverfahren

Die einzelnen Schritte der Widerspruchsbearbeitung

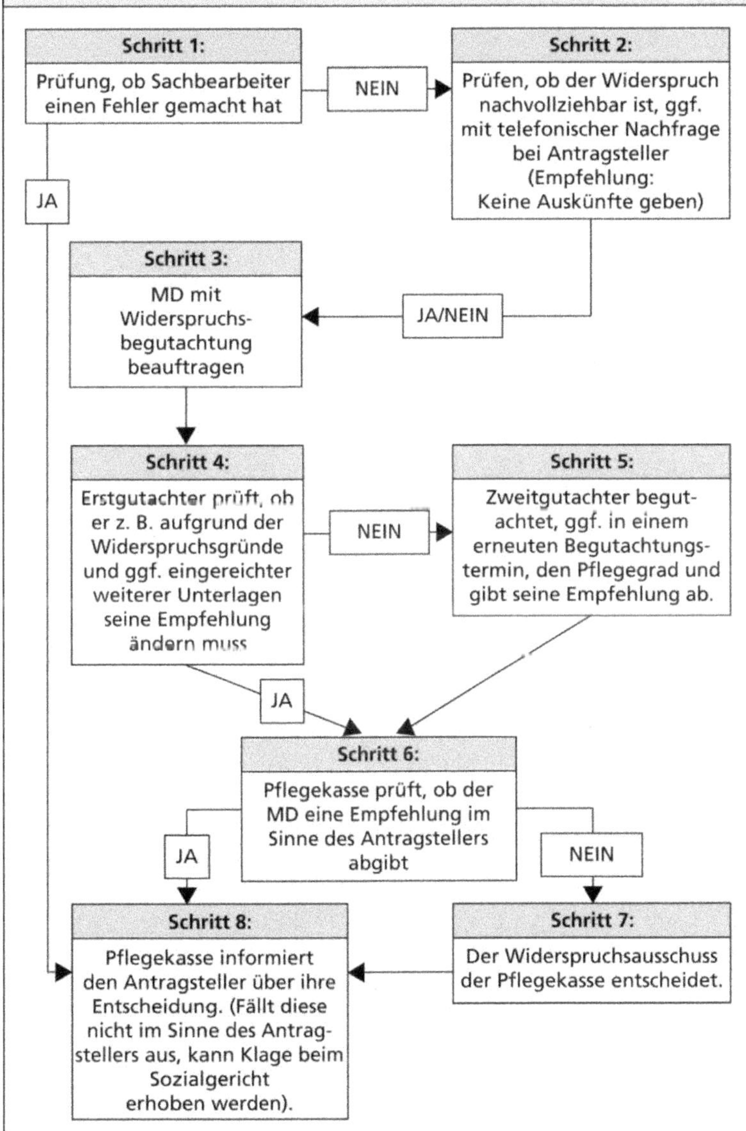

Nachdem das Widerspruchsschreiben auf dem Schreibtisch des zuständigen Sachbearbeiters liegt, läuft die Widerspruchsbearbeitung an, wie im Schaubild dargestellt.

Bezüglich des Zweitgutachters führen die BRi aus, dass dies eine Person sein muss, die bei der Vorbegutachtung nicht beteiligt war; hier der entsprechende Auszug:

§ **3.2.7 Verfahren bei bereits vorliegenden MDK-Gutachten zur Pflegebedürftigkeit**

(...) Wird im Rahmen eines Widerspruchsverfahrens nach Auffassung der Pflegekasse eine erneute Begutachtung erforderlich, ist der entsprechende Auftrag zusammen mit der von der Pflegekasse zur Verfügung gestellten Kopie des Widerspruchsschreibens den Erstgutachtern vorzulegen. Diese prüfen, ob sie aufgrund neuer Aspekte zu einem anderen Ergebnis als im Erstgutachten kommen. Revidieren die Erstgutachter ihre Entscheidung nicht, **ist das Widerspruchsgutachten von einer bei der Vorbegutachtung nicht beteiligten Gutachterin bzw. einem nicht beteiligtem Gutachter zu erstellen.**

Praxis-Tipp:

Sobald ein Antragsteller, der Widerspruch eingelegt hat, verstirbt, versuchen die Pflegekassen oft, das Widerspruchsverfahren ad acta zu legen. Der Sachbearbeiter kontaktiert in solchen Fällen die Hinterbliebenen telefonisch um sich von ihnen bestätigen zu lassen, dass der Widerspruch nicht weiterverfolgt wird. Darauf sollten sich die Hinterbliebenen jedoch nicht einlassen. Ist der Widerspruch nämlich erfolgreich, muss die Pflegekasse rückwirkend mehr für bereits erbrachte Leistungen (z. B. des Pflegedienstes) an die Erben zahlen.

Erneuter Antrag oder Gang vor das Sozialgericht?

Bis die Pflegekasse endgültig über den Widerspruch des Antragstellers entscheidet, können Monate ins Land gehen. Zudem muss diese Entscheidung der Pflegekasse nicht im Sinne des Antragstellers ausfallen. Durchhaltevermögen ist also gefordert, vor allem, wenn nach erfolglosem Widerspruchsverfahren noch das Sozialgericht entscheiden soll.

Ein Trost dieses langwierigen Verfahrens ist, dass die Pflegekasse im Erfolgsfall rückwirkend ab dem Tag der Antragstellung höhere Leistungen zahlen muss.

In einigen Fällen kann ein neuer Antrag, der während des laufenden Widerspruchs- (und auch Klage-)verfahrens gestellt wird, eine sinnvolle Alternative sein:

- Der Antragsteller war beim ersten Begutachtungstermin unvorbereitet und/oder hatte keine Unterstützung einer sachkundigen Person (z. B. Pflegeberater oder Pflegefachkräfte des Pflegedienstes/der Pflegeeinrichtung).
- Der Antragsteller ist finanziell nicht in der Lage oder nicht gewillt, die in der Zeit, in der ein geringerer Pflegegrad festgestellt wurde, aufgelaufenen zusätzlichen Kosten selbst zu tragen bis eine Neuverbescheidung vorliegt.

Parallel zu diesem neuen Antrag läuft dann das Widerspruchs- und ggf. Sozialgerichtsverfahren fort.

Aber wichtig: Nach meiner Erfahrung schwächt ein neuer Antrag die Begründung des Antragstellers im Widerspruchsverfahren. So kann z. B. der neue Antrag so ausgelegt werden, dass der Antragsteller ohnehin weiß, dass sein Widerspruch unbegründet ist und keine Aussicht auf Erfolg hat. Zudem ist nicht gewiss, dass ein neuer Antrag zu einem anderen Ergebnis führt als der erste Antrag.

Leistungen der Pflegekassen je Pflegegrad auf einen Blick

Leistungen bei Pflegegrad 1

Leistung	Anspruch/Höhe
Pflegegeld	Kein Anspruch
Pflegesachleistung und häusliche Betreuung	Kein Anspruch
Kombinationsleistung	Kein Anspruch
Entlastungsleistungen	125 € pro Monat, kann zweckgebunden eingesetzt werden für Kurzzeitpflege, Tages- oder Nachtpflege, Leistungen eines Pflegedienstes, Leistungen von nach Landesrecht anerkannten Anbietern zur Unterstützung im Alltag
Umwandlung von 40 % der Pflegesachleistungen für Angebote zur Unterstützung im Alltag	Kein Anspruch
Tages- oder Nachtpflege	Kein Anspruch
Zusätzliche Betreuung in der Tages- oder Nachtpflege	kostenlos (1 zusätzliche Betreuungskraft pro 20 Tagespflegegäste)
Ersatzpflege (Verhinderungspflege)	Kein Anspruch
Kurzzeitpflege	Kein Anspruch auf Leistungen nach SGB XI (Pflegeversicherung) Ggf. nach Krankenhausaufenthalt oder bei akuter Verschlimmerung einer schweren Erkrankung oder nach ambulanter Operation Anspruch nach § 39c SGB V wie folgt: bis zu 8 Wochen im Kalenderjahr bis max. 1.612 €
Vollstationäre Pflege	Zuschuss der Pflegeversicherung in Höhe von 125 € pro Monat
Zusätzliche Betreuung im Pflegeheim	kostenlos (1 zusätzliche Betreuungskraft pro 20 Bewohner)
Zuschuss zu wohnumfeldverbessernden Maßnahmen	4.000 € pro Maßnahme

8

Leistung	Anspruch/Höhe
Zum Verbrauch bestimmte Pflegehilfsmittel mit Nachweis	40 € pro Monat
Pflegehilfsmittel – technische Hilfen	Soweit zu Lasten der Pflegekasse erforderlich – Zuzahlung beachten
Anschubfinanzierung für ambulant betreute Wohngruppen	einmalig 2.500 €
Pauschale, wenn der Pflegebedürftige in einer ambulant betreuten Wohngruppe lebt	214 € pro Monat
Pflegeberatung	kostenlos, bei jedem Antrag auf eine Leistung der Pflegeversicherung
Pflegekurse für die Pflegeperson	kostenlos
individuelle Schulung für die Pflegeperson	kostenlos
Soziale Sicherung der Pflegeperson	Anspruch ist auf Pflegeunterstützungsgeld bei kurzzeitiger Arbeitsunterbrechung begrenzt (insgesamt für max. 10 Arbeitstage). Auf Antrag beteiligt sich die Pflegeversicherung während einer Pflegezeit an den Beiträgen zur Kranken- und Pflegeversicherung. Keine Absicherung in der Renten- und Arbeitslosenversicherung

Leistungen bei Pflegegrad 2

Leistung	Anspruch/Höhe
Pflegegeld	316 € pro Monat
Pflegesachleistung und häusliche Betreuung	bis zu 724 € pro Monat
Kombinationsleistung	aus Pflegegeld und -sachleistung
Entlastungsleistungen	125 € pro Monat

Leistung	Anspruch/Höhe
Umwandlung von 40 % der Pflegesachleistungen für Angebote zur Unterstützung im Alltag	max. 289,60 € pro Monat
Tages- oder Nachtpflege	bis zu 689 € pro Monat
Zusätzliche Betreuung in der Tages- oder Nachtpflege	kostenlos (1 zusätzliche Betreuungskraft pro 20 Tagespflegegäste)
Ersatzpflege durch Personen, die mit dem Pflegebedürftigen **nicht** bis zum 2. Grad verwandt oder verschwägert sind oder mit ihm in einem gemeinsamen Haushalt leben Auch stundenweise möglich, ohne Anrechnung auf das Pflegegeld.	bis zu 6 Wochen im Kalenderjahr bis max. 1.612 € Pflegegeld bzw. der zuletzt bezogene Pflegegeldanteil bei der Kombinationsleistung wird in halber Höhe weitergezahlt (Bis zu 806 € können zusätzlich für die Ersatzpflege eingesetzt werden, wenn in dem Kalenderjahr die Kurzzeitpflege nicht genutzt wurde bzw. nicht ausgeschöpft ist.)
Ersatzpflege durch Personen, die mit dem Pflegebedürftigen bis zum 2. Grad verwandt oder verschwägert sind oder mit ihm in einem gemeinsamen Haushalt leben (z. B. Ehe- und Lebenspartner)	bis zu 6 Wochen im Kalenderjahr bis zu 474 € + ggf. nachgewiesene zusätzliche Ausgaben, insgesamt max. 1.612 € (Bis zu 806 € können zusätzlich für die Ersatzpflege eingesetzt werden, wenn in dem Kalenderjahr die Kurzzeitpflege nicht genutzt wurde bzw. nicht ausgeschöpft ist.)
Kurzzeitpflege	bis zu 8 Wochen im Kalenderjahr bis max. 1.774 € Pflegegeld bzw. der zuletzt bezogene Pflegegeldanteil bei der Kombinationsleistung wird in halber Höhe weitergezahlt (Bis zu 1.612 € können zusätzlich für die Kurzzeitpflege eingesetzt werden, wenn in dem Kalenderjahr die Ersatzpflege nicht genutzt wurde bzw. nicht ausgeschöpft ist.)

Leistung	Anspruch/Höhe
Vollstationäre Pflege	770 € pro Monat + Leistungszuschlag (in Prozent vom pflegebedingten Eigenanteil) i. H. v. 5 % vom 1. bis 12. Monat 25 % vom 13. bis 24. Monat 45 % vom 25. bis 36. Monat 70 % ab dem 37. Monat der Inanspruchnahme vollstationärer Pflegeleistungen nach § 43 SGB XI
Zusätzliche Betreuung im Pflegeheim	kostenlos (1 zusätzliche Betreuungskraft pro 20 Bewohner)
Zuschuss zu wohnumfeldverbessernden Maßnahmen	4.000 € pro Maßnahme
Zum Verbrauch bestimmte Pflegehilfsmittel mit Nachweis	40 € pro Monat
Pflegehilfsmittel – technische Hilfen	soweit zu Lasten der Pflegekasse erforderlich – Zuzahlung beachten
Anschubfinanzierung für ambulant betreute Wohngruppen	einmalig 2.500 €
Pauschale, wenn der Pflegebedürftige in einer ambulant betreuten Wohngruppe lebt	214 € pro Monat
Pflegeberatung	kostenlos, bei jedem Antrag auf eine Leistung der Pflegeversicherung
Pflegekurse für die Pflegeperson	kostenlos
individuelle Schulung für die Pflegeperson	kostenlos
Soziale Sicherung der Pflegeperson	kostenlos, wenn Voraussetzungen erfüllt sind

Leistungen bei Pflegegrad 3

Leistung	Anspruch/Höhe
Pflegegeld	545 € pro Monat
Pflegesachleistung und häusliche Betreuung	bis zu 1.363 € pro Monat
Kombinationsleistung	aus Pflegegeld und -sachleistung
Entlastungsleistungen	125 € pro Monat
Umwandlung von 40 % der Pflegesachleistungen für Angebote zur Unterstützung im Alltag	max. 545,20 € pro Monat
Tages- oder Nachtpflege	bis zu 1.298 € pro Monat
Zusätzliche Betreuung in der Tages- oder Nachtpflege	kostenlos (1 zusätzliche Betreuungskraft pro 20 Tagespflegegäste)
Ersatzpflege durch Personen, die mit dem Pflegebedürftigen **nicht** bis zum 2. Grad verwandt oder verschwägert sind oder mit ihm in einem gemeinsamen Haushalt leben Auch stundenweise möglich, ohne Anrechnung auf das Pflegegeld.	bis zu 6 Wochen im Kalenderjahr bis max. 1.612 € Pflegegeld bzw. der zuletzt bezogene Pflegegeldanteil bei der Kombinationsleistung wird in halber Höhe weitergezahlt (Bis zu 806 € können zusätzlich für die Ersatzpflege eingesetzt werden, wenn in dem Kalenderjahr die Kurzzeitpflege nicht genutzt wurde bzw. nicht ausgeschöpft ist.)
Ersatzpflege durch Personen, die mit dem Pflegebedürftigen bis zum 2. Grad verwandt oder verschwägert sind oder mit ihm in einem gemeinsamen Haushalt leben (z. B. Lebenspartner)	bis zu 6 Wochen im Kalenderjahr bis zu 817,50 € + ggf. nachgewiesene zusätzliche Ausgaben, insgesamt max. 1.612 € (Bis zu 806 € können zusätzlich für die Ersatzpflege eingesetzt werden, wenn in dem Kalenderjahr die Kurzzeitpflege nicht genutzt wurde bzw. nicht ausgeschöpft ist.)

Leistung	Anspruch/Höhe
Kurzzeitpflege	bis zu 8 Wochen im Kalenderjahr bis max. 1.774 € Pflegegeld bzw. der zuletzt bezogene Pflegegeldanteil bei der Kombinationsleistung wird in halber Höhe weitergezahlt (Bis zu 1.612 € können zusätzlich für die Kurzzeitpflege eingesetzt werden, wenn in dem Kalenderjahr die Ersatzpflege nicht genutzt wurde bzw. nicht ausgeschöpft ist.)
Vollstationäre Pflege	1.262 € pro Monat + Leistungszuschlag (in Prozent vom pflegebedingten Eigenanteil) i. H. v. 5 % vom 1. bis 12. Monat 25 % vom 13. bis 24. Monat 45 % vom 25. bis 36. Monat 70 % ab dem 37. Monat der Inanspruchnahme vollstationärer Pflegeleistungen nach § 43 SGB XI
Zusätzliche Betreuung im Pflegeheim	kostenlos (1 zusätzliche Betreuungskraft pro 20 Bewohner)
Zuschuss zu wohnumfeldverbessernden Maßnahmen	4.000 € pro Maßnahme
Zum Verbrauch bestimmte Pflegehilfsmittel mit Nachweis	40 € pro Monat
Pflegehilfsmittel – technische Hilfen	soweit zu Lasten der Pflegekasse erforderlich – Zuzahlung beachten
Anschubfinanzierung für ambulant betreute Wohngruppen	einmalig 2.500 €
Pauschale, wenn der Pflegebedürftige in einer ambulant betreuten Wohngruppe lebt	214 € pro Monat
Pflegeberatung	kostenlos, bei jedem Antrag auf eine Leistung der Pflegeversicherung

Leistung	Anspruch/Höhe
Pflegekurse für die Pflegeperson	kostenlos
individuelle Schulung für die Pflegeperson	kostenlos
Soziale Sicherung der Pflegeperson	kostenlos, wenn Voraussetzungen erfüllt sind

Leistungen bei Pflegegrad 4

Leistung	Anspruch/Höhe
Pflegegeld	728 € pro Monat
Pflegesachleistung und häusliche Betreuung	bis zu 1.693 € pro Monat
Kombinationsleistung	aus Pflegegeld und -sachleistung
Entlastungsleistungen	125 € pro Monat
Umwandlung von 40 % der Pflegesachleistungen für Angebote zur Unterstützung im Alltag	max. 677,20 € pro Monat
Tages- oder Nachtpflege	bis zu 1.612 € pro Monat
Zusätzliche Betreuung in der Tages- oder Nachtpflege	kostenlos (1 zusätzliche Betreuungskraft pro 20 Tagespflegegäste)
Ersatzpflege durch Personen, die mit dem Pflegebedürftigen **nicht** bis zum 2. Grad verwandt oder verschwägert sind oder mit ihm in einem gemeinsamen Haushalt leben Auch stundenweise möglich, ohne Anrechnung auf das Pflegegeld.	bis zu 6 Wochen im Kalenderjahr bis max. 1.612 € Pflegegeld bzw. der zuletzt bezogene Pflegegeldanteil bei der Kombinationsleistung wird in halber Höhe weitergezahlt (Bis zu 806 € können zusätzlich für die Ersatzpflege eingesetzt werden, wenn in dem Kalenderjahr die Kurzzeitpflege nicht genutzt wurde bzw. nicht ausgeschöpft ist.)

Leistung	Anspruch/Höhe
Ersatzpflege durch Personen, die mit dem Pflegebedürftigen bis zum 2. Grad verwandt oder verschwägert sind oder mit ihm in einem gemeinsamen Haushalt leben (z. B. Lebenspartner)	bis zu 6 Wochen im Kalenderjahr bis zu 1.092 € + ggf. nachgewiesene zusätzliche Ausgaben, insgesamt max. 1.612 € (Bis zu 806 € können zusätzlich für die Ersatzpflege eingesetzt werden, wenn in dem Kalenderjahr die Kurzzeitpflege nicht genutzt wurde bzw. nicht ausgeschöpft ist.)
Kurzzeitpflege	bis zu 8 Wochen im Kalenderjahr bis max. 1.774 € Pflegegeld bzw. der zuletzt bezogene Pflegegeldanteil bei der Kombinationsleistung wird in halber Höhe weitergezahlt (Bis zu 1.612 € können zusätzlich für die Kurzzeitpflege eingesetzt werden, wenn in dem Kalenderjahr die Ersatzpflege nicht genutzt wurde bzw. nicht ausgeschöpft ist.)
Vollstationäre Pflege	1.775 € pro Monat + Leistungszuschlag (in Prozent vom pflegebedingten Eigenanteil) i. H. v. 5 % vom 1. bis 12. Monat 25 % vom 13. bis 24. Monat 45 % vom 25. bis 36. Monat 70 % ab dem 37. Monat der Inanspruchnahme vollstationärer Pflegeleistungen nach § 43 SGB XI
Zusätzliche Betreuung im Pflegeheim	kostenlos (1 zusätzliche Betreuungskraft pro 20 Bewohner)
Zuschuss zu wohnumfeldverbessernden Maßnahmen	4.000 € pro Maßnahme

Leistung	Anspruch/Höhe
Zum Verbrauch bestimmte Pflegehilfsmittel mit Nachweis	40 € pro Monat
Pflegehilfsmittel – technische Hilfen	soweit zu Lasten der Pflegekasse erforderlich – Zuzahlung beachten
Anschubfinanzierung für ambulant betreute Wohngruppen	einmalig 2.500 €
Pauschale, wenn der Pflegebedürftige in einer ambulant betreuten Wohngruppe lebt	214 € pro Monat
Pflegeberatung	kostenlos, bei jedem Antrag auf eine Leistung der Pflegeversicherung
Pflegekurse für die Pflegeperson	kostenlos
individuelle Schulung für die Pflegeperson	kostenlos
Soziale Sicherung der Pflegeperson	kostenlos, wenn Voraussetzungen erfüllt sind

Leistungen bei Pflegegrad 5

8

Leistung	Anspruch/Höhe
Pflegegeld	901 € pro Monat
Pflegesachleistung und häusliche Betreuung	bis zu 2.095 € pro Monat
Kombinationsleistung	aus Pflegegeld und -sachleistung
Entlastungsleistungen	125 € pro Monat
Umwandlung von 40 % der Pflegesachleistungen für Angebote zur Unterstützung im Alltag	max. 838 € pro Monat
Tages- oder Nachtpflege	bis zu 1.995 € pro Monat

Leistung	Anspruch/Höhe
Zusätzliche Betreuung in der Tages- oder Nachtpflege	kostenlos (1 zusätzliche Betreuungskraft pro 20 Tages-pflegegäste)
Ersatzpflege durch Personen, die mit dem Pflegebedürftigen **nicht** bis zum 2. Grad verwandt oder verschwägert sind oder mit ihm in einem gemeinsamen Haushalt leben Auch stundenweise möglich, ohne Anrechnung auf das Pflegegeld.	bis zu 6 Wochen im Kalenderjahr bis max. 1.612 € Pflegegeld bzw. der zuletzt bezogene Pflegegeldanteil bei der Kombinationsleistung wird in halber Höhe weitergezahlt (Bis zu 806 € können zusätzlich für die Ersatzpflege eingesetzt werden, wenn in dem Kalenderjahr die Kurzzeitpflege nicht genutzt wurde bzw. nicht ausgeschöpft ist.)
Ersatzpflege durch Personen, die mit dem Pflegebedürftigen bis zum 2. Grad verwandt oder verschwägert sind oder mit ihm in einem gemeinsamen Haushalt leben (z. B. Lebenspartner)	bis zu 6 Wochen im Kalenderjahr bis zu 1.351,50 € + ggf. nachgewiesene zusätzliche Ausgaben, insgesamt max. 1.612 € (Bis zu 806 € können zusätzlich für die Ersatzpflege eingesetzt werden, wenn in dem Kalenderjahr die Kurzzeitpflege nicht genutzt wurde bzw. nicht ausgeschöpft ist.)
Kurzzeitpflege	bis zu 8 Wochen im Kalenderjahr bis max. 1.774 € Pflegegeld bzw. der zuletzt bezogene Pflegegeldanteil bei der Kombinationsleistung wird in halber Höhe weitergezahlt (Bis zu 1.612 € können zusätzlich für die Kurzzeitpflege eingesetzt werden, wenn in dem Kalenderjahr die Ersatzpflege nicht genutzt wurde bzw. nicht ausgeschöpft ist.)

8

Leistungen der Pflegekassen je Pflegegrad auf einen Blick

Leistung	Anspruch/Höhe
Vollstationäre Pflege	2.005 € pro Monat + Leistungszuschlag (in Prozent vom pflegebedingten Eigenanteil) i. H. v. 5 % vom 1. bis 12. Monat 25 % vom 13. bis 24. Monat 45 % vom 25. bis 36. Monat 70 % ab dem 37. Monat der Inanspruchnahme vollstationärer Pflegeleistungen nach § 43 SGB XI
Zusätzliche Betreuung im Pflegeheim	kostenlos (1 zusätzliche Betreuungskraft pro 20 Bewohner)
Zuschuss zu wohnumfeldverbessernden Maßnahmen	4.000 € pro Maßnahme
Zum Verbrauch bestimmte Pflegehilfsmittel mit Nachweis	40 € pro Monat
Pflegehilfsmittel – technische Hilfen	soweit zu Lasten der Pflegekasse erforderlich – Zuzahlung beachten
Anschubfinanzierung für ambulant betreute Wohngruppen	einmalig 2.500 €
Pauschale, wenn der Pflegebedürftige in einer ambulant betreuten Wohngruppe lebt	214 € pro Monat
Pflegeberatung	kostenlos, bei jedem Antrag auf eine Leistung der Pflegeversicherung
Pflegekurse für die Pflegeperson	kostenlos
individuelle Schulung für die Pflegeperson	kostenlos
Soziale Sicherung der Pflegeperson	kostenlos, wenn Voraussetzungen erfüllt sind

Anlage: Muster eines Pflegetagebuches

Muster eines Pflegetagebuches

Bitte legen Sie Stifte in 4 unterschiedlichen Farben griffbereit neben das Tagebuch und tragen Sie mit diesen ein, ob bzw. in welcher Intensität Hilfe und Unterstützung anderer Personen bei einzelnen Aktivitäten notwendig ist.

Beispiel:

Blau = keine Hilfe einer anderen Person erforderlich

Grün = Hilfe einer anderen Person in geringem Umfang notwendig, z. B. Reichen von Utensilien oder Erinnern bzw. Fähigkeit mit geringen Einschränkungen noch vorhanden (andere Person übernimmt weniger als 50 Prozent der Handlung)

Rot = Hilfe einer anderen Person in erheblichem Umfang erforderlich, z. B. Übernahme wesentlicher Handlungsschritte bzw. der meisten Handlungsschritte, bzw. Fähigkeit nur noch bruchstückhaft vorhanden (andere Person übernimmt mehr als 50 Prozent der Handlung)

Schwarz = Andere Person übernimmt die komplette Handlung bzw. Fähigkeit nicht vorhanden

Um aussagekräftige Informationen zu erhalten, ist es sinnvoll 14 Tage lang das Leben des Pflegebedürftigen mit diesem Tagebuch zu begleiten. Hier zur Verfügung gestellt ist ein Muster, das eine Woche umfasst.

Mobilität

Bei den Handlungen in diesem Abschnitt geht es nur um die körperliche Fähigkeit:

Aktivität, Fähigkeit	**Datum**						
Positionswechsel im Bett							
Halten einer stabilen Sitzposition							
Umsetzen							
Fortbewegen innerhalb des Wohnbereichs							
Treppensteigen							

Kognitive und kommunikative Fähigkeiten

Hier geht es darum, ob und in welchem Umfang die genannten Fähigkeiten vorhanden sind.

Aktivität, Fähigkeit	**Datum**						
Erkennen von Personen aus dem näheren Umfeld							
Örtliche Orientierung							
Zeitliche Orientierung							
Erinnern an wesentliche Ereignisse oder Beobachtungen							
Steuern von mehrschrittigen Alltagshandlungen							
Treffen von Entscheidungen im Alltagsleben							
Verstehen von Sachverhalten und Informationen							
Erkennen von Risiken und Gefahren							
Mitteilen von elementaren Bedürfnissen							
Verstehen von Aufforderungen							
Beteiligen an einem Gespräch							

Verhaltensweisen, psychische Problemlagen

Bei den folgenden Kriterien zu Verhaltensweisen und psychischen Problemlagen bitte zusätzlich erfassen, wie oft die Unterstützung anderer Personen erforderlich ist. Es empfiehlt sich hier, mit Strichen (1 Strich pro Unterstützungsmaßnahme) zu arbeiten.

Aktivität, Fähigkeit	**Datum**						
Motorisch geprägte Verhaltensauffälligkeiten							
Nächtliche Unruhe							
Selbstschädigendes und autoaggressives Verhalten							
Beschädigen von Gegenständen							
Physisch aggressives Verhalten gegenüber Anderen							
Verbale Aggression							
Andere pflegerelevante vokale Auffälligkeiten							
Abwehr pflegerischer oder anderer unterstützender Maßnahmen							
Wahnvorstellungen							

9

Aktivität, Fähigkeit	Datum						
Ängste							
Antriebslosigkeit bei depressiver Stimmungslage							
Sozial inadäquate Verhaltensweisen							
Sonstige pflegerelevante inadäquate Handlungen							

Selbstversorgung

Bei den folgenden Handlungen geht es darum, wie selbständig diese bewältigt werden. Ob die Selbständigkeit aufgrund körperlicher Einschränkungen oder aufgrund kognitiver Beeinträchtigungen eingeschränkt ist, spielt keine Rolle.

Aktivität, Fähigkeit	Datum						
Waschen des vorderen Oberkörpers							
Körperpflege im Bereich des Kopfes							
Waschen des Intimbereichs							
Duschen und Baden einschließlich Waschen der Haare							

Aktivität, Fähigkeit	Datum						
An- und Auskleiden des Oberkörpers							
An- und Auskleiden des Unterkörpers							
Mundgerechtes Zubereiten der Nahrung und Eingießen von Getränken							
Essen							
Trinken							
Benutzen einer Toilette oder eines Toilettenstuhls							
Bewältigen der Folgen einer Harninkontinenz und Umgang mit Dauerkatheter und Urostoma							
Bewältigen der Folgen einer Stuhlinkontinenz und Umgang mit Stoma							

Gestaltung des Alltagslebens, soziale Kontakte

Unerheblich ist hierbei, ob die Selbständigkeit aufgrund körperlicher oder kognitiver Beeinträchtigungen eingeschränkt ist.

Aktivität, Fähigkeit	**Datum**						
Gestaltung des Tagesablaufs und Anpassung an Veränderungen							
Ruhen und Schlafen							
Sich beschäftigen							
Vornehmen von in die Zukunft gerichtete Planung							
Interaktion mit Personen im direkten Kontakt							
Kontaktpflege zu Personen außerhalb des direkten Umfelds							

9

Medikation, Therapien, Arztbesuche

Die Handlungen nur erfassen, wenn sie ärztlich angeordnet bzw. z. B. in einem Entlassungsbericht des Krankenhauses angeraten wurden. Bei den folgenden Handlungen bitte zusätzlich erfassen, wie oft andere Personen helfen müssen (bei nicht täglich erforderlichen Hilfen an dem Tag, an dem die Unterstützung geleistet wird). Es empfiehlt sich hier, mit Strichen (1 Strich pro Unterstützungsmaßnahme) zu arbeiten.

Aktivität, Fähigkeit	**Datum**						
Medikation							
Injektion s.c., i.m.							
Versorgung intravenöser Zugänge (Port)							
Absaugen und Sauerstoffgabe							
Einreibungen oder Kälte- und Wärmeanwendungen							
Messung und Deutung von Körperzuständen							
Körpernahe Hilfsmittel (z. B. Hörgerät, Brille, Kompressionsstrümpfe)							
Verbandswechsel							
Versorgung mit Stoma							

9

Aktivität, Fähigkeit	**Datum**						
Regelmäßige Einmalkatheterisierung und Nutzung von Abführmethoden							
Therapiemaßnahmen in häuslicher Umgebung							
Zeit- und technikinvasive Maßnahmen in häuslicher Umgebung							
Arztbesuche							
Besuche anderer medizinischer und therapeutischer Einrichtungen (Dauer unter 3 Stunden inkl. Fahrzeiten)							
Besuche anderer medizinischer und therapeutischer Einrichtungen (Dauer 3 Stunden und mehr inkl. Fahrzeiten)							
Einhalten einer Diät und anderer krankheits- und therapiebedingter Verhaltensvorschriften							

Stichwortverzeichnis

10

10